LÜBECK

MATTHIAS KRÖNER

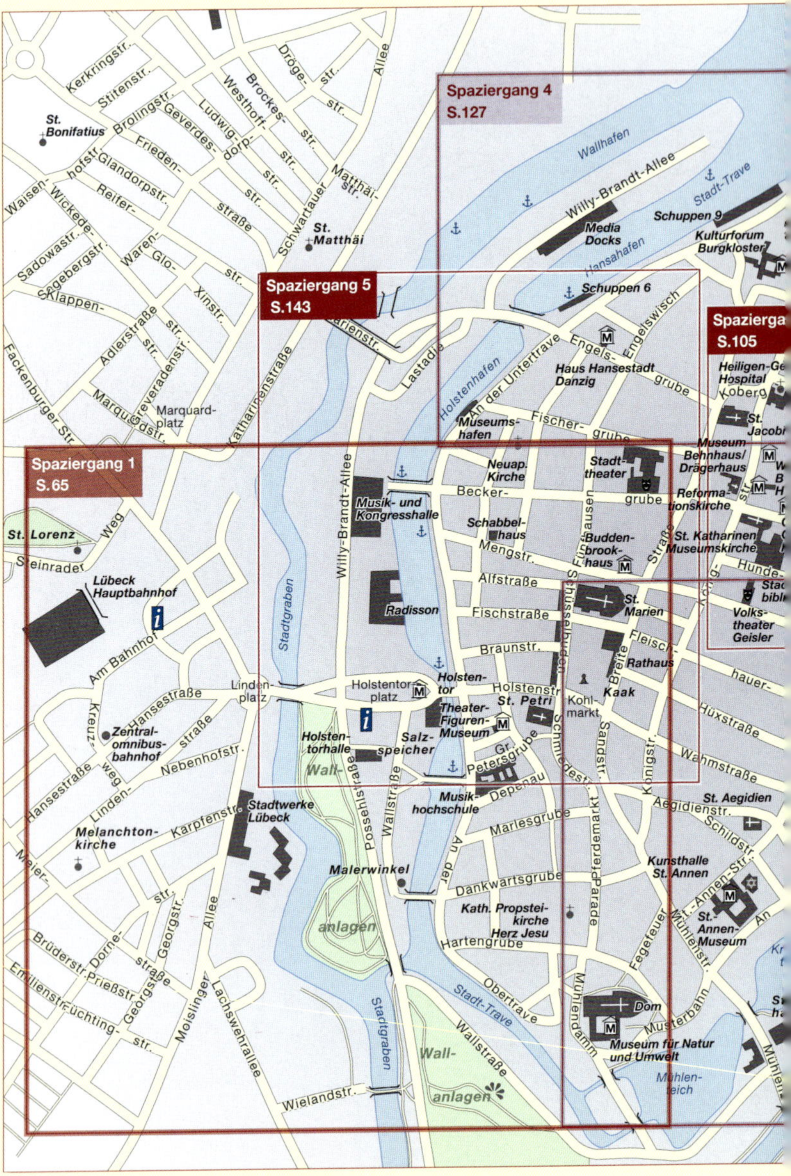

Spaziergang 4
S.127
Spaziergang 5
S.143
Spaziergang 1
S.65
Spazierga
S.105
Kerkringstr.
Stitenstr.
St. Bonifatius
Brolingstr.
Geverdes-
Ludwig-
Westhoff-
Brockes-
Dröge-
str.
Allee
Frieden-
dorp-
hofstr.
Glandorpstr.
Reifer-
straße
Matthäi-
str.
Schwartauer
St. Matthäi
Waisen-
Wickede-
Sadowastr.
Segebergstr.
Waren-
Glo-
Xinstr.
Klappen-
Adlerstraße
Greveradenstr.
Marquardstr.
Marquard-
platz
Fackenburger Str.
Katharinenstraße
Lastadie
Wallhafen
Willy-Brandt-Allee
Stadt-Trave
Media
Docks
Schuppen 9
Kulturforum
Burgkloster
Hansahafen
Schuppen 6
Holstenhafen
An der Untertrave
Engels-
Engelswisch
grube
Haus Hansestadt
Danzig
Heiligen-Ge
Hospital
Koberg
St.
Jacobi
Museums-
hafen
Fischer-
grube
Museum
Behnhaus/
Drägerhaus
Stadt-
theater
Neuap.
Kirche
Becker-
grube
Reforma-
tionskirche
Willy-Brandt-Allee
Musik- und
Kongresshalle
Schabbel-
haus
Mengstr.
Budden-
brook-
haus
Fünfhausen
Straße
St. Katharinen
Museumskirche
Hunde-
St. Lorenz
Weg
Steinrader
Lübeck
Hauptbahnhof
Radisson
Alfstraße
Fischstraße
St.
Marien
Schüsselbuden
Volks-
theater
Geisler
Stadtgraben
Am Bahnhof
Braunstr.
Fleisch-
hauer-
Rathaus
Breite
Kaak
Linden-
platz
Holstentor-
platz
Holsten-
tor
Holstenstr.
St. Petri
Kohl-
markt
Hansestraße
Kreuz-
weg
Zentral-
omnibus-
bahnhof
straße
Theater-
Figuren-
Museum
Hüxstraße
Holsten-
torhalle
Salz-
speicher
Gr. Petersgrube
Schmiedestr.
Sandstr.
Königstr.
Wahmstraße
Nebenhofstr.
Wall-
Hansestraße
Linden-
Stadtwerke
Lübeck
Possehlstraße
Wallstraße
Musik-
hochschule
Depenau
St. Aegidien
Aegidienstr.
Schildstr.
Melanchton-
kirche
Karpfenstr.
Marlesgrube
Pferdemarkt
Kunsthalle
St. Annen
Meier-
Malerwinkel
An der
Dankwartsgrube
St.-Annen-Str.
str.
Georgstr.
Allee
anlagen
Kath. Propstei-
kirche
Herz Jesu
Parade
Fegefeuer
St.-
Annen-
Museum
Mühlenstr.
Hartengrube
Brüderstr.
Dorne-
straße
Prießstr.
Georgstr.
Moislinger
Lachswehrallee
Stadtgraben
Obertrave
Stadt-Trave
Mühlendamm
Dom
Museum für Natur
und Umwelt
Musterbahn
Emilienstr.
Rüchting-
str.
Wall-
Wallstraße
Mühlen-
teich
Wielandstr.
anlagen

Neu-
str.
Lange
Reihe
Schulstr.
Paulstr.
Parkstr.
Gustav-
Radbruch-
Platz
Roeck-
straße
Friedens-
kirche
Wakenitz
Falkenstr.
Kanalstr.
Klughafen
An der
Falkenwiese
Atten-
dornstr.
Travel-
mannstr.
Perce-
valstr.
Reiher-
stieg
Pelzer-
str.
Falkenstr.
Spaziergang 2
S.87
Johanneum
Bleichenweg
Hüxterdamm
Dorotheenstr.
Düker
Zuleitungskanal
Blanckstr.
Moltkestr.
Augusten-
str.
Blücher-
str.
Seydlitz-
str.
Yorckstr.
Wakenitzstr.
Kalandstr.
Hüxtertorallee
Spillerstr.
Pegelaustr.
Bismarckstr.
Schillerstr.
Bäckerstr.
Klosterstr.
Wake-
nitzstr.
Zieten-
Ruhleben
Wakenitz

Unterwegs mit Matthias Kröner

„Lübeck, wieso Lübeck? Wenn ich freie Auswahl hätte ..." So oder so ähnlich waren die O-Töne unserer Bekannten, als meine Freundin und ich in den Norden zogen. Warum ausgerechnet Lübeck? Als Ex-Literaturstudent verehre ich Thomas Mann, doch etwas anderes lieben wir: das Meer, die Weite des Horizonts.

Selbstverständlich waren wir auch in Kiel gestrandet, und in Hamburg – doch die Schönheit dieser unvergleichlichen Minimetropole an der Ostsee hatte es uns angetan. Und offensichtlich nicht nur uns: „Die Hansestadt in Schleswig-Holstein hat einen neuen Tourismus-Rekord zu verzeichnen. Letztes Jahr wurden 1,3 Millionen Übernachtungen gezählt. So viel wie nie [...]. Wenn dieses Jahr das Wetter besser wird, mag man sich gar nicht ausmalen, wie angesagt Lübeck [...] noch sein wird." (NDR)

Die Freunde, die uns kurze Zeit später in „Lübeck, wieso Lübeck?" besuchten – darunter auch ein gewisser Michael Müller –, waren allesamt von den Socken: von der Altstadt, von der Kulinarik, vom Meer. Man fragte uns, ob man wiederkommen dürfe, und stellte fachkundig fest, dass wir uns ein „schönes Fleckchen Welt" ausgeguckt hätten.

Seit inzwischen über fünf Jahren haben wir diese Entscheidung nie bereut, und ich darf der Stadt sogar etwas zurückgeben: ein subjektives und individuelles Reisebuch, verfasst von einer fränkischen Landratte.

Impressum

Text und Recherche: Matthias Kröner **Lektorat:** Anja Elser und Ute Fuchs, Carmen Wurm (Überarbeitung) **Redaktion und Layout:** Dirk Thomsen **Karten:** Torsten Böhm, Judit Ladik, Michaela Nitzsche, Gabor Sztrecska **Fotos:** siehe Fotonachweis S. 9 **Covergestaltung:** Karl Serwotka **Covermotive:** oben: Travemünde im Sommer; unten: Am Oldtimerhafen

2. KOMPLETT ÜBERARBEITETE UND AKTUALISIERTE AUFLAGE 2013

Inhalt

Lübeck – Hintergründe & Infos

Inhalt

Alles im Kasten

Mit dem grünen Blatt haben unsere Autoren Betriebe hervorgehoben, die sich bemühen, regionalen und nachhaltig erzeugten Produkten den Vorzug zu geben.

Inhalt

Kartenverzeichnis

Zeichenerklärung für die Karten und Pläne

Autobahn	Bebaute Fläche	Turm
Schnellstraße	Grünanlage	Information
Hauptverkehrsstraße	Anfang des Rundgangs	Museum
Nebenstraße	Ende des Rundgangs	Sehenswürdigkeit
Bahnlinie	Parkplatz	Denkmal
Kirche	Krankenhaus	Schiffsanlegestelle
	Theater	Synagoge

Was haben Sie entdeckt?

Haben Sie nett in einem Restaurant gegessen? In welcher Unterkunft haben Sie sich besonders wohl gefühlt? Wenn Sie Anregungen, Empfehlungen oder auch Kritikpunkte haben, lassen Sie es uns bitte wissen.

Schreiben Sie an: Matthias Kröner, Stichwort „Lübeck"
c/o Michael Müller Verlag GmbH | Gerberei 19, D – 91054 Erlangen
matthias.kroener@michael-mueller-verlag.de

Matthias Kröner, 1977 in Nürnberg geboren, lebt und arbeitet seit 2007 als Autor, Journalist, Redakteur und Kolumnist in der Nähe von Lübeck. Diverse Veröffentlichungen, u. a. in mare, Eulenspiegel, Geo Saison, Ökotest, steinbach sprechende bücher, Rowohlt, Bayerischer Rundfunk, spiegel online. Sieben Literaturpreise, zuletzt 1. Preis bei Antho?Logisch! 2010. Mehr zum Autor unter www.fair-gefischt.de.

Vielen Dank!

Besonderer Dank gilt Berit Koepke (Fotos und Ansporn), Kirsten Koepke (Fotos), Wolf-Rüdiger Ohlhoff (Informationen zu Travemünde), Dr. Alfred Kröner (Informationen zur Stadtgeschichte), Minne Nolze (Informationen zur Passat), Maike Wittfoth, Helmut Müller-Lornsen und Karsten Piel (Tipps zu Kultur und Nachtleben).

Außerdem danke ich Oberstudienrat a. D. Diethard Brohl – genauer kann man ein Reisebuch nicht Korrektur lesen –, dem Stadtführer Dr. Ulrich Bayer, dem Radiomacher Manfred Willner, der Stadtführerin Ilona Auschra (siehe Stadtrundfahrten), dem Thomas-Mann-Experten Alexander Klement-Kröner und dem Reisebuchkollegen Dieter Katz („Ostseeküste – von Lübeck bis Kiel") für kluge Anmerkungen und Kommentare.

Für Tipps in Leserbriefen bedanke ich mich bei: Michaela Herr, Ilse Preuß, Burkhard Pump, Thomas Baumann, Wolfgang Brugger, Maria Karg, Veronika Rütten, Vera Dörmann, Meike Sauer, Gudrun Witzler, Fritz Lorenz.

Fotonachweis

Fritz Fey 73 | Berit Koepke: Coverfotos (oben und unten), 10, 11, 14/15, 19, 26, 54, 55, 56, 62/63, 68, 75, 76, 78, 82, 90, 93, 138/139, 172/173, 185, 191, 193, 197, 206 | Kirsten Koepke: 16/17, 34, 38, 47, 54, 64, 92, 108, 111, 131, 136, 151, 174, 183, 187, 189, 198/199, 200, 202, 204 | Gabi Kröner: 9, 80/81 | Matthias Kröner: 10, 12, 13, 18, 21, 22, 25, 27, 29, 31, 32, 33, 36, 39, 41, 43, 45, 48, 50, 52, 53, 55, 57, 58/59, 60, 67, 70/71, 72, 74, 77, 79, 84/85, 88, 89, 95, 96, 97, 98, 100, 102/103, 104, 107, 110, 112/113, 115, 116, 121, 123, 124/125, 128, 134, 135, 137, 140, 141, 144, 145, 147, 148, 153, 155, 156/157, 159, 160, 162, 165, 166, 167, 168, 169, 170, 176, 177, 181, 194, 212 | Uli Kunz: 117 | Lübecker Museen, Michael Haydn: 83, 118 | Willy-Brandt-Archiv im Archiv der sozialen Demokratie der Friedrich-Ebert-Stiftung: 119

Lübeck: Die Vorschau

Warum Lübeck?

Gäbe es eine Rangliste der in Deutschland unterschätzten Städte, läge Lübeck an erster Stelle. Zugegeben, die alte Hansestadt, die im Mittelalter eine der bedeutendsten und reichsten Städte in Nordeuropa war, hat ihre weltpolitische Bedeutung eingebüßt. Und dennoch: Lübeck ist eine weltoffene, charmante Minimetropole, die es in ihrer Einzigartigkeit locker mit Hamburg aufnehmen kann, mit Kiel sowieso. Warum?

Welterbe

Da wäre zum einen die Altstadt. Gerade mal ein Fünftel davon wurde bei dem einzigen Bombenangriff auf die Stadt zerstört – ein Luxus, denn man stolpert heute geradezu über Kunstschätze. Es gibt ein verzweigtes System aus engen Gängen und schönen Hinterhöfen. Doch auch die Prachtfassaden an den kleinen Sträßchen sind weltweit einzigartig. Nicht umsonst wurde Lübecks 1,2 mal 1,7 km großer Stadtkern, in dem immerhin 13.500 Menschen leben und der alljährlich von Millionen von (Tages-)Touristen besucht wird, mit dem UNESCO-Weltkulturerbe-Zertifikat ausgezeichnet. Doch keine Angst! Sie werden die älteste deutsche Hansestadt nie als überlaufen wahrnehmen – außer zur Zeit des Weihnachtsmarktes oder wenn der nordische Sommer unerwartet fantastisch ist …

Meer

Zweitens überzeugt Lübeck mit seiner Meeresnähe. Zur Ostsee nach Travemünde ist es ein Katzensprung. Man kann auf dem Priwallstrand bis nach

Mecklenburg-Vorpommern laufen, nach Bernstein suchen, im Strandkorb entspannen, das Brodtener Steilufer erklimmen – und selbstverständlich ins Wasser hüpfen. Wer will, besucht das Seebadmuseum oder die „Passat“, einen der letzten Großsegler, der Fahrten zu anderen Kontinenten auf dem Buckel hat. Denn wie Thomas Mann während seines Junibesuchs von 1953 wusste: Travemünde ist „weit luxuriöser, mondäner geworden – ein Weltbad sozusagen“. Wer noch nicht genug hat, geht (hochsee)angeln oder segeln oder macht Ausflüge in die Umgebung: Tipps für Familien mit Kindern sind z. B. Karls Erlebnis-Hof, das Meeresaquarium SEA LIFE, der Freizeitpark Hansa Park oder die Karl-May-Spiele.

Alles über das Meer und Travemünde erfahren Sie ab S. 175.

Kulturleben und Veranstaltungen

Dann wäre da noch die Kultur. Die beliebteste Stadt Schleswig-Holsteins ist seit der Jahrtausendwende zu einem kleinen Kulturzentrum aufgestiegen. Kurzfilm-, Musik- oder Poetry-Slams sind genauso beliebt wie die vielen kleinen privaten Theater (u. a. existiert ein Wasser-Marionetten-Theater) sowie die Musikkneipen und Bühnen, auf denen regionale und überregionale Live-Bands oder bekannte Comedians auftreten.

Obwohl die Stadt dreier Nobelpreisträger mit 1,3 Milliarden Euro (!) in der Kreide steht, wird einiges in die teilweise hervorragenden, superspannenden Museen gesteckt. Während man sich das Holstentormuseum eher sparen kann (obgleich es jährlich rund 60.000 Besucher anlockt), sind z. B. das Willy-Brandt-Haus, das Museum für

Lübeck: Die Vorschau

Natur und Umwelt, die St.-Annen-Kunsthalle, das Günter-Grass-Haus und das Buddenbrookhaus (Letzteres wegen seiner genialen Führungen!) absolut auf der Höhe der Zeit. Besondere, wenn auch kleinere Ausstellungen bieten das Grenzmuseum Schlutup und die Geschichtswerkstatt Herrenwyk.

Viele lieben Lübeck für seinen Weihnachtsmarkt, der im ganzen Norden der Republik einzigartig ist und sogar Skandinavier in die 210.000-Einwohner-Stadt zieht. Andere kommen wegen der Travemünder Woche, immerhin die zweitgrößte Segelregatta der Welt. Mir gefallen die etwas unbekannteren Veranstaltungen noch besser: die Nordischen Filmtage mit ihren cineastischen Meisterwerken oder das Duckstein-Festival, wo es an zehn Tagen astreine Live-Musik von z. B. bekannten Jazzgrößen zu hören gibt – und das für lau! Auch das Schleswig-Holstein Musik Festival braucht sich nicht zu verstecken, es ist eines der größten Klassikfestivals überhaupt.

Alles über die Lübecker Kulturszene erfahren Sie ab S. 41.

Kulinarik

Und was die Esskultur angeht: Die Königin der Hanse besteht nicht nur aus Marzipan und Rotspon. In Lübeck gibt es drei (!) Sterneköche, erstklassige Fischrestaurants, internationale (Spitzen-)Küche und gute Lokale für regionale Gerichte, außerdem: stilvolle und stylische Cafés für die Kuchen- und Tortenfraktion. Für Familien mit Kindern sind z. B. das vegetarische Café Affenbrot oder der Strandsalon gute Anlaufstellen. Jugendliche und Junggebliebene zieht es für günstige und gut gemachte italienische Speisen ins urige La Vigna oder zu einem

erstklassigen Latte in die coole Cole Street. Alle, die ein wenig mehr auf den Tisch legen und es gediegener haben wollen, machen mit dem sehr guten Pipistrello und der Sterneküche von Kevin Fehling in Travemünde alles richtig. Und wer wirklich nur seinen Marzipanvorrat auffüllen mag, kann außer bei Niederegger auch im Marzipanland einkaufen. Allerdings muss man den manchmal überselbstbewussten Besitzer abkönnen ...

Alles über die Lübecker Restaurants, Cafés und Eiscafés erfahren Sie ab S. 33.

Der Lübecker an sich

Last, not least sind die Menschen freundlich – schon allein, weil 15.500 vom Tourismus leben und rund 16 Mio. Tagesbesucher alljährlich anlanden ... Wenn man ein Gespräch nicht gerade mit „Grüß Gott“ beginnt oder Hamburg als schönste Stadt des Nordens lobt, hat man gute Chancen, auf entspannte Städter zu treffen, die manchmal fast rührend stolz auf ihre kleine Großstadt sind. Von ihnen erfährt man dann auch Geheimtipps, die man sich nicht entgehen lassen sollte, wie z. B. die vielleicht charmanteste Einkaufsstraße Deutschlands, die Hüxstraße, oder die schönste grüne Oase Lübecks: das Dummersdorfer Ufer in Kücknitz.

Sogar John Cleese gestand in einem Interview mit einem Lifestyle-Magazin: „Ich möchte mir mal ein paar Ecken anschauen, in denen ich noch nicht war: Lübeck [...] zum Beispiel“.

Lediglich Klaus Mann trat in seiner Autobiografie „Der Wendepunkt“ (1952) rückblickend nach. Im Prolog ätzte er: „Ich habe nichts mit dieser Stadt zu tun, noch verlangt es mich, sie jemals zu besuchen.“ – Wer sich dennoch traut, Vorhang auf!

CONCORDIA DOMI FORIS PAX

Sieben Lübeck-Highlights, ...

... die Sie während Ihres Lübeckaufenthalts nicht verpassen sollten

Per Kannu um die Altstadt Wer keines der vielen Ausflugsschiffe bemühen, sondern die Altstadt in einem Kanu umrunden mag, kann im Kanu Club Lübeck e. V. diesem besonderen Erlebnis nachgehen (→ S. 51). Das Beste: Man muss kein Mitglied sein, „Bezahlung" auf Spendenbasis.

Willy-Brandt-Haus St. Marien und Buddenbrookhaus besucht jeder (zu Recht!). Gleichzeitig gibt es ein Museum, das mindestens genauso spannend ist: das ultramoderne Willy-Brandt-Haus zu Ehren des Friedensnobelpreisträgers (→ Spaziergang 3, S. 117).

Kunsthalle St. Annen Wer moderne Kunst liebt, kommt um die Kunsthalle St. Annen nicht herum (angegliedert ans St.-Annen-Museum, → Spaziergang 2, S. 88). Unter anderem sieht man ein Kunstwerk von Andy Warhol.

Brodtener Steilufer Wunderschön ist ein Spaziergang am Brodtener Steilufer in Travemünde (→ Travemünde, S. 189). Hier zeigt sich das Meer von seiner genialsten Seite.

Priwall Alternativ lässt es sich auch auf dem Priwall (→ Travemünde, S. 190) entspannt an der Ostsee entlangschlendern, Wellenrauschen und Meeresgeruch inklusive. Mit Adleraugen und Glück findet man nach einem Gewitter sogar einen Bernsteinsplitter.

Hüxstraße Edel geht es zu, aber auch charmant und gelassen. Die Hüxstraße (→ Spaziergang 2, S. 94) lässt sich nicht in die gängigen Klischees einer Einkaufsstraße pressen.

Dummersdorfer Ufer Das spannendste Naturschutzgebiet Lübecks liegt eindeutig am Dummersdorfer Ufer in Kücknitz (→ S. 170). Wie in Travemünde sind auch hier die riesigen Fähren und Hotelschiffe aus nächster Nähe zu bestaunen.

Das Statius-von-Düren-Haus in der Musterstraße

Hintergründe & Infos

Lübecks Ideal durch die Jahrhunderte (→ S. 66)

Stadtgeschichte

Alt-Lübeck, eine slawische Siedlung am Zusammenfluss von Trave und Schwartau, ist schon für das 9. Jh. nachgewiesen. „Die Liebliche" (Liubice) nahm den Namen mit auf die weiter südlich gelegene heutige Altstadtinsel. Nach einer wilden Gründungsphase folgte ein steter Aufschwung: Das „Venedig des Nordens" wurde dank der Hanse eine große Nummer in Europa. Und auch heute kennt Lübeck jeder als UNESCO-Weltkulturerbe am Meer.

Die slawische Siedlung Alt-Lübeck

Dem Archäologen Henning Hellmuth Andersen gelang es, mithilfe der Dendrochronologie (einer Messmethode zur genauen Datierung von Holz) den Ursprung einer slawischen Gründung zeitlich festzuzurren: 817. Sie befand sich wenige Kilometer nordöstlich des Limes Saxoniae, eines unbefestigten, schwer zu durchdringenden Sumpf- und Waldgebietes, das die Slawen von den Sachsen trennte. Handwerker, Bauern, Fischer und Händler lebten hier. Zwischen 500 und 1.000 Personen versuchten bis ins 12. Jh., ihre Existenz in Alt-Lübeck zu sichern.

Die Christianisierung der heidnischen Slawen wurde unter den Obodritenfürsten Gottschalk und Heinrich von Alt-Lübeck aus vorangetrieben. Ein Vorhaben, das scheiterte. Aufgrund der strategisch eher schlechten Lage auf flachem Land griff man die Siedlung unzählige Male an. Besonders wild hausten die Ranen (Bewohner der Insel Rügen), die die slawische Niederlassung unter ihrem Anführer Race 1138 von der Landkarte tilgten. Die wenigen Überreste befinden sich heute 6 km nordöstlich des Zentrums auf einer

Halbinsel an der Untertrave. Doch um es gleich zu sagen: Ein Ausflug lohnt nicht! Man findet dort lediglich eine verwitterte Steinsäule, den unspektakulären Grundriss einer Kirche und eine zerkratzte Infotafel.

Die zweifache Stadtgründung

Lübeck ist eine der wenigen Städte, die zweimal gegründet wurden. Ausgangspunkt für die erste Gründung war die Geschäftsidee eines Grafen: Adolf II. von Schauenburg wollte ein Fernhandelszentrum errichten. Er entschied sich 1143 aus zwei so einleuchtenden wie banalen Gründen für den kleinen Berg Bucu im heutigen Altstadtzentrum: keine Gefahr bei Hochwasser und eine kurze Entfernung zur See. Mit einer werbewirksamen Besiedelungspolitik („Fruchtbares Land für alle!") lockte er Westfalen, Rheinländer, Sachsen und die Bewohner Flanderns und Holsteins nach Lübeck.

Politische Muskelspiele und die verheerende Feuersbrunst von 1157 sorgten dafür, dass sich Adolfs Lehnsherr Heinrich der Löwe den Handelsplatz unter den Nagel riss. Adolf II. hatte schlichtweg nicht die finanziellen Mittel, die Stadt wiederaufzubauen. Heinrich gründete Lübeck zwei Jahre später zum zweiten Mal. Diese feindliche Übernahme des Welfenherzogs ist nicht nur auf seine Eitelkeit zurückzuführen (er war zuvor mit einer „Löwenstadt" an der Wakenitz gescheitert) – Heinrich versprach sich viel von „seiner" Stadt, die er, genau wie zuvor Adolf II., großzügig förderte, indem er z. B. 1160 das Bistum Oldenburg ins erblühende Lübeck verlegte. Die Handelsstadt wurde Bischofssitz, 1173 baute man einen Dom (→ Spaziergang 1).

Trotz der guten Beziehungen Heinrichs stand im Sommer 1181 Friedrich I. Barbarossa mit seinen Truppen vor Lübecks Toren. Der „Löwe" hatte seinem Kaiser die Gefolgschaft bei dessen fünftem Italienzug verweigert (der prompt verloren wurde). Jetzt musste Heinrich die Stadt verlassen. Dies war aber nicht zu Lübecks Nachteil: Mit dem Barbarossa-Privileg wurde die Stadt 1188 mit Ländereien und Hoheitsrechten ausgestattet, wie z. B. den Fischereirechten an Trave, Dassower See und Lübecker Bucht sowie Holzeinschlagrechten im Klützer Wald.

Denkmal für den „zweiten" Stadtgründer

Nach einem knappen Vierteljahrhundert unter dänischer Herrschaft (1201–1225) legten 1226 Lübecker Abgesandte Kaiser Friedrich II. eine neue Fassung des Barbarossa-Privilegs vor, das delikaterweise von einem Domherrn gefälscht wurde. Er bestätigte das Dokument und übergab den Gesandten den Reichsfreiheitsbrief, mit dem Lübeck reichsunmittelbar war und direkt dem Kaiser unterstand. Dem Aufstieg stand nach der entscheidenden Schlacht gegen die Dänen 1227 nichts mehr im Weg. Und so gönnte sich die erstarkende

Kaufmannschaft u. a. einen Neubau der Marienkirche (ab 1250), und auch die vernichtenden Brände in den Jahren 1251/76 konnten sie nicht stoppen. Da Lübeck als Stützpunkt für die Mission im Baltikum diente, stand die Stadt bald auch unter päpstlichem Schutz.

Lübecks Blütezeit in der Hanse

Lübeck war zwischen 1300 und 1500 ein idealer Handelsplatz. Man kann ohne Übertreibung von einer Seefahrerstadt sprechen, der es aber nicht um die Entdeckung neuer Länder oder Kontinente, sondern um den Umschlag von Waren ging. Bereits im 12. Jh. verbanden sich die Kaufleute zu einer Gemeinschaft, um zusammen zu anderen Handelsplätzen zu reisen. Sie nutzten die strategisch perfekte Lage Lübecks und schlossen sich nach und nach mit etwa 200 Städten zur sog. Hanse zusammen (u. a. sogar mit Köln und Frankfurt). 1356 trafen sich die Vertreter der Hansestädte erstmals in Lübeck.

Das Ziel der neu gegründeten Hanse war klar: Der freie Handel sollte gefördert werden, und zwar von der niederländischen Rheinmündung und dem Zuidersee (dem heutigen Ijsselmeer)

Die Kaufmannschaft zu Lübeck

Nach einer langen Ausbildung – von der Lateinschule über die Lehrjahre in einer fremden Stadt bis hin zur Zeit als Gesellschafter – übernahm der Sohn das väterliche Geschäft und die öffentlichen Ämter. Fremdsprachenkenntnisse und der Umgang mit Waffen waren von Vorteil bei den Handelsbeziehungen mit fernen Ländern. Fuhren die Kaufmänner ihre Waren zunächst noch selbst aus, so wurden sie mit den neuen Formen des Kredit- und Wechselgeschäfts im 13. Jh. sesshaft. In einem geschickten System aus Heiratsverbindungen und „fruntschop" (Freundschaft) spannen sie von den sog. Dornsen (Schreibstuben in Kaufmannshäusern) aus ihre Handelsnetze.

Um ihre wirtschaftlichen Interessen zu wahren, schlossen sich in Lübeck 30 einflussreiche Kaufleute in der sog. Zirkelgesellschaft zusammen. Neben geschäftlicher Konversation veranstaltete man Fastnachtsspiele oder ließ für Verstorbene heilige Messen lesen. Nicht ganz so betuchte, aber aufstrebende Kaufherren gründeten die sog. Kaufleutekompanie. Auch Gelehrte und reiche Rentner durften in die erlauchten Kreise eintreten. Es versteht sich von selbst, dass die überwiegende Zahl der Ratsherren und Bürgermeister in solchen Bruderschaften verkehrte.

Insgesamt lebten während des 14. und 15. Jh. in Lübeck so viele Kaufmänner wie nirgends sonst. Auf fast ein Viertel der Bewohner mit Bürgerrecht traf diese Bezeichnung zu, auf immerhin über 15 % der Bevölkerung. Durch ihr monetär bedingt hohes Ansehen und einen festen Firmensitz waren die Kaufleute in der Lage, bei den Entscheidungen der Stadt mitzureden – was sie fleißig als Ratsherren taten. Da die Hanse ein Global Player war und u. a. im Frieden von Stralsund (1370) ein Vetorecht auf die dänische Thronfolge diktierte (!), hatte man als Bürgermeister zu Lübeck sogar eine der wichtigsten politischen Positionen Europas inne.

Ende des 14. Jh. nahmen die Kaufleute eine so hohe Stellung ein, dass sie selbst Kaiser Karl IV. während seines Besuchs mit „Ihr Herren" ansprach. Eine Betitelung, die eigentlich nur dem Adel zustand.

über die Nord- und Ostsee bis zum Finnischen Meerbusen. 1418 erhielt Lübeck erneut den Vorsitz als Haupt der Hanse („caput hanze") und rief durchschnittlich jedes dritte Jahr zum Hansetag, um politische (z. B. Schutz vor Piraten oder kriegerische Auseinandersetzungen), rechtliche (z. B. Schlichtung bei Streitigkeiten) und – natürlich – ökonomische Belange zu regeln. Bald stand die Stadt auf Augenhöhe mit Venedig, Rom, Florenz oder Pisa. In diese Epoche fällt auch der schrittweise Ausbau der Holstentorbefestigung (→ Spaziergang 1, S. 62) mit ihren äußeren und inneren Trutzbauten, den Wällen, der Trave, einem Stadtgraben und einem dritten, ebenfalls künstlich angelegten Gewässer.

In ihrer größten Ausdehnung umfasste die Hanse einen Handelsraum von 6 Mio. km^2. Zur Lagerung und zum Weiterverkauf der Waren gab es Kontore in Nowgorod, Bergen, Brügge, und London sowie zahlreiche Faktoreien von Litauen bis Portugal. Das alles wäre ohne einen technischen Fortschritt nicht so leicht möglich gewesen: Die wendige Kogge, 20–30 m lang und 5–8 m breit, konnte erstaunliche 80–200 t laden und war damit allen bisherigen Schiffstypen überlegen.

Alle Macht half nichts: Nach einer 200-jährigen Blütezeit war der Niedergang der Hanse und damit auch Lübecks nicht mehr aufzuhalten. Nach der Entdeckung Amerikas verlor die Ostsee schrittweise an Bedeutung. Die erstarkenden Territorialherren im In- und Ausland schränkten die Rechte ihrer Städte ein, um selbst Handel zu treiben. Es wurde schwierig, ein gemeinsames Ziel auf den Hansetagen zu finden. Die Niederlande und England stiegen zu neuen (Ost-)Seemächten auf – und sogar Hamburg überflügelte ab 1600 das einstige Oberhaupt. Beim Hansetag am 29. Mai 1669 löste sich dann unter Teilnahme der letzten neun Mitglieder die Hanse auf – und besonders an Nebeltagen wirkt es, als trauerten die Fassaden der Kaufmannshäuser diesem Umstand noch immer nach. Wenigstens die Lübecker Gullydeckel zeigen ob ihrer großen Vergangenheit mutig Flagge, wie man in der Königstraße/Aegidienstraße erkennen kann, wo das Schiffssiegel von 1256 zu sehen ist.

Innere Unruhen, Pest und Reformation

Trotz der erfolgreichen Zeiten kam es im 14. und 15. Jh. immer wieder zu Bürgerunruhen und Aufständen gegen den Rat. Ausgangspunkt waren häufig Steuererhöhungen, die die maßlos verschuldete und selbstgerecht handelnde „Stadtverwaltung" den Handwerkern und Gewerbetreibenden aufbrummte – selbstverständlich ohne ihnen ein Mitspracherecht einzuräumen. 1384 formierten sich 30 Knochenhauer (Fleischer) und andere Verschwörer, um das Rathaus zu stürmen. Doch einer der Aufständischen hatte geplaudert. Man ergriff die Clique vor den Stadttoren und richtete 18 der vermeintlichen

Sinnbild für den Niedergang der Hanse …

Auch Blaublütige logierten in Lübeck

Attentäter hin. Dem gescheiterten Staatsstreich um Hinrich Paternostermaker war bereits 1380 der Versuch vorausgegangen, mehr ständische Eigenverantwortung zu erlangen.

Wütende Proteste gab es auch in den Jahren 1408–15, in denen man zähneknirschend Handwerker am Rat beteiligte, was zur Wahl von zwei sich bekämpfenden Räten führte und Lübeck zeitweise in die Reichsacht trieb.

Ungefähr zeitgleich mit den inneren Unruhen kam die Pest in die Stadt. Der Schwarze Tod, der in Europa etwa 25 Mio. Tote forderte und mit den einlaufenden Schiffen auch Lübeck erreichte, fegte von 1350 bis 1537 ganze zwölf Mal durch die Straßen. Die Seuche raffte 25 % der Bevölkerung dahin, mindestens drei starke Epidemien folgten bis 1603. Das letzte Mal trat die bakterielle Erkrankung in den Jahren 1711–13 auf. Doch nicht nur die Stadtbevölkerung, die sich, zumindest wirtschaftlich, mittels Zuwanderung schnell erholte, litt an den Folgen des Massensterbens. Wie fast überall in Europa hatte man die „Schuldigen" bald gefunden: die Juden. Obwohl bis zur Mitte des 17. Jh. nicht einmal in der Stadt geduldet, dienten sie dem Lübecker Rat als Sündenböcke der Pandemie. Mit der Folge, dass die einflussreichen Politiker ihre Kollegen in den umliegenden Hansestädten und Territorien zu gezielten Judenverfolgungen anfeuerten.

Ähnlich unnachgiebig zeigte sich der Lübecker Rat während der Reformation – wenn auch nicht mit den gewünschten Folgen. Nachdem der Bürgermeister Nikolaus Brömse zwei Geistliche, die in deutscher Sprache zu predigen wagten, der Stadt verwiesen hatte, kam es zum berühmten Lübecker Singekrieg. Immer dann, wenn ein katholischer Würdenträger den alten Glauben (in Latein) verkündete, hoben die Gemeindemitglieder zu verbotenen Liedern an, von denen sie durch Flugschriften oder Mundpropaganda erfahren hatten. Dem Rat blieb keine andere Wahl, als die geschassten Prediger Andreas Wilms und Johann Walhoff wieder in St. Aegidien und St. Marien einzusetzen. Unter dem Vorsitz des späteren Bürgermeisters Jürgen Wullenwever ließen sich die Bürger in einem Ausschuss von 64 Mitgliedern am 30. Juni 1530 den evangelischen Glauben festschreiben.

Jürgen Wullenwever ein gescheiterter Populist

Von 1533 bis 1535 übernahm der talentierte Rhetoriker und unorthodoxe Radikalpolitiker Jürgen Wullenwever als Bürgermeister die Macht in Lübeck. Fortan verstrickte sich der frühere Hamburger Fernhändler mit seinem Feldherrn Marx Meyer in einen außenpolitischen Missgriff nach dem anderen. Die beiden führten, ohne Beteiligung der Hanse, Kaperfeldzüge und Kriege gegen Holland und Dänemark, die allesamt scheiterten und Lübeck bestenfalls eine Blockade auf der Trave einbrachten. Gleichzeitig stellte Wullenwever die Kritik an seiner Person unter Strafe. Kein Wunder, dass er seine angesehene Stellung in der Bevölkerung bald verspielte und nach einem kaiserlichen Ultimatum zurücktreten musste. Im November 1535 verhaftete man den Populisten (der weder ein Lübecker Grundstück noch das Bürgerrecht besaß) auf dem Gebiet des Bremer Erzbischofs Christoph. Dessen Bruder, Herzog Heinrich von Braunschweig-Wolfenbüttel, ein Gegner der Protestanten, ließ ihn am 24. September 1537 in Wolfenbüttel hinrichten. Wullenwevers zweites und für ihn entscheidendes Ziel – nach der Einführung der Reformation in Lübeck – hat er nicht erreicht: Die Rückgewinnung der alten Vormachtstellung Lübecks im Ostseeraum.

Eine neue Ära hatte begonnen, zumal die Lübecker selbstbewusst nach Martin Luther riefen: Er solle eine reformierte Stadt- und Kirchenordnung für sie verfassen. Da der Reformator des Niederdeutschen nicht mächtig war, schickte er seinen Weggefährten Johannes Bugenhagen. Der enge Vertraute Luthers (der auch die Ehe zwischen Luther und Katharina von Bora schließen und des Reformators Grabrede halten sollte) quartierte sich im Pfarrhaus von St. Marien ein und vollendete zu Pfingsten des folgenden Jahres „Der Kaiserlichen Stadt Lübeck Christliche Ordnung“.

Die Folgen des Dreißigjährigen Krieges

Aus dem Dreißigjährigen Krieg versuchte sich Lübeck herauszuhalten – und geriet zum Spielball der Mächte. Oft kam es zu Plünderungen durch beide Seiten, Gustav Adolf ließ sich die Unantastbarkeit der Ostseestadt gut bezahlen, was schwedische Truppen 1636 nicht von einem Raubzug in der Umgebung abhielt. Immerhin wurde Lübeck im Westfälischen Frieden von 1648 in seiner Reichsfreiheit bestätigt.

Da der Handel lahmte, die Stadtkasse aufgrund hoher Verschuldung wieder einmal dem Bankrott nahe war und neue Bürgerunruhen ins Haus standen, wurde der Bürgerrezess am 9. Januar 1669 unterzeichnet. Dabei handelte es sich um das erste Verfassungsdokument von Lübeck, in dem die Rechte und Pflichten von Rat und Bürgerschaft festgelegt waren. Doch das Schriftstück war ein klares Diktat der Kaufleute. Keine 10 % der Bevölkerung durften bei Entscheidungen wie Krieg oder Frieden, Handels-, Steuer- und Münzfragen mitbestimmen.

Finanziell war der Rat in den folgenden Jahren auf das Wohlwollen reicher Bürger angewiesen. So hatte die Ostseestadt jährlich 36.000 Reichstaler zur Unterstützung des Spanischen Erbfolgekriegs (1701–14) zu zahlen, und im Großen Nordischen Krieg (1700–21) forderte der russische General Menschikow hohes Quartiergeld und Schiffe für seine Leute.

Immerhin brachten Barock und Aufklärung auch Verbesserungen: Eine lebendige (Kirchen-)Musikszene entstand um den Organisten in St. Marien, Dietrich Buxtehude (1637–1707). Er sollte als Komponist für Orgelwerke in die Geschichte eingehen – und empfing den 18-jährigen Georg Friedrich Händel sowie den 20-jährigen Johann Sebastian Bach. Eine erste Zeitung, die „Lübeckischen Anzeigen“, erschien 1751, und der Zimmermann Heinrich Schröder baute in der Beckergrube auf eigene Rechnung ein Theater (→ Spaziergang 3, S. 115).

Auch die Wohlfahrt entwickelte sich: Einrichtungen wie die „Rettungsanstalt für im Wasser Verunglückte“ (1791) oder die „Fürsorge für Strafgefangene“ (1798) sowie das mit einer „Naturhistorischen Sammlung“ (1800) beginnende Museumswesen entstanden auf Initiative der „Gesellschaft zur Beförderung gemeinnütziger Tätigkeit“ (1789). 30 Stiftungen dieser Vereinigung mit ihren mehr als 2.000 Mitgliedern existieren, teilweise unter anderem Namen, noch heute und werden von fast 400 Mitarbeitern (die meisten davon ehrenamtlich) und mit einem Vermögen von knapp 4 Mio. € verwaltet.

Unter französischer Herrschaft

Lübeck war eine neutrale Stadt, die sich notfalls freikaufte. Erst mit dem Angriff Frankreichs brach ein dreitägiger, offener Krieg im Stadtkern aus.

Angefangen hatte alles mit einer verlorenen Schlacht der Preußen. Sie unterlagen Napoleons Truppen am 14. Oktober 1806 bei Jena und Auerstedt. General Blücher bestand auf der Versorgung der ausgehungerten, abgekämpften 20.000 Männer in Lübeck. Doch bereits am Morgen nach der Ankunft, am 6. November 1806, standen 53.000 Franzosen unter Führung der Marschälle Bernadotte (Burgtor), Murat (Hüxtertor) und Soult (Mühlentor) vor der Stadt. Die Verteidigung währte nur wenige Stunden und scheiterte auch aufgrund der Fehler des Herzogs von Braunschweig-Oels. Nach einer brutalen Straßenschlacht (u. a. in der Großen Burgstraße und am Koberg) gaben sich etwa 5.000 Preußen geschlagen. Weitere 8.000 kapitulierten einen Tag später mit dem geflohenen Blücher bei Ratekau, 10 km nördlich von Lübeck. Die Zahl der Toten ist unbekannt, es gab weit über 1.000 Schwerverletzte.

Von 1806 bis 1813 waren 3.000 Franzosen in Lübeck stationiert. Obgleich Lübecker Abgesandte zu Napoleon fuhren, ließ sich der streitbare Korse nicht erweichen. Außer zynischen Worten des Trostes („Wir leiden jetzt alle. Ich leide auch.“) hatte er der Delegation nichts zu sagen. Die Stadt gehörte zum neuen Département des Bouches de l'Elbe (Elbmündungsdepartement) und wurde – den Bewohnern muss es wie Hohn vorgekommen sein! – in die Liste der 51 „schönsten Städte Frankreichs“ aufgenommen; Lübeck ist auch neben zig anderen von Frankreich eroberten Städten in den Triumphbogen von Paris eingeritzt.

Am 5. Dezember 1813 hatte der Spuk nach den Befreiungskriegen im Großen und im Kleinen (Lübeck) ein Ende.

Deutscher Bund und Kaiserreich

Nach dem Sieg gegen Napoleon bildete sich der Deutsche Bund aus 35 Fürstentümern und vier freien Städten. Die kleinste davon war Lübeck mit einem Bevölkerungsanteil von etwas mehr als 0,1 % des Bundes. Trotzdem erhielt das Oberappellationsgericht der vier freien Städte des Deutschen Bundes von 1820 bis 1879 seinen festen Sitz in Lübeck und griff nicht nur bei Streitereien der Städte, sondern auch bei Krisen des Bundes schlichtend ein.

Eine der ältesten Fassaden der Stadt

Eine Erinnerung an industrialisierte Zeiten

1866 trat Lübeck dem Norddeutschen Bund bei und erhielt eine der 43 Stimmen im Bundesrat.

Auch aus technischer Sicht gab es Neuerungen: Dampfschifflinien von Travemünde nach Kopenhagen (1824), St. Petersburg (1828) und Riga (1830) wurden eingerichtet. Selbst der Eisenbahnverkehr kam in Gang, wenngleich etwas schleppend, da die Strecke nach Hamburg auf dänischem Hoheitsgebiet lag. Am 15. Oktober 1851 fuhren die ersten Waggons nach Büchen, und 1865 stand die lang ersehnte Verbindung nach Hamburg.

Nach dem siegreichen Krieg 1870/71 gegen Frankreich erblühte auch in Lübeck der Nationalgedanke. Besonders der Bestseller-Lyriker Emanuel Geibel und der ebenfalls aus Lübeck stammende Ernst Curtius (Ausgrabungsleiter im antiken Olympia) taten sich mit Werken über die Größe des deutschen Kaiserreichs hervor. Denkmäler für Wilhelm I. (1912) und Bismarck (1903) sowie der später von den Nationalsozialisten entfernte Marktbrunnen (1873) und der Siegesbrunnen (1889) entstanden. Nach der Eröffnung der ersten „Straßenbahn", einer Pferdebahn von 1881, weihte Kaiser Wilhelm II. am 16. Juni 1900 den Elbe-Trave-Kanal (heute Elbe-Lübeck-Kanal) ein, die ehemals modernste Wasserstraße Deutschlands.

Die Industrialisierung schritt durch den späteren Senator Emil Possehl (1850–1919) voran. Er war einer der führenden Industriellen Deutschlands und verfügte in seinem Testament die Possehl-Stiftung. Seit 1950 konnten etwa 100 Mio. Euro für gemeinnützige Zwecke in Lübeck bereitgestellt werden, u. a. für die Sanierung der Altstadt.

1911 erreichte Lübeck mit über 100.000 Einwohnern den Status einer Großstadt. Vorstädte wie St. Gertrud, St. Lorenz und St. Jürgen entstanden. Von 1911 bis 1915 leitete Wilhelm Furtwängler das Städtische Orchester. Und aus der Ehe eines Senators mit einer Brasilianerin (deren Vater vormals in Lübeck gelebt hatte) entsprangen die zwei berühmtesten Sprösslinge der Stadt: Thomas und Heinrich Mann.

Erster und Zweiter Weltkrieg

Im Ersten Weltkrieg, der Urkatastrophe des 20. Jh., fielen 4.000 Lübecker an der Westfront in Belgien und Frankreich. Noch bevor das Regiment Lübeck am 30. November 1918 zerschlagen und aufgerieben zurückkehrte, solidarisierte sich der Lübecker Soldatenrat mit den Ideen der Kieler Matrosen, die sich einer neuen aussichtslosen Schlacht gegen England verweigert hatten. „Es muss mit den korruptiven Zuständen und der Militärdiktatur von gestern gründlichst aufgeräumt werden. Zweck unserer Sache ist sofortiger Waffenstillstand und Frieden", diktierten die

Zerstörung und Wiederaufbau des Doms

kriegsmüden Kämpfer am 5. November 1918 den Lübecker Zeitungen.

Während der Weimarer Republik setzten nicht nur bedrückende Hungers- und Wohnungsnot sowie eine galoppierende Inflation den Lübeckern zu, sondern auch der 1919 unterzeichnete Versailler Friedensvertrag, der unter anderem die Anzahl der deutschen Handelsschiffe drastisch einschränkte: Von einem Volumen von 53.000 t schrumpfte die Lübecker Handelsflotte auf magere 7.650 t. Die Weltwirtschaftskrise 1929 verschärfte die ohnehin schwierige Situation: Jeder dritte Haushalt kämpfte mit Arbeitslosigkeit.

So überrascht es nicht, dass Adolf Hitler am 26. Oktober 1932 die frustrierte Masse von 40.000 Besuchern in zwei Zirkuszelten von seinen dumpfen Lösungen überzeugen konnte. Bereits am 31. Juli desselben Jahres hatte die NSDAP in Lübeck – sie hatte sich u. a. durch Notstandsküchen beliebt gemacht – bei der Reichstagswahl einen Anteil von 41,2 % der Stimmen erhalten. Obgleich dieses klare Ergebnis (das über dem Reichsdurchschnitt lag!) nicht mehr erreicht wurde, stand die Stadt ab dem 5. März 1933 unter nationalsozialistischer Herrschaft. Der Senat und die wichtigsten Ämter wurden gleichgeschaltet, öffentliche Proteste der Gewerkschaften, der SPD, der KPD und engagierter Einzelkämpfer wie Dr. Julius Leber oder Fritz Solmitz bis spätestens 1935 zerschlagen. Man entließ 330 Beamte und verbrannte auf dem Buniamshof, einem Sportgelände (auf dem heute u. a. American Football gespielt wird), Bücher. Von 1939 bis 1945 wurden in den großen Betrieben 30.000–40.000 osteuropäische Zwangsarbeiter systematisch ausgebeutet. Außerdem deportierte und ermordete man Hunderte von Juden (KZ Jungfernhof bei Riga und KZ Theresienstadt) und tötete 605 psychisch Kranke im Zuge des menschenverachtenden Euthanasie-Programms. Zeitgleich verlor die Stadt am 1. April 1936 nach 711 Jahren ihre Eigenstaatlichkeit.

Im Vergleich zu anderen Städten hatte Lübeck aber noch Glück: Zwar erlebte die Bevölkerung in der Nacht vom 28. auf den 29. März 1942 über vier Stunden lang die Detonation eines Bombenteppichs – Englands Antwort auf Coventry und der erste Fliegerangriff auf eine deutsche Stadt –, doch dank des späteren Ehrenbürgers und damaligen Präsidenten des Roten Kreuzes Carl Jacob Burckhardt wurde Lübeck 1944 zu einem Umschlagplatz der Hilfsgüter für in Deutschland inhaftierte britische Kriegsgefangene – und deshalb nicht mehr angegriffen. Dennoch, die Nacht zum Palmsonntag 1942 hatte 300 Tote, 800 Schwerverletzte und 15.000 Obdachlose gefordert. Ein Fünftel der Altstadt lag bis in die 50er-Jahre in Schutt und Asche.

Eine Tragödie spielte sich kurz vor Kriegsende am 3. Mai 1945 in der Bucht zu Lübeck ab. Aufgrund einer fatalen Falschmeldung griffen britische Verbände das Schiff „Cap Arcona" an, auf dem sich etwa 8.000 Befreite aus den umliegenden Konzentrationslagern (v. a. KZ Neuengamme) befanden. Die Royal Air Force hatte sie für versprengte Truppen der Wehrmacht gehalten. Monatelang spülte die Strömung ihre Leichen an die Ufer der Pötenitzer Wiek südöstlich des Priwalls, wo heute eine Gedenktafel auf das Unglück hinweist. Nur 600 Menschen überlebten den Angriff, der bei besserer Kommunikation nie stattgefunden hätte.

Nachkriegszeit und Gegenwart

Bevor die norddeutschen Verbände am 5. Mai 1945 bedingungslos kapitulierten, hatten sich Churchills und Stalins Truppen ein Kopf-an-Kopf-Rennen um deutsche Gebiete geliefert. Die Engländer erreichten Lübeck schneller und befreiten die strategisch interessante Stadt am 2. Mai. Nach der Konferenz von Jalta gehörte Lübeck zum britischen Sektor und wurde Grenzstadt (erst bei Eichholz, später bei Schlutup). Während Lübecker versuchten in den neuen Ostgebieten zu „hamstern", gelangten die Heimatvertriebenen über den Waldhusener Forst in die westlichen Gegenden. 620.000 Flüchtlinge registrierte das Lager Pöppendorf. Bis 1948 war die Bevölkerung Schleswig-Holsteins, das sog. Armenhaus Deutschlands, um 1,1 Mio. gestiegen – 40 % der Einwohner waren Vertriebene. Die Eingemeindung der Dörfer um Lübecks Innenstadt war eine der Folgen. Nach 1945 mussten 100.000 Flüchtlinge in Genin, Niendorf, Israelsdorf, Karlshof, Kücknitz, Moisling und Schlutup untergebracht werden. Im Herbst 1950 verließen die letzten stationierten Briten – kurz nach dem Krieg mehr als 4.600 Mann – die Stadt.

Versuche, die ehemalige freie Reichsstadt wie Bremen und Hamburg zu einem eigenen Bundesland zu machen, scheiterten durch den Parlamentarischen Rat im Februar 1949 und vor dem Bundesverfassungsgericht im Dezember 1956.

Man eröffnete 1964 eine Medizinische Akademie (heute Medizinische Universität Lübeck), 1971 erhielt der in Lübeck geborene Bundeskanzler Willy Brandt den Friedensnobelpreis. Spontane Straßenfeste ereigneten sich im November 1989: Wie in vielen Grenzstädten feierten die wiedervereinten Deutschen tage- und nächtelang.

Unter dem Motto „Lübeck kämpft für seine Uni" engagierten sich die Lübecker im Sommer 2010 erstaunlich erfolgreich für den Verbleib der medizinischen Fakultät in der Hansestadt. Der politische Plan hatte vorgesehen, das Vorzeigeobjekt der Lübecker Uni ins ungeliebte Kiel zu verfrachten. In einer beispiellosen Protestaktion reisten 14.000 Städter in die Landeshauptstadt; die Flyer mit dem viel zitierten Schriftzug sind bis heute hinter einigen Fensterscheiben zu sehen.

Aktuell wohnen in der weltberühmten Marzipan- und Thomas-Mann-Stadt rund 210.000 Bürger, davon etwa 13.500 auf der Innenstadtinsel, die 1987 zum Welterbe der UNESCO geadelt wurde – und das zu Recht!

Manche Ganghäuser sind zu vermieten

Übernachten

In der Lübecker Altstadt und drum herum findet man Unterkünfte, die preislich zwischen 50 und 1.000 € (pro Doppelzimmer) liegen. In den Monaten Januar bis März gibt es häufig günstige Angebote. Außerdem spart man Geld, wenn man sich ab Sonntag (dem Abreisetag schlechthin) oder zu Beginn der Woche einmietet. Sofern man mehrere Tage oder sogar eine Woche bleibt, kann man ebenfalls günstiger wohnen. Am schwierigsten sind Buchungen während des Weihnachtsmarkts, an Wochenenden mit Feiertagen oder Wochenenden im Sommer. Für diese Zeiten sind viele Unterkünfte bereits ein halbes Jahr im Voraus ausgebucht.

Übernachtungsmöglichkeiten in Travemünde finden Sie auf S. 135 ff.

Am beliebtesten sind die Mittelklassehotels, die zwischen 70 und 110 € rangieren. Aber auch ein sehr schönes Rucksack-Hotel, zwei sachlich gehaltene Jugendherbergen und ein akzeptabler Campingplatz existieren in Lübeck.

Die charmant-gemütlichen **Ferienhäuser** in den Gängen bieten für 50 bis 70 € (und manchmal noch weniger) genügend Komfort und eine einzigartige Romantikkulisse. Einziger Nachteil: Oft muss man für mindestens drei Nächte buchen. Via www.luebeck-tourismus.de oder www.luebecker-verkehrsverein.de kann man sich einen genauen Überblick über die Ganghäuser verschaffen und Buchungsanfragen stellen.

Noch günstiger wird es in den (Doppel-) Appartements (mit Küchenzeile) von www.my-bed.eu. Mit ca. 20 € pro Person (!) und Nacht ist man dabei, wohnt allerdings nur in Altstadtnähe oder weiter weg.

Übrigens: Die bislang 1,3 Mio. Übernachtungen jährlich sollen bis 2020 auf 2 Mio. ansteigen. Es ist geplant, die Bettenkapazität von 4.300 auf 12.400 auszubauen, erfreulicherweise auch für junge Reisende mit kleinerer Geldbörse.

Alle Telefonnummern (außer in Travemünde) liegen im Vorwahlbereich Lübeck: 0451.

Obere Preisklasse

→ Karte vorderer Umschlag

Radisson 31 5-Sterne-Luxushütte mit genialer Sicht auf die „Skyline" Lübecks, sofern man ein Zimmer mit Traveblick bucht. Die Plüschteppiche in den modern eingerichteten Zimmern sorgen für familiäre Wohlfühlatmosphäre. Schwimmbad mit z. B. finnischer Sauna und Dampfbad versteht sich von selbst. DZ 140–182 €, EZ 126–156 €. 400 € zahlt, wer die Junior-Suite mietet, die Präsidenten-Suite kostet stolze 1.000 €. Immer wieder gibt es günstige Angebote und Arrangements auf Nachfrage oder online. Man sollte sich erkundigen, ob das Frühstück inkludiert ist; sonst werden 19 € extra fällig. Weshalb das etwas ungelenk gebaute Radisson ausgerechnet mit dem Architekturpreis für Gewerbebauten bedacht wurde, bleibt ein Geheimnis der Jury. Willy-Brandt-Allee 6, ✆ 1420, www.senatorhotel.de.

Atlantic Hotel 49 Neu ist das nordisch-kühl designte 4-Sterne-Hotel Atlantic nahe der Petrikirche. Großer Pluspunkt: Im Gegensatz zu anderen Gebäuden dieser Breite fügt sich das schmucke Bauwerk wunderbar in die Altstadt ein. Allerdings sind die Zimmerpreise nicht gerade günstig, besonders, wenn man zur Weihnachtszeit dort logiert: DZ (Comfort) 130–170 €, die Superior-Kategorie kostet 20 € mehr, als Einzelreisender sind es 10 € weniger. Natürlich gibt es auch Studios und Suiten zu 245 €. Die Benutzung der Saunen und des winzigen Fitnessraumes ist im Preis inbegriffen. Dafür muss man während der Woche sein Frühstück extra bezahlen (17 €). Nett ist der direkte Zugang zum Zentralbad (ca. 4 €). Schmiedestr. 9–15, ✆ 384790, www.atlantic-hotels.de.

Klassik Altstadt Hotel 12 Schönes Altstadthaus ohne Fahrstuhl oder überragende Aussicht, dafür mit individuell eingerichteten Themenräumen: In den EZ (ca. 72 €) hängen literarisch-historische Reiseberichte zu Lübeck, die DZ (130–150 €) thematisieren Lübecker Persönlichkeiten. Schweres Holzmobiliar für alle, die eine etwas feudalere Atmosphäre mögen. Leider sind die Einzel- und Badezimmer ein wenig eng. Dafür bietet das Hotel als einziges Haus der oberen Preisklasse das Frühstück inklusive an. Fischergrube 52, ✆ 702980, www.klassik-altstadt-hotel.de.

»» **Mein Tipp:** **Anno 1216** 28 Ein Schmuckstück für diejenigen, die sich ihre Übernachtung in Lübeck etwas kosten lassen und ein historisches Ambiente – aufgepeppt mit modernen Standards – genießen wollen. 2011 eröffnet, punktet das sehr gekonnt restaurierte Großpatrizierhaus (vorher Gildehaus) v. a. mit hohen (Stuck-) Decken, originalen Deckenbalken, Paneel-Malereien und kunsthistorischen Erklärungen zu den elf Zimmern (z. B. zur Dornse). Den schönsten Ausblick (der in diesem Abschnitt der Stadt ohnehin nicht genial ausfällt) hat man in Nr. 8. Freies Internet und kostenloses Telefonieren innerhalb Deutschlands nehmen das authentische Ganze entspannt in die Gegenwart mit. Lediglich das Frühstück schlägt separat zu Buche: 6,50 od. 13,50 €. DZ 138 €, EZ 98–118 €, Suiten 228 €. Alfstr. 38, ✆ 4008210, www.anno1216.de. ««

Hanseatischer Hof 55 4-Sterne-Haus, das 1996 von einem Altenheim in ein Hotel umgemodelt wurde. Die DZ der Kategorien Classic/Comfort/Deluxe kosten zwischen 104 und 134 €, Einzelreisende zahlen 30 € weniger. Für Suiten gibt man 149 bis 189 € aus. Die Zimmer im Neubau (u. a. mit Kirschbaummöbeln) sind schöner als jene im Stammhaus, einige haben eine Küchenzeile. Im Übernachtungspreis ist die Benutzung von Hallenbad und Saunalandschaft („Bella Vita", 10–22 Uhr) enthalten, fürs Frühstück legt man 15 € obendrauf. Ca. 1 km vor der Altstadt. Wisbystr. 7–9, ✆ 300200, www.hanseatischerhof.de.

Mittlere Preisklasse

→ Karte vorderer Umschlag

Hotel Excelsior 42 Beliebter 3-Sterne-Familienbetrieb mit 81 angenehmen Zimmern, von denen die meisten mit Klimaanlage ausgestattet sind. In den Räumen, die zur Straße liegen, wird manchmal über Lärm geklagt. Für die Tiefgarage zahlt man 8 € pro Tag; 15 kostenlose Gästeparkplätze vor dem Eingang. DZ 92–120 €, EZ 65–85 €, Familienzimmer 125–165 €. „Es kann auch Ausschläge nach oben oder – geringfügig – nach unten geben", erklärt der Chef. Gutes Frühstücksbüfett! Hansestr. 3, ✆ 88090, www.hoex.de.

Hotel Jensen **39** Ein grundsolides 3-Sterne-Haus der Hotelkooperation Ringhotels mit standardisierten, aber gemütlichen Zimmern, die zum Teil einen herrlichen Blick auf die Salzspeicher und das Holstentor bieten. Allerdings bleibt man in diesen Räumen vom Verkehrslärm nicht verschont … Trotzdem lohnt es sich, die höchste Kategorie zu buchen, zumal die anderen Zimmer einen nicht so überragenden Ausblick und kleinere Bäder haben. Unter den 42 Zimmern sind auch günstigere, die nahe der Nachbarhauswand oder zum Luftschacht liegen. Sympathisch-freundlicher Service. DZ 93–119 €, EZ 65–88 €. An der Obertrave 4–5, ✆ 702490, www.hotel-jensen-luebeck.de.

KO15 **8** Wo früher die Servicewüste „Schwarzwaldstuben" zu finden war, hat ein sehr kundenfreundliches Hotel mit engagiertem Personal aufgemacht. Die 14 Zimmer sind komplett umgekrempelt – und in klassisch-modernen, schwarz-weißen Tönen gehalten. Unaufdringliche abstrakte Kunst hängt an den Wänden, einige der Räume haben relativ große Balkone. Fünf Zimmer – darunter sogar ein EZ – bieten einen herrlichen Blick auf den offenen Koberg, das Heiligen-Geist-Hospital und St. Jakobi. Das Frühstücksbüfett ist inklusive. DZ 80–110 €, EZ 65–100 €, Familienzimmer 100–140 €. Koberg 13–15, ✆ 77715, www.ko15.de.

››› Mein Tipp: **Hotel zur alten Stadtmauer** **58** Niedliches Hotel am Krähenteich mit Atmosphäre. Neben den sympathisch-hellen Zimmern in Orangetönen verbreiten die witzigen Inhaber Silke Langmaack und Hendrik Jan Born gute Laune. Außerdem befindet man sich in einer der schönsten Ecken der Altstadt. Im Frühstücksraum ist eine kleine Bibliothek zu finden, u. a. mit englischsprachigen Büchern und Gedichten von Ringelnatz. Durch den neuen Wintergarten und die Miniterrasse hat das Haus noch einmal dazugewonnen. DZ 74–98 €, die EZ sind ca. 25 € günstiger. An der Mauer 57, ✆ 73702, www.hotelstadtmauer.de. ‹‹‹

Hotel Am Mühlenteich **63** Von außen nicht gerade einladend, ist das Haus dank seiner Lage ein kleiner Geheimtipp! 7 der 10 einfachen, aber sauberen Zimmer bieten eine (sehr) schöne Aussicht auf den See; besonders hervorzuheben sind Nr. 5 und 7. Kleiner Nachteil: Bei dreien dieser „Seeblickzimmer" befinden sich die dazu gehörigen Nasszellen auf der anderen Flurseite. DZ 74–85 €, EZ 57 €. Ein Frühstück wird für 4 € zusätzlich angeboten. Mühlenbrücke 6, ✆ 77171, www.muehlenteich.com.

In der Großen Petersgrube wurden Szenen des Buddenbrooks-Films gedreht

Hotel an der Marienkirche 30 Zentraler geht's nicht! Vor dem kleinen Hotel im schlichten, schwedischen Designstil tut sich die Doppelturmfassade von St. Marien auf. 18 Zimmer, zu denen kein Aufzug führt, dafür gibt es free WLAN. Das Haus ist das erste Nichtraucherhotel der Stadt und dank der Latexmatratzen und federlosen Bettdecken auch für Allergiker geeignet. DZ 75–95 €, EZ 58–78 €. Parkplätze 6 € pro Tag (mit Voranmeldung). Schüsselbuden 4, ☎ 799410, www.hotel-an-der-marienkirche.de. ■

Hotel Stadt Lübeck 35 Das Standardhotel mit 2-Sterne-Niveau liegt zentral am Bahnhof. Unspektakuläre Einrichtung, aber gutes Frühstück. Die 21 DZ und 6 EZ rangieren zwischen 59 und 83 € sowie 39 und 54 €. Es besteht die Möglichkeit, Parkplätze für 4 € pro Tag zu nutzen. Nicht wundern, als EC-Karten- oder Barzahler wird man im Voraus abkassiert. Warum? „Im Hotelgewerbe erlebt man eine ganze Menge", so der O-Ton der ehrlichen und zuvorkommenden Pächterin. Am Bahnhof 21, ☎ 881880, www.hotel-stadt-luebeck.de.

Untere Preisklasse

→ Karte vorderer Umschlag

Ferienwohnung Möwennest 5 Die einzige 4-Sterne-Ferienwohnung der Altstadt punktet mit einem hellen und netten Ambiente. Neben dem kleinen Bad und der Küche mit Mikrowelle gibt es ein Wohn- und Schlafzimmer. Blick auf die Media Docks und die Trave, wo die Fehmarnbelt und, manchmal, die Lisa von Lübeck liegen. 60 € pro Nacht, eine Woche kostet 375 €. Kleiner Aufpreis bei Kindern. Wer nur eine Nacht bucht, muss neuerdings einen Zuschlag von 10 € zahlen. An der Untertrave 23, ☎ 0171-8315365, www.moewennest-hl.de.

Einladendes Ambiente in einem der vielen Lübecker Höfe

››› Mein Tipp: Rucksack-Hotel im Werkhof 23 Die multikulturelle Alternative für Jugendliche und Junggebliebene! Wenngleich sich die Mehrbettzimmer (4, 6 und 8 Betten) nicht wesentlich von denen einer Jugendherberge unterscheiden, sind die 7 Doppelzimmer eine Wucht. Sie sind höchst charmant nach Länderthemen eingerichtet (z. B. Japan, Brasilien), allerdings haben nur zwei dieser gut gestylten Räume die Nasszellen integriert. Dafür sind die Preise spitze: DZ 43 €, im Mehrbettzimmer blecht man gerade mal 16 €, als Schüler/Student 1 € weniger. Wer Bettwäsche braucht, zahlt einen Aufpreis von 3 €, das Frühstück kostet 5 €, die Bio-Variante 6,50 €. Unbedingt empfehlenswert für den kleinen Geldbeutel! Kanalstr. 70, ☎ 706892, www.rucksackhotel-luebeck.de. ‹‹‹

Jugendherberge Lübeck „Altstadt" 27 Wer das gute alte Schullandheimfeeling noch einmal in vollen Zügen genießen will, ist in diesem Gebäude goldrichtig – zumal die meisten Zimmer mit Etagendusche und -WC „ausgestattet" sind … Dafür sind die Preise nicht mal günstig: Ca. 20–25 € zahlt man für eine Nacht im Mehrbettzimmer, fürs Doppelzimmer rund 60 €. Mengstr. 33, ☎ 7020399, www.djh.de.

Jugendherberge Lübeck „Vor dem Burgtor" 1 Zwischen 211 Betten kann man hier wählen oder sich für eines der 16 DZ entscheiden. Dafür legt man dann ca. 25 € pro Person hin. Wer mit dem Mehrbettzimmer vorliebnehmen mag und höchstens 26 Jahre alt ist, kann für 20 € unterkommen. Bettwäsche und Frühstück sind inklusive. Diese zweite Jugendherberge Lübecks (deren Zimmer ein wenig größer sind) liegt in der Nähe des Burgtors, von wo man gleich mit Spaziergang 4 starten kann. Am Gertrudenkirchhof 4, ☎ 33433, www.djh.de.

Campingplatz Lübeck-Schönböcken 6 70 Stellplätze für Wohnwagen und Wohnmobile und eine Zeltwiese. Ganzjährig geöffnet und keine Dauercamper! Ca. 4 km außerhalb in Schönböcken. Erw. 5,50 €, Kinder (2–14 J.) 2 €, Auto/Zelt 4–5 €. 25 km bis zur Ostsee. Steinrader Damm 12, ☎ 893090, www.camping-luebeck.de.

Hier gibt's das vielleicht beste Marzipan ...

Essen und Trinken

Labskaus, Marzipan, Rotspon und ganz viel Fisch – so lässt sich Lübecks kulinarisches Angebot wohl am knackigsten beschreiben. Das ist aber noch lange nicht alles, was die Stadt in dieser Hinsicht zu bieten hat. Selbst Anspruchsvolle dürften bei drei Sterne-Köchen auf ihre Kosten kommen ...

Manche preisen es als die größte Spezialität des Nordens. Andere haben einen gewissen Respekt davor. Die Rede ist von **Labskaus,** jenem Gemisch aus durch den Fleischwolf gedrehter Pökelrinderbrust, Kartoffeln, Zwiebeln und Gewürzen, das mit Roter Bete, Essiggurken, Matjes, Rollmops und Spiegelei angerichtet wird. Für das original Seemannsessen sollten Ungeübte schon einen stabilen Magen haben. Schmackhafte Varianten gibt es z. B. am Fischereihafen von Travemünde (→ S. 182) und in einigen Altstadtrestaurants (z. B. Schiffergesellschaft, Ratskeller). Wer nach Lübeck reist, will außerdem ein **Fischbrötchen** – v. a. wenn man aus dem Süden kommt ... Die besten werden ebenfalls in Travemünde (Fischereihafen) zubereitet, die besten der Altstadt in der Fisch-Hütte (→ S. 39) oder in der Hüxstraße 23 bei Krützfeld (Di–Fr 8–18 Uhr, Sa 8–14 Uhr).

Die freilich wichtigste Spezialität der Stadt kennt man als Zutat bei Dominosteinen und Mozartkugeln – in Lübeck gibt es das Original: **pures Marzipan.** Das Lübecker Marzipan, das gegen Verstopfungen, Blähungen und als Potenzmittel jahrhundertelang in Apotheken verkauft wurde, muss (!) in Lübeck hergestellt sein, und der Zuckeranteil darf höchstens ein Drittel der Ingredienzien ausmachen. Erst 1714 durfte der edle Stoff nach einem Ratserlass auch von Krämern und Zuckerbäckern hergestellt werden; fortan florierte der Handel. 1873 wurde das Lübecker Marzipan auf der Wiener Weltausstellung prämiert, 1908 wurde Niederegger Hoflieferant des deutschen Kaisers. Heute fabrizieren die bekanntesten Firmen Carstens, Lubeca, Mest und **Niederegger** (→ Cafés/Eiscafés, sowie Spaziergang 5) v. a. in der Vorweihnachtszeit tonnenweise Marzipan. Beim Branchenprimus Niederegger, der bereits in der siebten Generation existiert, sind es von September bis März sage und schreibe 30 Tonnen täglich! Über 300 unterschiedliche Konfekte werden daraus gemacht. Ein Besuch lohnt sich auch beim Konkurrenzunternehmen **Marzipanland** (tägl. 10–18 Uhr, An der Untertrave 98, ✆ 8973939, www.marzipanland.de), das herrlichen Marzipanbruch (z. B. mit Schokoglasur) zu anständigen Preisen bietet, darunter die abgeflämmte, leicht karamellisierte Königsberger Variante. Selbst eine Marzipanshow (Eintritt 4 €, Di–Do jeweils 11 und 14 Uhr) kann dort besucht und das „Marzipan-Abitur“ abgelegt werden …

Wer vom Marzipangenuss die Nase voll hat, kann sich im **Amaro**, dem besten Schokoladenladen der Stadt (mit bayerischer Besitzerin), austoben. Neben erlesenen Kaffees, Schokotafeln und edlen Alkoholika darf man zwischen sechs Trinkschokoladen (z. B. Mandel, Nougat – keine Instantprodukte!) zu je ca. 3 € wählen. Mo–Fr 10–18 Uhr, Sa 10–14 Uhr (im Nov. bis 16 Uhr, im Dez. bis 18 Uhr). Glockengießerstr. 67, www.amaro-luebeck.de.

Niederegger Stapelware

Eine andere Besonderheit der Stadt ist der **Lübecker Rotspon**, ein Rotwein, der in Frankreich gekeltert wird, aber in den Lübecker Holzfässern sein volles Aroma entfaltet. Durch den (See-)Handel im späten Mittelalter gelangte junger französischer Wein von der Biskaya als Beifracht nach Lübeck. Die Lagerung in den feuchten Kellern und die besonders salzhaltige Luft des Nordens sollen die exquisite Note begünstigt haben. Wissenschaftlich ist diese These allerdings umstritten, und einige mutmaßen sogar, dass Rotholzspäne als Geschmacksverstärker in den Wein gegeben wurden, wer weiß … Jedenfalls färbte der rote Bordeaux die Fässer intensiv ein. Daher auch der Name, der sich auf „roten Span“, also auf rotes Holz bezieht und als „Rotspon“ im Niederdeutschen seine Wurzeln hat.

Guten Rotspon bekommt man heute bei **von Melle** (Mo–Fr 9–18 Uhr, Sa 9–13 Uhr, Beckergrube 86, ✆ 71050, www.von-melle.de), wo es z. B. den Réserve zu 16,80 € gibt, der es als einziger in Deutschland abgefüllter Bordeaux sogar unter die Top 100 von 460

Marzipan selbst gemacht – ein Rezept

Die Marzipanrezepte der großen Firmen sind Staatsgeheimnisse. Wer sich selbst an der „üppigen Magenbelastung" (Thomas Mann) versuchen und die einfache Variante wählen will, nehme 200 g Mandeln, 200 g Puderzucker (oder etwas weniger) und 1–2 Esslöffel Rosenwasser. Die Mandeln mit kochendem Wasser übergießen, bis sie bedeckt sind. Dann warten, bis das Wasser handwarm abgekühlt ist, um sie abzuziehen. Die Mandeln anschließend fein reiben oder fein mixen und die entstandene Masse mit dem Puderzucker und dem Rosenwasser vermengen. Den trocken-krümeligen Teig mit der Hand kneten, bis er geschmeidig ist (Puderzucker auf die Hände streuen). Manche schwören darauf, den Teig im Kühlschrank einen Tag ziehen zu lassen. Man kann ihn aber auch direkt ausstechen oder Figuren daraus formen. Will man Marzipan länger als eine Kühlschrankwoche haltbar machen, die Stücke bei 120 Grad Celsius zwischen 30 und 40 Minuten backen.

Für Königsberger Marzipan oder weitere, auch ausgefallene Rezepte, z. B. Marzipan-Konfekt nach einem Kochbuch von 1762 oder Marzipan à la Napoli, empfiehlt sich „Marzipan aus Lübeck. Der süße Gruß aus der Hansestadt" von Christa Pieske.

Bordeaux-Weinen geschafft hat. Tatsächlich befindet sich auch die älteste Weinhandlung Deutschlands in Lübeck: **Carl Tesdorpf** (Mo–Fr 9–18 Uhr, Sa 10–14 Uhr, Mengstr. 64, ✆ 799270, www.tesdorpf.de). 1678 gründete der hanseatische Patrizier Peter Hinrich Tesdorpf das Geschäft, von dem aus er z. B. den Zarenhof in St. Petersburg und die preußischen Könige und Kaiser in Berlin und Potsdam belieferte. Der immer aktuelle Bestseller ist natürlich Lübecker Rotspon: Die letzten Jahre war es der „Cuvée Exceptionnelle" zu 11,90 €.

Restaurants

→ Karte vorderer Umschlag

In Lübeck findet sich eine große Auswahl an Restaurants, die von deftiger deutscher Hausmannskost – darunter beliebte norddeutsche **Grünkohlgerichte** – bis hin zu europäischer (Spitzen-)Küche für jeden Gaumen etwas zu bieten haben. Den besten **(Ostsee-) Fisch** gibt es in Travemünde, doch auch die küstenferneren Lokale Schlumacher's und besonders Der Butt bieten gediegene Fischgerichte, die freilich auch etwas teurer sind. Mit dem Wullenwever befindet sich ein 1-Sterne-Restaurant in der Innenstadt. Und in Travemünde kochten sich sogar zwei der dort vertretenen Maîtres zu noch höheren Weihen der Kulinarik ...

Einkehrmöglichkeiten in Travemünde finden Sie auf S. 197.

Wullenwever 19 Das erste Lokal der Altstadt. Der 1-Sterne-Koch Roy Petermann, „der unangefochtene kulinarische Regent der Region", wie der Gault Millau vor einigen Jahren feststellte, bietet auf der wechselnden Speisekarte saisonale Küche mit mediterranen und maritimen Einflüssen. Sowohl der „Rehrücken aus der Sommerjagd" als auch die „Variation von Thunfisch" mit vielen kleinen kreativen Extras war ein Gedicht. Vorspeisen um die 25 €, Hauptgerichte für 35 € sind ganz normal. Mehrgängige Menüs zwischen 80 und 135 € werden mit exquisitem Wein angeboten. In schwarz-weißer Robe gewandete Kellnerinnen umschwirren freundlichst die Gäste. Selbst Wullenwever, der tragische und unglückselige Volkstribun (→ Kasten S. 23), hätte sich in diesem Bürgerhaus mit dem Renaissancetreppengiebel gerne aufgehalten. Di–Sa ab 19 Uhr. Beckergrube 71, ✆ 704333, www.wullenwever.de.

Miera 40 Vorsicht, Sie betreten eines der feinsten Restaurants von Lübeck! Das mit zahlreichen Preisen ausgezeichnete Nobellokal kredenzt auserlesene Speisen von Seeteufelmedaillons bis Limonenparfait. An den Geschmack des vor zwei Jahren genossenen Wildschweinbratens und des dazu eingenommenen portugiesischen Rotweins kann ich mich während der Niederschrift dieser Neuauflage noch erinnern. Allerdings sind die Preise happig, u. a. Menüs zwischen 35 und 55 €, und die Bedienung war leider nicht überfreundlich. Auch wenn es Freude macht, an einem der Fensterplätze zu sitzen und den vorbeiflanierenden Menschen zuzusehen – das Schabbelhaus ist dem Miera an Atmosphäre noch überlegen. Mo–Fr 9.30–24 Uhr. Hüxstr. 57, ✆ 77212, www.miera-luebeck.de.

Schabbelhaus 25 Wer ein wenig Geld investieren mag, um die italienische Küche von ihrer besten Seite kennenzulernen, darf dieses Lokal nicht verpassen! Man speist in traditionellen Räumen mit altehrwürdigem Geschirr in Gesellschaft antiker Möbel: ein Highlight an Gediegenheit und Atmosphäre. Für mehr Infos zum historischen Hintergrund des vierstöckigen Herrenhauses → Spaziergang 5, S. 144. Aufmerksame Kellner schenken den genau temperierten Wein nach – und der im Ofen gebratene Lammrücken war sehr gut, ebenso der Vorspeisenteller. Allerdings kann man zu zweit schnell auf seine 70 € kommen. Abendgarderobe empfohlen. Mo–Sa 12–14.30 und 18–23 Uhr. Mengstr. 48–50, ✆ 72011, www.schabbelhaus.de.

Schiffergesellschaft 10 Wer viel erwartet, kann auch enttäuscht werden. Dem ältesten und damit bekanntesten Lokal der Stadt eilt ein Ruf voraus, dem es meines Erachtens hinterherhinkt. Klasse Ambiente, freundlich-professionelle Bedienung, aber (zu) kleine Portionen für den etwas zu hohen Preis beim von mir getesteten Tagesgericht. Andere wiederum schwören auf den Kapitänsteller für 18,50 € und den Apfel-Marzipanstrudel für stolze 7,50 €. Reisegruppen mit Bussen und geschlossene Gesellschaften machen einen Spontanbesuch nicht immer möglich, unbedingt vorbestellen! Hintergründe zur „Schepherrn-Seelschop" finden Sie in Spaziergang 4, S. 134. Tägl. 10–23 Uhr. Breite Str. 2, ✆ 76776, www.schiffergesellschaft.com.

››› Mein Tipp: **Pipistrello** 16 Ein zweiter Nobel-Italiener existiert in Lübeck. Geboten wird die cilentanische Küche als Slow-Food-Variante. Weiß gekleidete Stühle, kompetente Beratung. Wer Pizza erwartet, ist fehl am Platz. Dafür gibt es frische, selbst gemachte Pastaspeisen zu 15–20 €, für Fleisch- und Fischgerichte zahlt man einige Euro mehr. Eine angenehme, elegant-mediterrane Atmosphäre, leise Musik, stilvolle Tischdeko und eine tägl. wechselnde Karte sprechen unbedingt für die „Fledermaus". Mein Fazit: superlecker, einer der besten Italiener Lübecks – zumal auch die Weinempfehlung sehr gut war! Allerdings wurde ich schon mal herzlicher bedient ... Di–So 12–14 und 18–22 Uhr. Beckergrube 88, ✆ 6191053, www.piazza-pipistrello.de. ‹‹‹

Lübecker Hanse 43 Pächterwechsel in der Lübecker Hanse! Statt der fränkischen Wirtsleute Helga und Claus M. Zimmermann (deren Speisen häufig im Michelin empfohlen waren) ist Patrick Wörner der neue Inhaber und Küchenchef. Obwohl es

Während des **Weihnachtsmarktes** ist es ohne Reservierung schwierig bis unmöglich, einen Platz in einem der Restaurants zu finden. Man sollte außerdem an Wochenenden in der Hochsaison von Juni bis Aug. oder an verlängerten Wochenenden vorbestellen.

mir noch nicht vergönnt war, seine Kochkünste inkognito zu testen, macht das Lokal einen guten Eindruck. Auch die rustikal-hanseatische Einrichtung wurde aufwändig restauriert und gelockert. Geblieben ist die Idee einer gehobenen deutschen und regionalen Küche (saisonal wechselnde Speisekarten!), bei der man für ca. 17 € zuschlagen kann. Jedoch: Es gab bereits Leserkritik an der Küchenleistung – und zwar an der Kraftbrühe und am Steak. Möglicherweise hatte der junge Bayer, der schon unter der Regie von Alfons Schuhbeck (!) arbeitete, einen schlechten Tag. Tägl. 11.30–22 Uhr. Kolk 3–7, ✆ 78054, www.luebecker-hanse.com. ■

Ratskeller 33 Etwas einfacher geht es im Ratskeller zu. Auch hier wird die deftige bürgerlich-regionale Küche hochgehalten. Die Einrichtung ist hanseatisch-lübsch, u. a. gibt es ein Admiralszimmer, in dem Schiffe von der Decke baumeln, außerdem sind Stübchen und Nischen nach Lübecker Stadtbekannten benannt, z. B. Geibel, Mann ... Von 1220 bis 1812 lagerte in diesen Räumen der Ratswein, und selbst Till Eulenspiegel, der wegen des scharfen Rechts gar nicht so gerne nach Lübeck kam, soll mitgebrachtes Wasser gegen Wein umgetauscht haben. Heute werden solide und ein wenig überteuerte Fisch- und Fleischspezialitäten wie Lübecker Pannfisch (14,90 €) oder „Ratskellermeisters Filet-Pfanne" (15,90 €) zubereitet. Fazit: Manche Einheimische meiden das Lokal konsequent, aber mir hat es recht gut geschmeckt. Unlängst erreichte mich allerdings eine Leserkritik an der Serviceleistung. Tägl. 11.30–23 Uhr, im Jan./Febr. am So nur bis 15 Uhr. Markt 13, ✆ 72044, www.ratskeller-zu-luebeck.de.

Weinstube Haase 26 Gekonnt kredenzt wird in diesem kleinen Lübecker Lokal – ein Tipp von Einheimischen! Die Dorade, die ich probierte, war gut, aber auch die Nudelspeisen konnten sich sehen lassen. Man muss allerdings mit Preisen zwischen 17 und 21 € rechnen, wenngleich es einige vegetarische Ausreißer nach unten gibt. Stilvoll ist es im Inneren, im Frühling und Sommer flankiert der erblühte und ein wenig wilde Rosengarten das kulinarische Mahl hervorragend – und am Service gab's auch nix zu mäkeln. Tägl. 17–22.30 Uhr. Glockengießerstr. 24, ✆ 70749011, www.weinstube-haase.de.

Shanghai 9 Der bessere Asiate am Koberg! Kwa-Se Yin, der Urvater des Familienunternehmens, eröffnete 1966 das erste chinesische Restaurant in Lübeck. Auch heute noch kann man es unbedenklich aufsuchen: Sowohl das scharfe Hühnchengericht mit Erdnüssen (Nr. 41) als auch die gebackenen Schweinefleischbällchen in saurer Soße mit Ananas (Nr. 53) haben sehr gut gemundet. Ob die Lampen im Ikea-Stil und die vielleicht zu hippe und ein wenig kalte Atmosphäre sein müssen, sollen andere entscheiden. An der professionell-freundlichen Bedienung war jedenfalls nichts auszusetzen. Bis 15 Uhr machen die Mittagsgerichte zu 8–10 € satt. Tägl. 11.30–23 Uhr. Koberg 6, ✆ 77666, www.shanghai-luebeck.de.

››› Mein Tipp: **Papadopoulos** 21 Trash-Griechen gibt es in jeder Innenstadt. Im Papadopoulos ist alles ein wenig feiner: Die Einrichtung ist nicht so kitschig, die Musik nicht so sirtakilastig – und das Essen wirklich hervorragend. Man hat z. B. die Möglichkeit, zwischen 9 Gyrosgerichten zu wählen (sehr gut ist die überbackene Variante mit Brandysoße), es gibt eine Mittagskarte, und auch die Backofengerichte (z. B. mit Lamm) machen einiges her – zumal die Portionen genau richtig sind und zwischen 10 und 14 € kosten. Wenn man also auf deftige, fleischhaltige Küche steht, kommt man am Nobel-Hellenen in der Fußgängerzone nicht vorbei. Vegetarisches kocht allerdings auf der Sparflamme (nur 5 Gerichte), leider auch geschmacklich ... Tägl. 12–24 Uhr. Pfaffenstr. 12, ✆ 78909, www.papadopoulos-restaurant.de. ‹‹‹

Der Butt/Lübecker Kartoffelkeller 11 Ein Pächter, zwei Speisekarten. Während es in der Massenabfertigungshalle des Kartoffelkellers – von der Kartoffelsuppe bis zum Kartoffelpuffer gibt es zahlreiche Erdäpfelgerichte – auch unter der Woche häufig sehr voll ist und die Kellner überfordert und gestresst sind, geht es im Butt gediegen und angenehm zu. Man speist in den historischen Kellern des Heiligen-Geist-Hospitals oder im Freien, wo es etwas unterhalb der belebten Königstraße und des Kobergs erstaunlich ruhig ist. Das Wichtigste: Die Fischgerichte aus beiden Speisekarten (sie liegen zwischen 12 und 24 €) sind uneingeschränkt zu empfehlen. Übrigens: Dass das zweitgenannte Lokal im Frühsommer 2011 als „EHEC-Keller" durch die (Welt-)Presse ging, hatte nichts (!) mit der Hygiene vor Ort zu tun. So–Do 12–22.30 Uhr, Fr/Sa bis 23 Uhr. Koberg 8, ✆ 76234, www.kartoffel-keller.de.

Gandhi 50 Das einzige wirklich empfehlenswerte indische Restaurant der Stadt befindet sich in St. Jürgen. An lauen Sommerabenden sitzt man genial auf der Balkonterrasse und blickt auf die gemütlich dahinfließende Wakenitz – und einige Villen gegenüber, in die man gerne einziehen würde … Das Essen ist sehr fein, allerdings nicht ganz günstig. Besonders geschmeckt haben mir bisher die Tandoor- und Entengerichte (13–18 €). Mo–So 11.30–23 Uhr. Wakenitzufer 13, ✆ 3990812, www.gandhi-luebeck.de.

»» Mein Tipp: **Suppentopf** 36 Diese Suppenküche steht sogar in einem isländischen Reiseführer über Lübeck. Zu Recht? Ja, denn hier schmeckt es wie bei Muttern. Vier frische Suppen, zwei davon vegetarisch, sind auf dem tägl. wechselnden Menüplan zu finden und größtenteils mit biologischen Zutaten zubereitet. Man berappt etwa 4 € pro Teller. Gemundet haben die Spitzkohl-Kokos- und die Gulaschsuppe. Die Kunden stehen teilweise bis vor die Türe Schlange. Eine gute Uhrzeit zum Einkehren ist 14.30 Uhr. Gerichte auch zum Mitnehmen! Mo–Fr 11.30–16 Uhr. Im Juli/Aug. ist leider Sommerpause. Fleischhauerstr. 36, ✆ 4008136. ««

Das Lokal für den Suppenfan

Lokal 54 Eine schöne Neueröffnung inmitten der Altstadt – ganz regional und biologisch! Spannend sind die täglich wechselnden Mittagsgerichte (12–15 Uhr) zu sehr bezahlbaren Preisen, darunter immer ein vegetarisches Gericht. Besonders beeindruckend ist die Kundenfreundlichkeit des Inhabers, der sogar für Lebensmittelallergiker das Passende auf den Teller zaubert. Derzeit gibt es nur an Wochenenden eine zweimonatlich wechselnde Abendkarte. Im Lokal kann man auch Essig, Öl, Konfitüren oder Müsli von kleinen Manufakturen aus Norddeutschland (in Handarbeit hergestellt) erstehen. Mo–Do 8–19 Uhr, Fr bis 22 Uhr, Sa 10–22 Uhr. Mühlenstr. 10, ✆ 70786931, www.lokal-luebeck.de. ■

Wildes Grün 61 Definitiv etwas Besonderes, aber sicher nicht jedermanns Sache ist das ökologisch überzeugende Bistro in einer der größeren Straßen der Altstadt mit seinen Löwenzahnblumenwiesenlampen im Inneren. Superangenehme und flinke Bedienung, die Suppen waren exzellent, ebenso exquisit ist der selbstgebackene Kuchen. Nur die Hauptspeise war mir, trotz Fleischbeilage, ein wenig zu „wildgrün". Seit 2009 gibt es das Lokal von Petra Monika Holtz, die bereits für Johannes Heesters und Ziggy Marley gekocht hat und an Samstagen auch ein sattmachendes vegetarisches Frühstück anbietet. Mo–Sa 12–22 Uhr, Mühlenstr. 68, ✆ 6130830, www.wildes-gruen.de. ■

»» Mein Tipp: **Schlumacher's** 45 Eine gute Wahl in der Innenstadt zwischen der Hüx- und der Fleischhauerstraße! Das Ambiente ist stimmig und stilvoll mit nettem Innenhof, die Inhaber bedienen angenehm und kompetent – und die mediterranen und deutschen Speisen sind immer frisch. Sogar das Brot wird selbst gebacken, die Nudeln stammen aus einer kleinen Manufaktur im Kreis Stormarn. Besonders empfehlenswert sind der Vorspeisenteller (9,80 €) und der fangfrische Fisch aus dem Niendorfer Hafen (ca. 18 €). Ärgerlich sind manchmal die Wartezeiten, dafür waren die Portionen groß. So–Fr 17–23 Uhr, Sa ab 11.30 Uhr. Schlumacherstr. 4, ✆ 7075566, www.schlumachers.de. ««

La Vigna 44 Mein Spartipp für Lübeck! Der einzige urige (!) Italiener der Altstadt zeichnet sich durch sehr gute und dünnteigige, aber leider ein wenig zu kleine Pizzas (ca. 7 €) und ansprechende Pasta- und Tagesge-

In Lübeck können Sie Ihren Fischhunger stillen

richte aus (ca. 8–10 €); auch für Vegetarier gibt's was. Das Ambiente ist tendenziell rustikal, an einigen der Tischchen sitzt man direkt neben der Tür, was der angenehmen Stimmung keinen Abbruch tut. Die Bedienung, die auch Extrawünsche berücksichtigt, ist freundlich und unaufdringlich. An manchen Tagen ist es ziemlich intim, an anderen brechend voll, da sich auch viele Einheimische für diesen kleinen Geheimtipp begeistern können. Deshalb würde ich immer reservieren. Mo–Sa 12–23 Uhr. Hüxstr. 63–65, ✆ 74088.

Café Affenbrot 22 Wer vegetarisches Bioessen und fair gehandelten Kaffee mag, ist in dieser kleinen Oase gut aufgehoben. Am gemütlichsten ist es im erhöhten Bereich auf den Kinostühlen, wo sich die Tischnachbarn esoterischen Gesprächen und „Krankheiten als Weg" hingeben. Egal, ob Sie Ihre Ohren verschließen, mitdiskutieren oder sich amüsieren: Man bekommt gutes Essen. Die Preise sind okay, und kinderfreundlich ist das nette Café auch. Mo–Sa 9–23.30 Uhr, So bis 22 Uhr. Kanalstr. 70, ✆ 72193, www.cafeaffenbrot.de. ■

Mijori 41 Der Geheimtipp für Sushi-Liebhaber! Obgleich renoviert, ist die Einrichtung des kleinen Lokals immer noch etwas bieder, weil holzvertäfelt. Doch der oberleckere Fisch in zahlreichen Variationen und die supernette Besitzerin machen alles wett. Neben den klassischen Varianten (Nigiri Sushi, Maki Sushi, von Lachs über Sepia bis hin zu Aal) gibt es die feinen Reisteile auch mit knusprig frittiertem Thunfisch und natürlich immer auch vegetarisch (Gurke, Avocado etc.). Und das alles zu akzeptablen Preisen, besonders wenn man die Mittagsangebote nutzt. Auch zum Mitnehmen! Di–So 12–14.30 und 18–22.30 Uhr. Moislinger Allee 2 b, ✆ 791627, www.sushi-bar-mijori.de.

Fisch-Hütte 7 Ein Imbiss mit den besten Fischbrötchen der Altstadt zum Mitnehmen: vom original holländischen Matjes bis zum heißen Backfisch zwischen 2,50 € und 3,50 €. Auch Fischfilets – im Sept. sogar Ostseeaal zu 15,50 € – kann man hier mit den üblichen Beilagen auf etwas windigen Stühlen mit Blick auf die Trave verzehren. Fazit: für eine Fressbude mit Bestuhlung überraschend schmackhaft! Lediglich der Besitzer dürfte ein wenig freundlicher servieren. Während der Hauptsaison tägl. 11–21 Uhr, Nov.–April nur bis 20 Uhr. Fisch-Hütte, An der Untertrave 54, ✆ 73378, www.fischhuette-luebeck.de.

Cafés/Eiscafés

→ Karte vorderer Umschlag

Kein Altstadtbesuch ohne den Besuch eines Cafés, wo man mindestens eine Marzipan-Nuss-Sahne-Torte verspeist. Wer nicht dem Klischee folgen mag, findet auch andere Leckereien und Snacks.

Café Niederegger/Arkadencafé 37 Der Klassiker! Wer nach Lübeck kommt, geht ins Niederegger. Besonders schön ist es im ersten Stock, der direkt zum Marzipanmuseum führt (→ Spaziergang 5, S. 158). Vom Erdgeschoss rate ich ab, da man gleich neben den Verkaufsflächen sitzt. Große Tortenauswahl, u. a. die populäre Marzipan-Nuss-Sahne-Torte, an der fast kein Urlauber vorbeikommt. „Lübecks heimliches Wahrzeichen", wie sich das über 200-jährige Unternehmen nicht zu Unrecht bezeichnet, bietet auch Kaffee, Kakao und Tee mit Marzipanaroma sowie ein Marzipaneis. Am besten hat es mir allerdings im dazugehörigen Arkadencafé gegenüber gefallen, wo man auf rot-weißen Stühlen auch Snacks bekommt. Häufigste Besucher im Stammhaus: Senioren. Mo–Fr 9–19 Uhr, Sa 9–18 Uhr, So 10–18 Uhr. Das Arkadencafé ist Fr/Sa bis 22 Uhr geöffnet, sonst bis 20 Uhr. Erweiterte Öffnungszeiten während des Weihnachtsmarkts und zur Hochsaison! Breite Str. 89, ✆ 5301126, www.niederegger.de.

Café Maret 32 Die älteste Konditorei Lübecks (hier hat J. G. Niederegger gelernt) liegt an der Nordwestseite des Marktes und ist eine sympathische Alternative zum Klassiker. Seit 1786 kann man es sich hier bequem machen und neben leckeren Torten auch Salate und kleinere Leckereien verputzen oder frühstücken. 1806 nahm Niederegger die Konditorei in Pacht und gründete damit sein Marzipanimperium. Mo–Fr 8–19 Uhr, Sa 8–18 Uhr, So 10–18 Uhr. Markt 17, ✆ 76136.

Café Utspann 48 Ein kleiner Geheimtipp! Gegenüber dem hässlichen „World of Sex" tut sich im Hansehof ein entspanntes Café mit schnuckeliger Einrichtung auf. Eine Spezialität ist die Stachelbeer-Baiser-Torte zu 2,90 €. Wenn man im Utspann frühstückt, kann man so viel Kaffee oder Tee haben, wie man möchte. Der sehr nette Besitzer Oliver Klüver bedient selbst. Mo–Sa 9–18 Uhr. Im Aug. und zwischen den Jahren ist manchmal geschlossen. Wahmstr. 35–37, ✆ 7070677, www.cafe-utspann.de.

Café Art 56 Der Kaffee-Treffpunkt für Jüngere und junge Familien. Tägl. Frühstück von 9 bis 15 Uhr (5,50–15 €). Sandkasten im Sommergarten für die Kleinen. In den großen, aber dennoch charmanten Räumen – es gibt auch einen Raucherraum – werden regelmäßig Bilder ausgestellt. Am Wochenende flimmert Bundesligafußball über zwei Bildschirme. Zum Verzehr werden die üblichen Snacks und Drinks angeboten. So–Mi 9–24 Uhr, Do bis 1 Uhr, Fr/Sa bis 2 Uhr. Kapitelstr. 4–8, ✆ 78181, www.cafe-art.eu.

››› **Mein Tipp: Cole Street** 17 Die lässige Alternative für die Latte-macchiato-Generation! Der Laden neben dem Stadttheater sieht sich auch als Bar, Galerie und funktional eingerichtetes Wohnzimmer. Großstädtische Hip-Atmosphäre, in der sich (Lebens-) Künstler aller Couleur treffen (Philosophen, Videoslammer, Schauspieler, Musiker und alle, die sich dafür halten). Außerdem: Ausstellungen, Partys. Die Espressomaschine ist jene legendäre Faema E61! Mitte Juni bis Ende Aug. von 11 Uhr bis ultimo, ansonsten ab 9.30 Uhr bis spät in die Nacht geöffnet. Beckergrube 18, ✆ 3891231, www.colestreet.de. ‹‹‹

Café Steinhusen 3 Außerhalb der Altstadt hinter dem Burgtor befindet sich das Kaffeehaus mit der wahrscheinlich größten Tortentheke Lübecks: ein stilvolles Oma-Café mit höflichen Bedienungen, angeschlossenem Kaffeegarten und enorm vielen Sitzplätzen. Man kann sich unters Seniorenvolk mischen oder sich einige Tortenstücke einpacken lassen. Di–Fr 9–18.15 Uhr, Sa/So 9.30–18 Uhr. Am Burgfeld 3, ✆ 35285.

Eiscafé Venezia 34 Keine Stadt ohne Eiscafé! Doch das Unternehmen der Familie Scussel ist etwas Besonderes: Das selbst gefertigte Eis kommt ohne Farb- und Zusatzstoffe aus, auch Diabetikereis ist im Sortiment. In der Waffel oder im Becher werden pro Kugel 0,80 € fällig. Diverse Eisbecher zu ca. 5 €. Das Haupthaus in der Königstr. 64 ist ein schöner Backsteinbau, der in den Wintermonaten als Kalenderladen genutzt wird. Die Filiale in der Mühlenstr. 29 sieht nicht so schick aus. Mitte Febr. bis Ende Sept. Mo–Sa 9–22 Uhr, So ab 13 Uhr. ■

Als Kneipe mäßig, als Shisha-Café überzeugend: das Tipasa (→ S. 44)

Kultur und Nachtleben

Man muss nicht unbedingt nach Hamburg fahren, um abends auszugehen. Das Lübecker Kultur- und Nachtleben ist erstaunlich vielfältig, die Theater- und (Musik-) Kneipendichte beachtlich, Clubs und Discos gibt es natürlich auch.

Neben den üblichen Opern und Schauspielen sieht man in Lübeck immer wieder bekannte Comedians, alternatives Theater und Kino sowie erstklassige Slams. Auch kostenlose klassische Konzerte und gekonnter Independent-Sound werden geboten, wenngleich die richtig bekannten Bands meistens nach Hamburg kommen. Einen guten Überblick über die allabendlichen Events bieten die Magazine „Szene", „Piste" und „ultimo", die in einigen Lokalen und im Welcome Center (→ Lübeck in Stichworten/Touristeninformation) ausliegen, außerdem das klasse Kunst- und Kultur-Portal www.unser-luebeck.de. Tickets für die Veranstaltungen gibt es z. B. im Pressezentrum beim Rathaus (Breite Str. 79, ✆ 7996070, www.pressezentrum.de).

Ausgehmöglichkeiten und Veranstaltungen in Travemünde finden Sie auf S. 200/201.

Kinos

CineStar. Typisches Mulitplex, wie es in allen größeren Städten zu finden ist. Astreines Popcornkino-Erlebnis mit großen Leinwänden. Auch 3-D-Filme werden gezeigt. Dienstag ist Kinotag ab 5,50 €, 3-D-Filme ab 8,50 €. Mühlenbrücke 9, ✆ 7030102, www.cinestar.de.

Koki. Das Programmkino für die alternativen Streifen! Das Kommunale Kino, wie es mit vollem Namen heißt, bietet Werke jenseits der (klischierten) Massenware: z. B. Filme von anderen Kontinenten mit Untertiteln, Filme von Nachwuchsregisseuren,

Dokumentar- oder Kurzfilme, aber auch Klassiker und Stummfilme. Eintritt 5 €, für Kinderfilme zahlen die Kids 2 €. Außerdem gibt es ein „Screaming Cinema" (Kino für Eltern mit Babys und Kleinkindern!). Sommerpause Ende Juli bis Anfang Sept. Mengstr. 35, ✆ 1221287, www.kinokoki.de.

››› Mein Tipp: **Filmhaus** 24 → Karte vorderer Umschlag. Hier werden die Kinofilme gezeigt, für die man nicht unbedingt ins CineStar gehen muss. Außerdem ist das Haus wegen seiner Poetry-, Musik-unplugged- und Shortfilm-Slams gar nicht genug zu loben. Bis zu 12 Poeten, Musiker und Filmemacher treten dann gegeneinander an. Montag ist Kinotag für 5,50 €. Königstr. 38–40, ✆ 3968467, www.slamarama.de. ‹‹‹

Theater/Kleinkunst/Konzerte

Theater Lübeck. Die wichtigste Bühne der Stadt. Opern und Klassiker werden im Großen Haus und in den Kammerspielen aufgeführt. Spannend sind die Inszenierungen im „Jungen Studio" mit modernen, unverbrauchten Stücken. Außerdem einige Gastspiele der Niederdeutschen Bühne Lübeck auf Plattdüütsch. Die Eintrittspreise differieren stark: 8 bis 65 €. Sommerpause Anfang Juli bis Mitte Aug. Beckergrube 10–14, ✆ 399600, www.theaterluebeck.de.

››› Mein Tipp: **Combinale**. Die professionelle, freie Bühne von Sigrid Dettlof, Wolfgang Benninghoven und Ulli Haussmann beschreibt sich am besten selbst: „Die Stücke, die wir spielen und meistenteils selber schreiben, handeln von uns und unserer Welt, also vom ganz normalen Wahnsinn (auch ‚condition humaine' genannt), sie handeln von Menschen am falschen Ort im richtigen Leben, die nach Lösungen suchen und nur Fragen ernten." Daneben werden moderne Klassiker wie z. B. „Die Vagina-Monologe" und sogar Improtheater gespielt. Etwa zwölf bis 14 Veranstaltungen pro Monat, Eintritt 19 €. Hüxstr. 115, ✆ 78817, www.combinale.de. ‹‹‹

Theater Partout. Eines der ältesten Privattheater Lübecks, es existiert seit 1996. Es werden v. a. moderne Komödien und Krimis auf die Bühne gebracht. Die Kritiken sind im Regelfall gut bis sehr gut. Jeden Monat finden sechs bis neun Aufführungen statt. Eintritt 19 €. Königstr. 17, ✆ 70004, www.theater-partout.de.

Volks- und Komödientheater Geisler. Wer die alten Reißer wie z. B. „Die Drei von der Tankstelle" oder Schwänke, u. a. von Heinz Erhardt, liebt, ist hier sehr gut aufgehoben. Das Volkstheater, 2002 eröffnet, bietet alljährlich bis zu sechs Lustspiele in Eigenproduktion und einige Gastspiele bekannter Stars und Sternchen. Außerdem jeden ersten und zweiten Sonntag im Monat um 15 Uhr „Kino-Café" mit „schönen alten Filmen" aus den 50ern, Eintritt 7,50 € inkl. Kaffee und Kuchen. Jeden 3. Sonntag im Monat werden Operettenmelodien mit Klavierbegleitung um 14.30 Uhr für 10 € zum Besten gegeben. Dr.-Julius-Leber-Str. 25, ✆ 7078281, www.volkstheater-geisler.de.

Theaterschiff. Solide Unterhaltungskunst von der Bühnenfassung des Bestsellers „Suche impotenten Mann fürs Leben" bis „Loriots Dramatische Werke". Im ehemaligen Lagerraum des Schiffes ist ein Theatersaal mit 156 Sitzplätzen untergebracht. Eintritt 23–26 €, Gastspiele günstiger. Willy-Brandt-Allee 10 k (bei der MuK), ✆ 2038385, www.theaterschiffluebeck.de.

Figurentheater Lübeck. Von 1977 bis 2007 von Fritz Fey als Marionettentheater geführt (→ TheaterFigurenMuseum/Spaziergang 1), knüpft es heute unter neuer Leitung an diese Tradition in verschiedenen Genres an. Dabei werden nicht nur Kinderstücke (ab 3 J.) gegeben, sondern auch Inszenierungen für Erwachsene, u. a. „Casanova" oder „Frankenstein". Eintritt fürs Kindertheater um 15 Uhr 7–9 €, Abendveranstaltungen 14–18 €. Kolk 20–22, ✆ 70060, www.figurentheater-luebeck.de.

››› Mein Tipp: **Lübecker Wasser Marionetten Theater**. Weltweit einzigartig und nicht nur deshalb ein Hingucker! Simone Frömming und Wolf Malten arbeiten bis zu drei Jahre an ihren Inszenierungen, zumal sie von der Musik bis zu den Silikonpuppen alles selber bauen und die Stücke in 10–3.000 l fassenden Aquarien stattfinden; inzwischen gibt es sogar eine österreichische Diplomarbeit darüber. Besonders stark sind die „sheep stories", wo es um frustrierte, suizidale, tauchende und glückliche Schafe geht. Die Aufführungen für Kinder kosten ca. 7 €, sonst ca. 16 €. Leider nur im Dez./Jan. sowie Juli/Aug., da die zwei Initiatoren häufig auf Tournee sind. Großer Börsensaal im Lübecker Rathaus, Breite Str. 62 (Eingang Markt), ✆ 2937581, 0177-4510700, www.wassertheater.de. ‹‹‹

„Pole Poppenspälers" Paradies

Freilichtbühne Lübeck. Von Anfang Juli bis Anfang Sept. wird hier ein Kindertheaterstück gegeben, freitags bis sonntags, jeweils 15 Uhr. Man sitzt mit Hunderten von Zuschauern auf einer amphitheatralischen Anlage von 1926. Tickets ca. 12 €, Kinder 1 € günstiger. Außerdem veranstaltet die Bühne an den Dezemberwochenenden ein Kinderstück im Schuppen 6 (An der Untertrave 47 a, Tickets 12 €, Kinder 11 €). Da der „Hund von Baskerville" von 2012 ein Erfolg war, ist auch für die hoffentlich sommerlichen Nächte im Juli und Aug. 2013/14 ein Kriminaltheater geplant – nicht zuletzt um die geniale Location für Erwachsene wieder zu beleben. Wallstraße, bei der Wipperbrücke, ✆ 04194/7564 (Tickethotline), www.buehne-luebeck.de.

Theater am Tremser Teich. Ältestes Kindertheater der Stadt für die Kleinsten, das fünf bis sieben Stücke pro Spielzeit aufführt. Die Inszenierungen basieren auf Märchen oder Kinderbuchklassikern. Eintritt 8,50 €. Warthestr. 1 a, ✆ 4792047, www.theater-am-tremser-teich.de.

MuK. Alberne Comedians wie Mario Barth oder Oliver Pocher sowie starke Komiker und Neo-Clowns à la Helge Schneider oder Kurt Krömer kommen in die Lübecker Musik- und Kongreßhalle. Ü-30-Partys finden genauso wie klassische Konzerte des NDR Sinfonieorchesters statt. Auch bekannte Schlagersänger, Newcomerbands und Jazzgrößen traten schon auf. Daneben werden z. B. Kinder-Musicals gegeben (→ Spaziergang 5, S. 139) Die Abendkasse öffnet 1 Std. vor Veranstaltungsbeginn. Eintritt 20–50 €. Willy-Brandt-Allee 10, ✆ 79040, www.muk.de.

Musikhochschule Lübeck. Wer die Kammermusik liebt, kommt um den größten Konzertveranstalter Schleswig-Holsteins nicht herum. Neben Auftritten bekannter Virtuosen finden kostenlose Aufführungen von Gesang, Klavier, Violine, Klarinette etc. statt. Außerdem wird das renommierte Brahms-Festival ausgerichtet (→ Spaziergang 1, S. 71) Große Petersgrube 21, ✆ 702320, www.mh-luebeck.de.

(Musik-)Kneipen/Bars

→ Karte vorderer Umschlag

Ohana **47** Die derzeit wohl angesagteste Kneipe. Relativ groß in loungeartiger Bambusatmosphäre. Diverse, nicht gerade überragende (Mittags-)Gerichte, u. a. Burger und Currys. Außerdem Cocktails mit doofer Happy Hour zwischen 17 und 19 Uhr. Ein „Bundesligafernseher" für Fans des Ballsports. Tägl. ab 11.30 Uhr, Sa/So ab 10 Uhr. Hüxstr. 58, ✆ 4098468, www.ohana-bar.de.

Jazz Café 57 Ebenfalls sehr gut besucht, auch wenn die livemusikalischen Auftritte entschieden weniger geworden sind. Dafür kann sich die Palette an Drinks wirklich sehen lassen, zumal es die Cocktails von 17 bis immerhin 20 Uhr zu 4,90 € gibt. Modern eingerichtet mit größerer Theke im Erdgeschoss, Bildern von Jazz-Größen an den Wänden und Raucherlounge im ersten Stock. Typisches Kneipenessen von Salaten bis Steaks. Mo–Fr ab 11.30 Uhr, Sa ab 12 Uhr, So ab 9 Uhr. Mühlenstr. 62, ✆ 7073734, www.jazz-cafe-hl.de.

Kandinsky 38 Ein entspanntes Kapuzenpulli-Klientel trifft sich in dieser Kneipe mit Hamburg-Flair. Innen wird geraucht, ein Student bedient und die Tische sind meist besetzt. Im Sommer sitzt man draußen und kann im aufgeheizten Backstein-Schatten des Johanneums seine Longdrinks schlürfen. Das Murphy's Red, ein irisches Rotbier vom Fass, kostet 3,30 € (0,5 l), die Pizzen bekommt man für 6 bis 8 €. Diese schmecken okay bis gut – werden allerdings vom „Mamma Mia" nebenan geliefert ... Koffeinjunkies loben die schwarzbraunen Kreationen. Tägl. ab 13 Uhr, im Winter ab 15 Uhr. Fleischhauerstr. 89, ✆ 7020661.

Tipasa 46 Die Ausgehkneipe für Teens und Twens, weswegen der Schuppen am Wochenende meistens ziemlich voll ist! Obwohl die Aufmachung mit Höhlenmalereien an den Wänden sympathisch ist und sich das Kneipen-Restaurant einiges auf seinen gotischen Giebel einbilden darf, konnten mich weder Essen noch Wein überzeugen. Nett ist das zum Lokal gehörende Café Oriental, in dem Wasserpfeifengenuss von „Doppelapfel" bis „Multivitamin" zu 5,50 € auf Sofas mit bestickten Kissen möglich ist. Tägl. 12–24 Uhr, Café Oriental (ab 18 J.) Di–Sa ab 19.30 Uhr. Schlumacherstr. 12–14, ✆ 7060451, www.tipasa-online.de.

Que pasa 62 Man sitzt in entspannter, spanisch-mexikanischer Atmosphäre bei flotter Latinomusik. Tägl. zwischen 17 und 21 Uhr kosten die Cocktails nur die Hälfte (4,50 €, die alkfreien 3,50 €), danach ist Jumbo Hour zu je 8,50 € angesagt. Wer also gepflegt abstürzen mag ... Nachos, Tortillas, Burger und Pizzen bekommt man natürlich auch. Tägl. ab 17 Uhr. Mühlenbrücke 17, ✆ 72999.

Bolero 13 Die Cocktails sollen hier noch besser schmecken, zumal man aus über 100 wählen kann! Allerdings muss man laute Rhythmusmucke ertragen – und Mädels, die tendenziell DJ Ötzi gut finden ... Wer im hinteren Teil reserviert, hat die Möglichkeit, sich zu unterhalten. In der Jumbo Hour von 19 bis 23 Uhr gibt es große Cocktails für 9,50 €, und die Caipis zwischen 23 und 1 Uhr zu ca. 5 €. So–Fr ab 15 Uhr, Sa ab 12 Uhr. Breite Str. 1–5, ✆ 7079140, www.bolerobar.de.

››› Mein Tipp: **Strandsalon** 4 Sehr schöne Sommerlocation auf der Wallhalbinsel. 3.000 qm Sandfläche, ein kleiner Pool, drei Bars und eine Livebühne sorgen für chillige Beachatmosphäre; mehrmals im Monat legen DJs auf. Wer mag, kann in den Liegestühlen und Strandkörben mit Blick auf die historische Altstadt abhängen oder Backgammon spielen. Für die Aktiven stehen z. B. zwei Beachvolleyballfelder und Kicker zur Verfügung. Eine feine Sache also, auch für Familien mit Kindern! Mai–Sept. tägl. ab 12 Uhr bis in die Nacht. Willy-Brandt-Allee 25 a, ✆ 3970888, www.strandsalon.de. ‹‹‹

Funambules 53 Eine echte Musikkneipe mit Livebühne! Zwei- bis dreimal die Woche treten ab ca. 21.30 Uhr Bands auf. Von Jazz bis Punk, von kostenlos bis 7 € Eintritt war schon alles dabei; manchmal auch Comedy und Kleinkunst. Das 0,5er-Bier kostet 3,70 €. In den Sommermonaten kann man auf den Plätzen im Freien herrlich den Sonnenuntergang verfolgen. Auch was für ältere Semester! 1. Mai–1. Okt. tägl. ab 11 Uhr, im Winter Mi–Sa ab 17 Uhr. An der Obertrave 18, ✆ 7075451, www.funambules.de.

Heinrich Böll 20 Zwar ist die Ausstattung mit den vielen Bücherregalen ziemlich klasse, doch der Nobelpreisträger müsste sich im Grab umdrehen, wenn er sich die zahlreichen Taschenbücher einmal genauer anschauen würde: Konsalik, Utta Danella, Jerry Cotton ... Egal, die urig-intellektuelle Atmosphäre macht Laune, weswegen sich das Böll hervorragend zum Biertrinken, Abhängen und Schlaudaherdiskutieren eignet. Das kneipentypische Essen von Pizzas bis Grillgerichten hat mich allerdings nicht vom Hocker gehauen. So–Do 12–1 Uhr, Fr/Sa bis 2 Uhr. Beckergrube 65, ✆ 74494.

Brauberger 29 Zum Vorglühen eignet sich auch diese rustikal-urige Brauerei, die eine alte Tradition wiederaufleben lässt. Das bernsteinfarbene, naturbelassene Brauberger Zwickelbier kostet 3,50 € (0,4 l) – und schmeckt! Am Montag ist ein Pitcher (1,5 l) zu 9 € zu haben, am Freitag und Samstag gibt es bis 19 Uhr eine Happy Hour, d. h., ein 0,4er kostet nur 2 €. Für eine angenehme Bettschwere ist auch die Bier-Bowle mit Erdbeeren zu empfehlen. Ab zehn Pers. kann zu je 7,50 € eine Brauereiführung gebucht werden. Alle anderen machen es sich z. B. im stilvollen Gewölbekeller gemütlich. Mo–Sa ab 17 Uhr, von Jan. bis April ist sonntags zu. Nett: Im Brauberger darf man kostenlos die Toilette benutzen, nicht nur als Gast. Alfstr. 36, ✆ 71444, www.brauberger.de.

»» **Mein Tipp: Im alten Zolln** 59 „De olde Tollbode" ist eine der ältesten Kneipen Lübecks, was man auch an den tendenziell erwachseneren Gästen sieht: Gemütlich-rustikal geht es zu. Man kann Schnitzel, Brathering oder Sauerfleisch und ein regionales Monatsgericht zu ca. 10 € bestellen. „Die Gerichte werden bei uns frisch zubereitet, deshalb nicht gleich die Köchin verprügeln, wenn es eine Minute länger dauert." So heißt es in der witzig-charmanten Karte, in der man einiges über die Geschichte des Renaissancehauses erfährt. In den Wintermonaten wird donnerstags Livemusik gegeben. Auch einige Leser haben sich dort bereits richtig wohl gefühlt. Ab 11 Uhr bis tief in die Nacht. Mühlenstr. 93–95, ✆ 72395, www.zolln.de. ««

Schwul-lesbisch

→ Karte vorderer Umschlag

Chapeau Claque 60 Die Regenbogenfahne vor dem Eingang gibt die Richtung vor: Hier trifft sich die schwul-lesbische Szene Lübecks und Umgebung ab 23 Uhr. Das in rote Farbe getauchte CC ist eine größere Bar, die mit ihrer Discokugel einen Hauch von Clubatmosphäre verströmt und auch Raucher hereinbittet. Tägl. ab 21 Uhr. Hartengrube 25, ✆ 77371, www.cchl.de.

Discos/Clubs

→ Karte vorderer Umschlag

Parkhaus 51 Die Alternative für Jüngere! Hier, neben dem Parkhaus Aalhof, treffen sich auf drei Dancefloors und in einer Lounge die 16- bis 25-Jährigen. Musik von Elektro über Minimal bis Hiphop. Dazwischen aber auch Britpop und Indie. Fr/Sa ab 23 Uhr. Hüxterdamm 3 (Ecke Kanalstraße), ✆ 7072557, www.parkhaus.tv.

Sounds 15 Zum Feiern für Leute ab 30 aufwärts. Livebands rocken am Freitag über

Beliebter Schwulenclub

die Bühne. Am Samstag verwandelt sich der Schuppen in eine Motto-Disco (u. a. eine legendäre Ü-39-½-Party). Ab 22 Uhr brennt die Hütte. An der Untertrave 81–83, ✆ 0172-5405050, www.soundsclub.de.

»» **Mein Tipp: Hüx** 52 *Der* Club der Stadt! Diese Lübecker Institution existiert seit über 30 Jahren, sogar Berliner kennen das Hüx. Zusammen mit der sich in der Nähe befindenden Disco Parkhaus und der Eckkneipe Rauchfang bildet es das „Bermudadreieck von Lübeck", wie Einheimische sagen; andere nennen es den „Kiez der Hansestadt". Angenehmer Altersdurchschnitt zwischen 18 und 55 J. Nicht riesig, dafür meist gute Stimmung dank guter DJs. Ab 24 Uhr steppt freitags und samstags der Bär. Davor Happy Hour für Alkoholika. Hüxterdamm 14, ✆ 76633, www.huex.de. ««

Musikpark A1 2 Tendenziell was für die 18- bis 35-Jährigen, aber auch Jüngere wurden schon gesehen. Am Wochenende wird es in den vier Themenräumen (u. a. Soul-Lounge, Skihütte) ziemlich voll. Die Gorillas achten darauf, dass die allzu Besoffenen wieder verschwinden und keine Schlägereien aufkommen. Musikalisches Querbeet von Black Music über Techno bis hin zu Schlagern. Man kann auch in Nischen sitzen und das Treiben auf den Tanzflächen beobachten. Do–Sa ab 22 Uhr. Bei der Lohmühle 7, ✆ 8104390, www.a1-musikpark.de.

››› **Mein Tipp: Treibsand** 18 Der Konzertschuppen der Alternative e. V. für unkonventionelle, noch nicht so bekannte Independent-Bands, u. a. aus Skandinavien. Diverse Stilrichtungen wie Punk, Indie, Hardcore, Hip-Hop, Ska, Klezmer oder Folk können in den etwas abgeranzten und genau deshalb kultigen Räumen genossen werden. Der Musiktipp für alle, die fetzige Livekonzerte lieben! Willy-Brandt-Allee 9, ✆ 7063311, www.treibsand.org. ‹‹‹

Rider's Café 14 Der Lübecker Kultclub in Buntekuh! 1986 wurde er als Bikertreff eröffnet, aber seit jeher sind auch „Normalos" sehr gern gesehen. Bühne, Billardtische und eine große Bar, an der man z. B. stilecht ein Budwiser oder ein Foster's süffeln kann. Zahlreiche Livekonzerte von Rock-'n'-Roll- und Heavy-Metal- über Hip-Hop- bis Coverbands. Sogar Unheilig und die Leningrad Cowboys spielten schon auf; aber auch DJs haben sich etabliert. Achtung, von Anfang Mai bis Ende Aug. ist Sommerpause! Leinweberstr. 4, ✆ 898105, www.riders-cafe.de.

Veranstaltungen

Juni/Juli/August

Volks- und Erinnerungsfest (Ende Juni bis Mitte Juli): mit klappriger Achterbahn, einer Riesenrutsche, den üblichen Fahrgeschäften und Fressbuden – und Rundumbeschallung von unendlich schlechter Chartsmusik. Rummel halt, oder „Kiek mol wedder in!", wie es auf dem Banner am Eingang heißt. Kein Muss, obwohl das Fest eine lange Tradition hat (seit 1848) und der Festzug am letzten Sonntag im Juni von Mühlentorbrücke bis Sandbergbrücke mehrere Tausend Zuschauer anzieht. Die Besucherzahlen auf dem Gelände gehen freilich stetig zurück, was laut den Veranstaltern daran liegt, dass die Stadt keine Werbung mehr für ihr Volksfest macht. www.hl-volksfestkomitee.de.

Lübecker Drachenboot Festival (Ende Aug.): Am letzten Wochenende im Aug. kämpfen rund 2.400 Teilnehmer und 170 Teams vor ca. 15.000 Zuschauern um die Pokale. Gepaddelt wird in kreativen Booten auf einer 200 m langen Strecke auf der Trave am Klughafen. Die Idee geht auf eine chinesische Volkssage zurück. Inzwischen präsentieren sich Institutionen und Firmen in teilweise wilder Verkleidung bei „Europas größtem Betriebsausflug" (Lübecker Nachrichten). Eine „Kids Area" und After-Show-Party runden das bunte Spektakel ab. www.drachenboot-festival-luebeck.de.

Schleswig-Holstein Musik Festival (Anfang Juli bis Ende Aug.): Seit über 25 Jahren findet eines der größten Klassikfestivals auch in Lübeck statt, z. B. in Dom, Kolosseum (Kronsforder Allee 25), MuK, Musikhochschule, Marienkirche und dem Travemünder Columbia-Hotel. Im Bundesland werden rund 140 Veranstaltungen an 50 Spielstätten gegeben. Dank eines jährlich wech-

Am 22. Mai 2014 ist es soweit: Der **Hansetag** findet endlich wieder in Lübeck statt. Freilich geht es dabei nicht so politisch zu wie in den großen Zeiten im Spätmittelalter (→ S. 20f.). Trotzdem ist das Spektakel gewaltig: An vier Tagen werden 750.000 Besucher erwartet – und 2.000 Delegierte aus über 100 europäischen Städten sollen zur Eröffnung auf einem Steg zum Holstentor defilieren ... Auf dem Marktplatz und rund um den Dom wird sich das (moderne) Mittelalter inszenieren. Auf dem Koberg, dem Klingenberg und an der Obertrave rocken (bekannte) Bands über Livebühnen. Und an und auf der Trave wird jede Menge (Theater-)Kultur und Kulinarisches geboten. Schön ist auch die Idee eines Hanse-Brunchs, bei dem die Geladenen am Sonntag (25. Mai) in der Fußgängerzone tafeln, sowie der (vielleicht zu) fromme Wunsch der Touristinformation, dass man als „normaler" Lübecker einige der Besucher zu Kaffee oder Grillfleisch zu sich nach Hause einlädt. Laut eines wirtschaftswissenschaftlichen Gutachtens könnte der Hansetag der mit 1,3 Mrd. € verschuldeten Stadt satte 15,6 Mio. € einbringen. Aktuelle Infos unter www.hanse.org.

selnden Länderschwerpunkts stehen auch Jazz und andere Besonderheiten auf dem Spielplan. Tickets ab 10 €, die Preisspanne reicht bis 110 € ... www.shmf.de.

››› **Mein Tipp: Duckstein-Festival am Traveufer** (Anfang Aug.): Die nach einem obergärigen Bier benannte Veranstaltung ist eine der beliebtesten Lübecks! Zehn Tage treten zwischen dem Radisson-Hotel und der MuK bedeutende Musiker, (Luft-) Akrobaten und Kabarettisten sowie Künstler der internationalen Straßentheaterszene auf. Besonders spannend ist die Travebühne über dem Wasser, wo Swing, Pop, Country, Soul oder Jazz vor der Kulisse der Altstadt gespielt wird. Auch kulinarisch ist für jeden Geschmack etwas dabei (z. B. afrikanisches und indisches Essen oder sehr gute Crêpes) – und man kann vom Bier z. B. auf Cocktails ausweichen. Das Beste: Eintritt frei! Der Nachteil: Bei über 120.000 Besuchern ist es an schönen Sommerabenden brechend voll. www.ducksteinfestival.de. ‹‹‹

Oktober/November/Dezember

Lübeck Marathon (Mitte Okt.): Seit einigen Jahren ein Event für Profis und Hobbyläufer, bei dem inzwischen über 2.000 Sportler aus erstaunlichen 15 Nationen mitmischen. 2012 war sogar ein Mexikaner am Start. Wie schön, dass neben der Königsdisziplin – 2013 sollen die Landesmeisterschaften in Lübeck stattfinden – auch ein Halbmarathon und ein 10-km-Volkslauf möglich sind. Vom Marktplatz geht es nach Travemünde und zurück. Die Anmeldegebühr für den Marathon liegt zwischen 25 und 45 €, der Volkslauf schlägt mit 10 bzw. 15 € zu Buche. Man kann freilich auch nur am Rand stehen und sich klammheimlich freuen, weil man das Spektakel aus sicherer Entfernung mitverfolgt ... www.stadtwerke-luebeck-marathon.de.

Nordische Filmtage (Anfang Nov.): das Filmfestival für Skandinavien- und Baltikumliebhaber! Spielfilme, aber auch Dokumentar- und Kurzfilme aus Dänemark, Schweden, Norwegen, Island, Finnland sowie Estland, Lettland, Litauen und sogar Grönland können im Originalton (mit meist englischen Untertiteln) an fünf Tagen entspannt geguckt werden. Knapp 27.000 Begeisterte nahmen das Angebot in den letzten Jahren an, auch deshalb, weil sich Schauspieler, Regisseure, Autoren etc. den Fragen des Publikums stellen. In acht Kategorien werden dotierte Preise verliehen, u. a. der Publikumspreis der Lübecker Nachrichten. Das populäre und kulturell bedeutende Festival mit seinen rund 140 Filmen geriet unlängst in die Kritik, weil es der hoch verschuldeten Stadt knapp 240.000 € jährlich kostet; trotzdem scheint es z. Zt. nicht gefährdet. Eintritt pro Streifen zwischen 6 und 7,50 €, aber auch Ausreißer nach oben bei 3D-Filmen oder Überlänge. www.filmtage.luebeck.de.

››› **Mein Tipp: Lübecker Weihnachtsmarkt** (Ende Nov. bis Ende Dez.): Ausnahmezustand in Lübeck! Während des Weihnachtsmarktes platzt die Hansestadt aus allen Nähten. Ostholsteiner, Bad Segeberger, Hamburger, aber auch Skandinavier gehören jedes Jahr zu den Gästen. Und auch die Lübecker lieben ihren Weihnachtsmarkt, der v. a. am Markt, in der Breiten Straße, an der Obertrave (Familien- und Kindermarkt) und am Koberg stattfindet. Außerdem: Kunsthandwerkermarkt in Petri-Kirche und Heiligen-Geist-Hospital (Eintritt 2 €). Besonders schön finde ich den Mittelaltermarkt am Fuße der Marienkirche, wo eine Band und Feuerjongleure sowie Wildbratwurst und Met für gute Laune sorgen. Gleich daneben: der „Märchenwald" für die Kleinen. Umrahmt wird das Top-Event von einem Kulturprogramm, u. a. mit Lesungen, Konzerten, Theatern. Auch Museen haben dann länger auf. www.luebecker-weihnachtsmarkt.de. ‹‹‹

Der Weihnachtsmarkt vor dem Welterbe

Eine Anreise mit der Bahn ist (meist) entspannend

Lübeck in Stichworten

Angeln/Hochseeangeln

→ Travemünde, S. 203.

Anreise

Lübeck erreicht man ziemlich unkompliziert **mit dem eigenen Fahrzeug** via Hamburg über die A 1, Gäste aus dem Nordosten entscheiden sich für die A 20. Wer die Mitfahrvariante wählt, findet unter www.mitfahrgelegenheit.de diverse Angebote ohne Vermittlungsgebühr. Eine Fahrt von München z. B. kostet dann ca. 40 €, von Berlin ca. 15 € und von Hamburg ca. 6 €.

Eine einfache Fahrt **mit der Bahn** durch Deutschland kostet höchstens 135 € (2. Klasse) bzw. 219 € (1. Klasse). Mit der BahnCard 50 spart man 50 % des Normalpreises, die BahnCard 25 (Ermäßigung 25 %) ist aber meistens sinnvoller, da sie sich auch bei den sog. Sparpreisen einsetzen lässt. Wer rechtzeitig bucht oder Glück hat, kann dann für 19 bis 99 € (2. Klasse) bzw. 49 bis 149 € (1. Klasse) – ggf. abzüglich weiterer Ermäßigungen – via ICE durch Deutschland rei-

Mit dem **Flugzeug** nach Lübeck zu gelangen, gestaltet sich schwierig, denn von Deutschland, Österreich und der Schweiz starten keine Flieger direkt nach Lübeck: Man müsste eine Zwischenlandung im Ausland auf sich nehmen ... Oder man fliegt nach Hamburg und bemüht dann noch ca. 50 Min. die Deutsche Bahn.

Der kleine Airport Hamburg-Lübeck (Blankenseer Str. 101, ✆ 583010, www.fhl-web.de) bietet dafür mit Ryan Air und Wizz Air Flüge nach Stockholm, Danzig, Budapest, Kiew, Mailand, Pisa, Mallorca und Barcelona an. Das vom Zentrum aus 8 km entfernte Gelände erreicht man sehr einfach und günstig per Zug oder per Buslinie 6 vom ZOB.

sen; die Nutzung von Nachtreisezügen ist gegen Aufpreis möglich. Außerdem spart jede weitere mitreisende Person 20 €, Kinder bis einschließlich 14 J. fahren kostenlos mit. Sparpreis-Tickets können frühestens 3 Monate und spätestens 3 Tage vor der Abreise gebucht werden. Weitere Infos unter www.bahn.de.

Apotheken

Es gibt mehrere Apotheken in der Altstadt, z. B. Adler-Apotheke (Breite Str. 71), Galenus-Apotheke (Mühlenstr. 70), Kohlmarkt-Apotheke (Kohlmarkt 3), Hirsch Apotheke (Hüxstr. 76), Löwen-Apotheke (Dr.-Julius-Leber-Str. 13, → Spaziergang 2).

Autovermietung

Zentrumsnah liegt die Firma Hertz, Willy-Brandt-Allee 1, ✆ 70798100. Zwischen 1 und 3 km vom Zentrum entfernt sind Europcar, Fackenburger Allee 32 a, ✆ 484160; Sixt, Waisenallee 10, ✆ 43966, und Star Car, Bei der Lohmühle 21 a, ✆ 406242, www.starcar.de.

Bäckereien

Wie in jeder größeren Stadt gibt es auch in Lübeck unzählige Bäcker und Bäckereiketten. Wer es ökologisch-biologisch mag, kann in der Moislinger Allee 4 a vor der Puppenbrücke die **Bio-Bäckerei Schüler** betreten (Mo–Fr 5–18 Uhr, Sa 6–18 Uhr, So 7–17 Uhr); ein Frühstück oder eine Pasta zu Mittag sind immer möglich. Auch das sympathische **Freibackhaus** bietet ausschließlich Biobackwaren an (Glockengießerstr. 42, Mo–Fr 7–18 Uhr, Sa 7–13 Uhr). Zur Historie des Gebäudes → Spaziergang 3, S. 108. Wer es weniger biologisch liebt, macht mit der **Stadtbäckerei Junge** keinen Fehler, 30 Filialen existieren allein in Lübeck, von denen die meisten auch sonntags geöffnet haben. In der Altstadt findet man Junge am Markt 2–3, in der Hüxstr. 91–93, in der Mühlenstr. 47 oder der Königstr. 43; sogar im Hauptbahnhof gibt es eine Zweigstelle. In der **Engelsbäckerei** (Di–Sa 10–18 Uhr) kann man es sich auf hohen Stühlen bequem machen und einen Abschnitt der Großen Petersgrube (→ Spaziergang 1, S. 72) beäugen (man selbst sitzt in Nr. 8 a), während man amerikanisches und französisches Kleingebäck vertilgt und dazu einen verlängerten Espresso für 2 € schlürft. Eine Besonderheit ist dann noch das einfach eingerichtete **Café Algarve** (Große Burgstr. 31, Mo–Sa 8–18 Uhr), das äußerst schmackhafte portugiesische Pastéis de Nata (1 € pro Stück) mit einem Hauch von Zitrone anbietet.

Banken

Es gibt etliche Banken in der Altstadt und in Altstadtnähe: Commerzbank (Breite Str. 52–54 u. 83), Deutsche Bank (Kohlmarkt 7–15), Deutsche Bundesbank (Holstentorplatz 2), Norisbank (Königstr. 71), Postbank (Königstr. 44–46), Santander Bank (Klingenberg 6), Sparkasse (Breite Str. 18–28 u. Königstr. 57), Targo Bank (Königstr. 97–99), Volksbank (Klingenberg 1–5).

Behinderte

Folgende Sehenswürdigkeiten und Museen sind für Gehbehinderte und Rollstuhlfahrer gut bis sehr gut zugänglich: Behnhaus/Drägerhaus, Buddenbrookhaus, Dom, Füchtingshof, St. Aegidien, St. Jakobi, St. Katharinen, St. Marien, St. Petri, Rathaus, Willy-Brandt-Haus.

Bowling

Gilde Bowling Lübeck, Bei der Lohmühle 7, ✆ 2908661, www.gildebowling-luebeck.de; tägl. von 14 bis ca. 23 Uhr, Sa/So ab 11/10 Uhr, dann open end; ca. 3–4 € pro Pers. und Spiel.

Busse und Bahnen

Obgleich es in Lübeck weder U-, S- noch Trambahnen gibt, verfügt die Stadt über einen gut strukturierten und weitverzweigten Nahverkehr, mit dem man problemlos alle Sehenswürdigkeiten und Ausflugsziele erreicht. Das Streckennetz der 24 **Buslinien** ist in drei Preisstufen und zwölf Tarifzonen unterteilt; Kinder von 6 bis einschließlich 13 J. zahlen zwischen 25 und 40 % weniger. Fahrten in der Kernzone 6000 (Zentrum) zählen immer zur Preisstufe 2; wer nach Travemünde will, muss Preisstufe 3 zahlen. So kostet z. B. eine Fahrt im Kernbereich bzw. darüber hinaus 2,40 € bzw. 3 €, für Gruppen ab 7 Pers. 2,20 € bzw. 2,70 €. Außerdem gibt es eine Tageskarte (7,90 € bzw. 10 €), Mehrfahrtenkarten für 6 Fahrten (12,70 € bzw. 16 €), übertragbare Wochenkarten (18,70 € bzw. 24,20 €) sowie eine Kleingruppenkarte für z. B. 2 Erwachsene und 3 Kinder (13,30 € bzw. 16,80 €). Auskünfte unter www.stadtverkehr-luebeck.de oder im Service Center am ZOB, ✆ 8882828.

››› Mein Tipp: Für 10 € kann man eine 24 Stunden gültige HappyDay Card erwerben, d. h. freie Fahrt im gesamten Stadtgebiet (u. a. auch mit der Regionalbahn nach Travemünde) sowie Vergünstigungen bei Museen (20–25 %), Theatern (10 %), einer Hafenrundfahrt (1–2 €), in der Engelsbäckerei (25 %) und minimal bei Stadtführungen; eine HappyDay Card für drei Tage kostet 15 €. Tickets bekommt man z. B. am ZOB an der Hansestraße. ‹‹‹

Die **Regionalbahnen** steuern neben dem Hbf. und dem Flughafen auch Kücknitz, den Skandinavienkai sowie den Hafen- und Strandbahnhof in Travemünde an. Bei Sehenswürdigkeiten außerhalb des Zentrums weise ich auf die jeweils geeigneten Anreisemöglichkeiten per Bus oder Regionalbahn separat hin. Bei Ausflügen in die Umgebung ist die Benutzung der Bahnen immer sinnvoll.

Einkaufen

Wer Shoppen und Gucken liebt, kommt um die **Hüxstraße** (→ Spaziergang 2, S. 94) nicht herum! Sie ist Sehenswürdigkeit und charmantes Einkaufsgässlein in einem – und wird auch erklärten Konsumverächtern gefallen: Die so liebevoll eingerichteten Läden haben gar nichts von den austauschbaren Shoppingmeilen einer Großstadt. Auch in der parallel verlaufenden **Fleischhauerstraße** finden sich u. a. Boutiquen und Schuhläden. Die typischen Ketten von Karstadt bis H & M sind in der **Breiten Straße**. Wer's ganz genau wissen will, kann im Welcome Center einen ausführlichen Shoppingguide zu 2,90 € kaufen.

Fahrradverleih

Im **Bike and Tour** kann man Räder für 8 € pro Tag leihen (Kinderräder 5 €). Geniner Str. 2, ✆ 5041440, www.bikeandtour.de, Mo–Fr 9–18.30 Uhr, Sa 9–14 Uhr.

Am günstigsten kommt man östlich der Altstadt bei **die pedale** weg, Roonstr. 7–9, ✆ 64048, www.die-pedale.de. Tagespreis pro Erw. und Rad 6,90 €, bei drei Tagen 18,60 €. Mo–Fr 9–13.30 und 15–18 Uhr, Sa 9–13 Uhr.

Fundbüro

Das Fundbüro in der Altstadt liegt in der Dr.-Julius-Leber-Str. 46–48, ✆ 1223256. Außerdem gibt es eines in Travemünde (→ S. 193).

Der coolste Schuhladen ist in der Fleischhauerstraße 25

Fußball

Wer sich mal in den Niederungen der viertklassigen Regionalliga Nord umsehen mag, ist beim Verein für Bewegungsspiele Lübeck perfekt aufgehoben. Knapp 18.000 Zuschauer fasst das Stadion an der Lohmühle, seines Zeichens das größte Fußballstadion Schleswig-Holsteins. Der Verein, der von vielen Lübeckern geliebt wird, spielte bereits in der Zweiten Liga und – Achtung! – 2004 im Halbfinale des DFB-Pokals, wo man gegen Werder Bremen nach Verlängerung 2:3 unterlag. Noch heute zehrt man von diesem Abenteuer, wenn es wieder mal gegen Gegner wie ETSV Weiche Flensburg geht. Die drohende Insolvenz könnte den kapitalschwachen Traditionsverein in der nächsten Saison sogar in die 5. Liga katapultieren. Stehplätze bekommt man derzeit für 7,50 €, Sitzplätze für 10–16 €; Tickets im Pressezentrum (Breite Str. 79, ✆ 7996070) oder direkt am Stadion (Bei der Lohmühle 13, ✆ 484720, www.vfbluebeck.de) erhältlich.

Golf

→ Travemünde, S. 203.

Heißluftballonfahrten

Wer Lübeck und Umgebung aus der Luft erkunden will, muss 190–250 € für eine eineinhalbstündige Fahrt im Heißluftballon investieren (Kinder zahlen den vollen Preis!). Hinter den Kirschkaten 10, ✆ 400850, www.geo-dieluftwerker.de.

Hochseilgarten

→ Travemünde, S. 203.

Information im Internet

www.luebeck.de ist die offizielle Webseite der Stadt. Andere informative Seiten sind **www.luebeck-im-bild.de** (historische Ansichten der Hansestadt von 1870 bis 1960), **www.ln-online.de** (Lübecker Nachrichten), **www.hl-live.de** (tagesaktuelles Stadtmagazin) und **http://luebeck.blog.de** (kritisch und witzig).

Internetcafés

Internetcafé Lübeck, Wahmstr. 58, zehn Rechner, klein, eng und außergewöhnlich reduziert, aber das einzige in der Altstadt. Jede angefangenen 30 Min. kosten 0,80 €. Auch drucken und faxen ist möglich. Mo–Sa 10–19.30 Uhr, So 13–18 Uhr.

Kanuverleih/Kanutouren

››› Mein Sporttipp: Wer auf der Trave um die Altstadt herumpaddeln will, ist beim **Kanu Club Lübeck e. V.** genau richtig. Hier können Kajaks und Kanadier auf Spendenbasis ausgeliehen werden. April–Okt. tägl. 10–18 Uhr (nur wenn der Club an Regatten teilnimmt, ist geschlossen). Wallstr. 38 a, ✆ 0172-4140609 (Jonny Hamann), www.kclev.de. ‹‹‹

Wer eher die Wakenitz unsicher machen mag, kann in der Augustenstraße 30 vorstellig werden. Reinhold Hübner und Sohn verleihen **Kanus, Tret-, Paddel-Ruder- oder E-Motorboote** für 7 bis 16 € die Stunde. Mitte April–Ende Sept. Mo–Fr 13–20 Uhr, Sa/So 10–20 Uhr. ✆ 6091182, www.bootsverleih-luebeck.de.

Für Tagestouren auf der Wakenitz und den Gewässern der Umgebung empfiehlt sich die **Kanu-Zentrale Lübeck**. Die 2- bis 4-Pers.-Kanadier plus ein Kajak-Einer werden z. B. an die Falkenstraße (Wakenitz) geliefert und in Rothenhusen (Ratzeburger See) wieder abgeholt. 16–23 € pro Person und Tag. Wer die Kanus selbst abholt und zurückbringt, fährt günstiger. April–Okt. tägl. 10–18 Uhr. Geniner Str. 2, ✆ 71333, www.kanu-zentrale.de.

Geführte Touren zu ca. 50 € pro Nase lassen sich im 18 km entfernten **Kanu-Center Lothar Krebs** buchen. Grinauerweg 23 b, 23847 Siebenbäumen, ✆ 04501/412, www.kanu-center.de.

Kartbahn

Toll-House, Geniner Ufer 8–9, ✆ 2964686, www.kart-house.de. Ein 15-Min.-Ticket kostet 16 €, ab der 2. Fahrt 14 €. Di–Fr 14–22 Uhr, Sa/So 12–22 Uhr, So 12–20 Uhr.

Kinder

Kinder kommen in Lübeck voll auf ihre Kosten. So existieren z. B. vier **Theater**, die ein Programm für die Kleinen spielen (→ Kultur und Nachtleben, S. 42/43). Außerdem sind das TheaterFigurenMuseum (→ Spaziergang 1, S. 72), das Museum für Natur und

Umwelt (→ Spaziergang 1, S. 82), das ab Herbst 2013 geöffnete Hansemuseum (→ Spaziergang 4, S. 128) und der Museumshafen (→ Spaziergang 5, S. 138) auch für Kinder spannend. Besonders beeindruckend ist natürlich das Kinderliteraturhaus in der Fleischhauerstraße (→ Spaziergang 2, S. 97).

Einige der Lübecker Museen bieten abwechselnd jeden Sonntag zwischen 11 und 13 Uhr einen „Familiensonntag" an (Informationen und Anmeldung unter ✆ 1224273, Roswitha Lehna).

Außerdem werden jeden ersten Samstag im Mai und Juni und jeden Samstag im Juli und Aug. **Stadtführungen** nur für Kinder angeboten – was den Vorteil hat, dass die Erwachsenen auch mal kinderfrei haben (Treffpunkt ist am Welcome Center, Dauer 2 Std., 6 € pro Kind, Anmeldungen unter ✆ 4091950).

Was Kinder in Travemünde erleben können, findet man im entsprechenden Kapitel auf S. 204.

Literatur

Als Lübeck-Lektüre empfehle ich selbstverständlich: Thomas Mann, **Buddenbrooks – Verfall einer Familie** (S. Fischer): Das Standardwerk für jeden Lübeckbesucher! Dargestellt und angeklagt wird die rigorose Geldgesellschaft des ausgehenden 19. Jh., die sich kein Stück von der heutigen unterscheidet. Außerdem möglich: Hans Franck, **Pilgerfahrt nach Lübeck** (Gütersloher Verlagshaus): In dieser Novelle wird das Zusammentreffen von Dietrich Buxtehude und Bach literarisiert. Für alle, die sich für die Tiefen und Untiefen der Stadthistorie interessieren: Konrad Dittrich, **Kleine Lübecker Stadtgeschichte** (Friedrich Pustet), und Antjekathrin Graßmann (Hrsg.), **Das neue Lübeck-Lexikon: Die Hansestadt von A bis Z** (Schmidt-Römhild). Besonders populär, v. a. bei Literaturliebhaberinnen, sind die überregional bekannten historischen Lübeckromane von Lena Johannsen, z. B. **Das Marzipanmädchen** (Knaur) und Derek Meister (Blanvalet). Wer Lübeckkrimis lesen mag, wird bei Eva Almstädt (Bastei Lübbe) und Ella Danz (Gmeiner) mit ihrem fränkisch-knorrigen Kommissar Angermüller fündig. Im weltbesten Verlag der Republik ist außerdem ein sehr guter Ostseereiseführer erschienen: **Ostseeküste. Von Lübeck bis Kiel** (Michael Müller Verlag) von Dieter Katz.

Marzipan

Das Original gibt es nur in Lübeck – und das nicht nur bei **Niederegger**, sondern z. B. auch beim weniger bekannten Konkurrenzproduzenten **Marzipanland** (→ Essen und Trinken). Wer auf Bio-Marzipan abfährt, kann im winzigen Laden von **Mest** reinschneien (Mühlenstraße 39, Mo–Fr 10–18 Uhr, Sa 10–14 Uhr). Fest steht, dass man die Süßigkeit unbedingt probieren muss, sei es als Marzipan-Nuss-Sahne-Torte oder einfach als Konfekt.

Minigolf

Miniatur-Golf kann man an der Wallstr. 20 spielen. Anfang Mai bis Ende Aug. Mo–Sa 14.30–21 Uhr, sonn-, feiertags und während der Sommerferien ab 11 Uhr und länger. Im April und Sept. ist früher geschlossen, im Okt. nur noch an sonnigen Wochenenden geöffnet. Erw. 3 €, Kinder unter 14 J. 2 €.

Museen

Besondere Museen gehören zu Lübeck wie Marzipan oder Prachtfassaden Es lohnt sich, zumindest eine der vielen Ausstellungen zu besuchen. Abgesehen von den konkreten Eintrittspreisen, die ich bei den jeweiligen Museen angegeben habe, existiert eine **Familienkarte** für zwei Erw. plus beliebig viele Kinder zu 10 €. Die Tickets erhöhen sich bei Sonderausstellungen; in einigen Häusern ist Montag Ruhetag!

Hier stand das Geburtshaus von Thomas Mann (siehe S. 114)

60-minütige **Gruppenführungen** sind für 50 € zu haben, 90-minütige kosten 75 €, jeweils plus Eintritt pro Pers. In der Geschichtswerkstatt Herrenwyk (→ S. 168) kosten beide Varianten nur 25 €. Für Anmeldungen und konkrete Fragen einfach die ✆ 1224273 wählen (Roswitha Lehna).

Am Internationalen **Museumstag**, der stets am dritten Sonntag im Mai stattfindet, ist der Eintritt frei. Am letzten Samstag im Aug. wird die sehr populäre **Museumsnacht** veranstaltet: Für 10 € öffnen die Häuser ab 18 Uhr ihre Pforten, ein Rahmenprogramm findet an rund 30 Orten in der Altstadt statt.

Achtung, 2012 gab es eine pfiffige Neuerung: Wer nach einem Museumsbesuch auf den Geschmack gekommen ist, kann – mit derselben Karte – binnen drei Tagen eine zweite Ausstellung ansteuern und wird zum **halben Preis** freundlich hereingebeten.

Für aktuelle Infos und Nachfragen: ✆ 1227567, www.die-luebecker-museen.de.

Notfall

Polizei ✆ 110; **Feuerwehr** ✆ 112; ärztlicher und kinderärztlicher **Notdienst** im Universitätsklinikum Lübeck, Ratzeburger Allee 160, ✆ 01805-119292. Welche der **Apotheken** gerade Notdienst hat, erfährt man an den Aushängen jeder Apotheke (→ Apotheken).

Parken

Wenn es sich vermeiden lässt, sollte man sich keinen Parkplatz in der Altstadt suchen. Die meisten Plätze, sofern sie denn frei sind, kosten 1 oder 2 € pro Std. Das günstigste Parkhaus liegt in der Falkenstraße (Tagesticket 3 €), außerdem hat man dort die Möglichkeit, für 20 € eine Woche lang zu parken. Eine Alternative ist das Parkhaus „Am Holstentor" in der Wallstraße (Tagesticket 5,50 €). Auch das Parkhaus „Am Burgtor" in der Kanalstraße (Tagesticket 5 €) liegt zentrumsnah. Alle anderen Parkhäuser und Tiefgaragen sind – teilweise bedeutend – teurer.

Polizei

Das 1. Polizeirevier befindet sich in der Mengstr. 20, ✆ 1310.

Post

Die Hauptpoststelle liegt in der Königstr. 44–46; sie ist die einzige in der Innenstadt. Mo–Fr 9–18 Uhr, Sa 9–13 Uhr.

Reiten

→ Travemünde, S. 204.

Mit offenem Verdeck durch Lübeck

Oder lieber direkt zur Kulturmeile?

Schifffahrten/Fähren

Die Anlegestellen von **Quandt**, **City-Schifffahrt** und **Stühff** befinden sich an Ober- und Untertrave. Die Preise für eine **Altstadtumrundung** auf dem Wasser liegen bei 11 bis 12 €. Von Mai bis Sept. wird zwischen 10 und 18 Uhr teilweise halbstündlich losgeschippert, in der Nebensaison gelten verkürzte Zeiten. Stühff hat von April bis Okt. (Do–So 11–18 Uhr) ein **Mini-Café** an der Obertrave 14 geöffnet, wo es sogar **vegane Torten** gibt. Außerdem gibt es eine Zweigstelle von Quandt an der Moltkebrücke/Moltkestraße, von wo eine knapp **zweistündige Wakenitzfahrt** zum Ratzeburger See startet: Die Hin- und Rückfahrt mit Aufenthalt kostet 16 €. **Könemann** (www.koenemann schiffahrt.de) betreibt Ausflugsfähren, die zwischen der Altstadtinsel und Travemünde pendeln (→ Travemünde, S. 195).

Schwimmen

In der Altstadt gibt es zwei Bäder: das **Zentralbad Lübeck** (Hallenbad, Schmiedestr. 5–7) und die historische Badeanstalt **Altstadtbad Krähenteich** (Freibad, An der Mauer 51). Außerdem existieren drei Naturbäder an der Wakenitz: **Marli** unterhalb der Alexanderstraße, **Eichholz** am Gleisweg und **Falkenwiese** am Wakenitzufer 1 b. Eintritt jeweils 2 €, Kinder 1 €, im Zentralbad Erw. 4 €, Kinder 2 €. Informationen zu Hallen- und Freibädern in anderen Stadtteilen findet man unter www.luebecker-schwimmbaeder.de.

Schwule/Lesben

Lübeck ist nicht gerade eine Hochburg der schwul-lesbischen Szene Deutschlands. Gleichwohl: Es gibt sie – und das ist gut so! Unter **www.luebeck-pride.de** finden sich aktuelle Veranstaltungen, z. B. die Events zum alljährlichen Christopher Street Day und die populären, schwul-lesbischen Partys auf den drei Decks des **Riverboats**, Kanalstr. 78, ✆ 70981739, www.ristorante-seaside.de. Außerdem existiert seit 2010 ein schwul-lesbischer Weihnachtsmarkt – eine kleine Provokation für die ach so Bürgerlichen. Ferner trifft man sich gerne im **Chapeau Claque** (→ Kultur und Nachtleben, S. 45).

Freibad am Krähenteich

Die Trave ist bei Ruderern populär

Segeln in Travemünde

Ausflugsschiff vor der Abfahrt

Segeln

→ Travemünde, S. 204.

Skaten

Skater können die Anlage an der Kanalstraße nutzen.

Souvenirs/Postkarten

Typische, aber auch besondere Erinnerungsstücke und Mitbringsel für Daheimgebliebene sowie – teilweise außergewöhnliche – Postkarten gibt es z. B. hier: **Lübscher Laden**, Fleischhauerstr. 18; **Lübeck Laden**, Breite Str. 62; **Lübeckgeschenke**, Fleischhauerstr. 44; **Wein-Castell**, Glockengießerstr. 19 (→ S. 109). Die Läden haben im Regelfall unter der Woche bis 18 Uhr geöffnet; an Samstagen gelten in einigen Monaten eingeschränkte Zeiten.

Stadtführungen

Öffentliche Stadtführungen der **Lübecker Stadtführer e. V.** gibt es täglich, allerdings nur während der Hochsaison von April bis Okt. und im Dez. In den übrigen Monaten sind die Führungen auf Samstage (14 Uhr) sowie Sonn- und Feiertage (11 Uhr) beschränkt. Treffpunkte sind der Welcome Center und die Niederegger Arkaden, wo man jeweils die Tickets bekommt. Die klassische Variante kostet 7 € pro Pers. und dauert 2 Std. Darin enthalten ist ein Besuch des nicht überragend spannenden Rathauses (→ Spaziergang 5). Aktuelle Termine und Anmeldung für Gruppen unter www.luebecker-stadtfuehrer.de oder ✆ 72300.

Unter www.luebecker-verkehrsverein.de und www.stadtfuehrungen-luebeck.de findet man besondere **Thementouren**, z. B. „Zweiter Blick", Behindertenführungen, einen Brauereirundgang oder den „Lübeck-Rundgang bis Mitternacht". Von Mai bis Nov. werden an Wochenenden wechselnde Führungen im **historischen Kostüm** gegeben. Wer sich dafür interessiert, kann sich unter der ✆ 596220 schlau machen und anmelden.

Alle, die es eher elektronisch lieben, dürfen im Welcome Center einen **Audioguide** leihen. Für 7,50 € wird man 3 Std. durch die

Das perfekte Lübeck-Souvenir

Skaten ist nicht überall erlaubt

Stadt gelotst, der ganze Tag kostet 10 €. Infos unter www.itour.de.

Wer sich vor einer seltsamen Außenwirkung nicht scheut und einen Führerschein besitzt, kann sogar per **Segway** die Stadt erkunden. Nach einem 30-minütigen Training geht es auf den rollenden Maschinchen mit Headsets bewaffnet für 2 Std. durchs Weltkulturerbe. Kostenpunkt: 60–70 €. Segway Citytour Lübeck, Kapitelstr. 5, ✆ 3999583, www.segway-citytour.de.

Stadtrundfahrten

Zu jeder vollen Stunde zwischen 10 und 16 Uhr kann von Mai bis Sept. an der Haltestelle Untertrave/Holstentorbrücke ein **Open-Air-Bus** zu einer 45-minütigen Fahrt durch die Altstadt und die Außenbezirke bestiegen werden. Das Ticket kostet 8 €, Kinder (6–14 J.) zahlen 4,50 €, Familien mit zwei Kindern 20 €. Man kann auch 3 Min. später an der Wahmstraße, 6 Min. später am Koberg oder 10 Min. später am Gustav-Radbrauch-Platz dazustoßen.

Eine Alternative zur vom Band gesprochenen Sightseeinghoppingtour sind die **1-A-Rundfahrten** per Bus der zertifizierten Stadtführerin Ilona Auschra, ✆ 017680273364, www.1a-rundfahrten.de. Gerade in den regnerischen Monaten sitzt man entspannt im Inneren und kann sogar Fragen stellen. Die 50-minütigen Touren finden von April bis Okt. und im Dez. täglich statt, meist zwischen 10 und 16 Uhr, manchmal zwischen 11 und 15 Uhr. Von Febr. bis März und im Nov. wird nur Do–Sa „ausgeritten". Kostenpunkt: 10 €, Kinder bis 12 J. 5 €. Abfahrt: Wallstraße/Holstentor. Die Tickets erhält man im fußläufig entfernten Welcome Center.

Etwas Besonderes ist eine Fahrt mit der **Rikscha**: Hans-Heinrich Mangels steht häufig vor dem Welcome Center oder dem Kanzleigebäude in der Mengstraße. Falls nicht, kann man getrost die ✆ 0170-2142277 wählen. Der Stadtführer berechnet 9 € pro Pers. – und bietet z. B. eine sehr spannende, ca. 50-minütige 7-Türme-Tour an. Denn: „Mit dieser Rikscha in traditioneller Bauart (TÜV-geprüft) besteht die Möglichkeit, auch dort entlangzufahren, wo es Bussen oder Pkws verwehrt ist".

Surfen

Surf-Center Lübeck, St.-Jürgen-Ring 64, ✆ 796482, www.surf-center.de, für Surfkurse auf der Wakenitz ist die Filiale in der Falkenstraße zuständig, Mai–Sept. tägl. 10–18 Uhr. Der Anfängerkurs (10 Std.) kostet 130 €, Board-Verleih (1 Std. inkl. Neoprenanzug) 10 €.

Mit Muskelkraft und Charme: Rikscha-Fahrer Hans-Heinrich Mangels

Das Holstentor ist Bestandteil jeder Stadtrundfahrt

Taxi

Die Lübecker Funktaxis erreicht man unter ✆ 81122. Am Bahnhof stehen fast immer Taxis bereit.

Telefonieren

Alle in diesem Buch angegebenen Telefonnummern liegen – wenn nicht gesondert angegeben, wie z. B. bei Travemünde (04502) – im Vorwahlbereich Lübeck (0451).

Touristeninformation

Obwohl sich die Mitarbeiter des **Welcome Center** am Holstentorplatz 1 in einem stylischen Glasbau niedergelassen haben, fühlte ich mich im winzigen **Lübecker Verkehrsverein e. V.** neben dem Bahnhof in den Linden-Arcaden meistens besser und gut gelaunter beraten. Welcome Center (Lübeck Travemünde Marketing), ✆ 8899700 (0,14 €/Min.), www.luebeck-tourismus.de, Mo–Fr 9.30–18 bzw. 19 Uhr, Sa 10–15 Uhr, Juni–Sept. auch So 10–14 Uhr. Lübecker Verkehrsverein e. V., ✆ 72300, www.luebecker-verkehrsverein.de, Mo–Sa 9–18 Uhr (an Samstagen ist von 12.30 bis 13 Uhr Mittagspause).

Wasserskifahren/ Wakeboarden

→ Travemünde, S. 205.

Wellness

Im knapp 10 km entfernten Bad Schwartau befindet sich die **Holstein-Therme** mit schöner Saunalandschaft. Tagesticket 16,70 €, Abendtarif (Mo–Fr ab 19.30 Uhr) 10 €. Geöffnet tägl. 9–22 Uhr. Am Kurpark 3, ✆ 2004148, www.holstein-therme.de. Außerdem bietet das **A-ROSA-Hotel** in Travemünde einen Spa-Bereich (Travemünde, S. 205).

Wohnmobile

Einen Stellplatz für Wohnmobile gibt es beim Sportpark Hülshorst (An der Hülshorst 11, ✆ 32111, www.sportpark-huelshorst.com/womo, 9 € pro Tag), am Supermarkt Plaza in der Ziegelstr. 232 (✆ 89080) oder in Travemünde (→ Travemünde, S. 195). Wer sein Wohnmobil nur vorübergehend in Altstadtnähe parken möchte, kann das kostenpflichtig auf der Parkfläche „Lastadie" (= Schiffsballast; früher lag hier eine Werft) gleich neben der MuK (Willy-Brandt-Allee 10) machen.

Stilvolle Bauten wohin das Auge reicht

Durch Lübeck spazieren

AUSIM
REISEN
Internet

In 5 Etappen durch die Altstadt

Wenn man die Lübecker Altstadt betritt, begibt man sich auf eine Zeitreise durch die Jahrhunderte. Romanik, Gotik, Renaissance, Barock, Rokoko und Klassizismus befinden sich Tür an Tür. Es ist nicht zuletzt dieser Stilmix auf engstem Raum, der den eigentlichen Zauber von Lübeck ausmacht. Es gibt nur noch wenige deutsche Städte, die einen ähnlich reizvollen Anblick bieten. Im Norden der Republik ist die Lübecker Altstadt einzigartig, auch deshalb, weil sie nur einen Bombenangriff überstehen musste.

Baulich geprägt ist die Altstadt von Backsteinarchitektur. Nach dem dritten Stadtbrand von 1276 hatte der Rat den feuerfesten Backstein zum Baumaterial der Stunde erhoben. Zuvor hatten die Kaufleute und Händler ihre Häuser aus Holz und in Fachwerk gebaut, der Rohstoff war in den umliegenden Wäldern schnell zu beschaffen gewesen. Mit dem neuen Gesetz wurde Lübeck zu einer Großbaustelle des Mittelalters. Ziegelbrennereien, die sich mit Lehm und Ton aus dem Lübecker Eisstausee versorgten, schossen aus dem Boden.

Unter **www.holstentor.info** kann man den schrittweisen Ausbau der Altstadt in einer liebevoll gestalteten Animation mitverfolgen.

Das mittelalterliche Fischgrätenmuster der Straßen galt als geradezu perfekt umgesetzt; die „Altstadtinsel", umschlossen von Trave und Wakenitz, wurde von einer Hauptverkehrsader vom Burg- zum Mühlentor in Nord-Süd-Richtung durchzogen (heute Große Burgstraße, Königstraße, Mühlenstraße), Gruben und Twieten bildeten die davon abzweigenden Seitenarme.

Der Ratserlass aus dem 13. Jh. bewährte sich bis 1942, als 240 englische Flieger die gefährlichen Phosphorbomben auf Lübeck warfen. Jetzt nützte selbst der Backstein herzlich wenig. Der Wiederaufbau der stark einsturzgefährdeten Marienkirche war so riskant, dass nur Junggesellen dafür eingestellt werden durften ...

Trotzdem: Vier Fünftel der mittelalterlichen Lübecker Bausubstanz sind noch erhalten – und dank der Possehl- und Drägerstiftung weitreichend renoviert und in gutem Zustand. Kein Wunder, dass sich Lübecks Altstadt seit 1987 als UNESCO-Welterbe bezeichnen darf: 1.000 Altstadthäuser sind heute im kleinen, sehr feinen Zentrum denkmalgeschützt.

Alle der hier vorgeschlagenen Spaziergänge führen durch die Altstadt. Sofern man die spannenden Ausstellungen und erstklassigen Restaurants besucht, dauert jeder Spaziergang zwischen zwei und vier Stunden. Wenn man sie „nur" erläuft, sind sie bedeutend kürzer. Es ist sogar denkbar, alle Spaziergänge als Etappen einer einzigen großen Altstadtrunde an einem Tag zu gehen. Die Stadttouren knüpfen deshalb bewusst aneinander an, außerdem kann man häufig zu einer anderen wechseln, worauf an den entsprechenden Stellen im Text hingewiesen wird. Denn „[i]n Lübeck ist ja alles in der Nähe'" (Thomas Mann).

Ein Tipp: Denken Sie an Ihr Weitwinkelobjektiv oder an eine Kamera mit gutem Zoom! In Lübeck ist alles gedrängt, und manche Gebäude wie z. B. die Marienkirche oder die Doppelturmfassade des Doms setzt man tatsächlich nur mit kameratechnischen Extras ins allumfassende Bild.

Im Zeichen der Salztransporteure: Salzspeicher und St. Petri

Spaziergang 1: Holstentor, St. Petri und Dom

Lübeck ohne das Holstentor? Undenkbar. Doch Lübeck ist mehr als ein Wahrzeichen. Ein Bummel an der Obertrave ist zu jeder Jahreszeit ein Erlebnis. Einige Straßen später erzählt das TheaterFigurenMuseum auf vier Stockwerken von den Besonderheiten dieser Kunstform. Und von der Petrikirche hat man einen Blick über die ganze Stadt bis nach Travemünde. Im gewaltigen Backsteindom befinden sich zwei Meisterwerke von Bernt Notke, während im gewitzt aufbereiteten Museum für Natur und Umwelt die Flora und Fauna der Lübecker Region eingefangen sind (ein Tipp für Kinder!). Nebenbei erfährt man, worauf Lübeck seinen Reichtum gründete, wie das „Fegefeuer" zu seinem Namen gekommen ist, was es mit einer ägyptischen Mumie in der Hansestadt auf sich hat und wie vier Geistliche über alle Glaubensgrenzen hinweg gegen die Nationalsozialisten kämpften.

Hauptbahnhof und Holstentorbefestigung

Es lohnt sich, einen Stadtspaziergang am **Hauptbahnhof** zu beginnen. Dann bekommt man gleich einen ungefähren Eindruck davon, wie weitläufig die **Holstentorbefestigung** einmal war. Die trutzige Wehranlage mit ihren Toren und den drei Wassergräben führte fast bis zum heutigen Hauptbahnhof und war eine der ausgedehntesten Stadtbefestigungen in Nordeuropa. 1853 begann mit dem Bau einer ersten Eisenbahnlinie auf der Wallhalbinsel (eine längliche Insel vor der Altstadt) die endgültige Verkleinerung des so stolzen Bollwerks. Man trug die Wälle im Westen ab, das Äußere Holstentor fiel der Bahn zum Opfer. Der gestiegene Verkehr und Gleisabsenkungen führten dann zwischen 1903 und 1908 zur Realisierung des jetzigen Hauptbahnhofs.

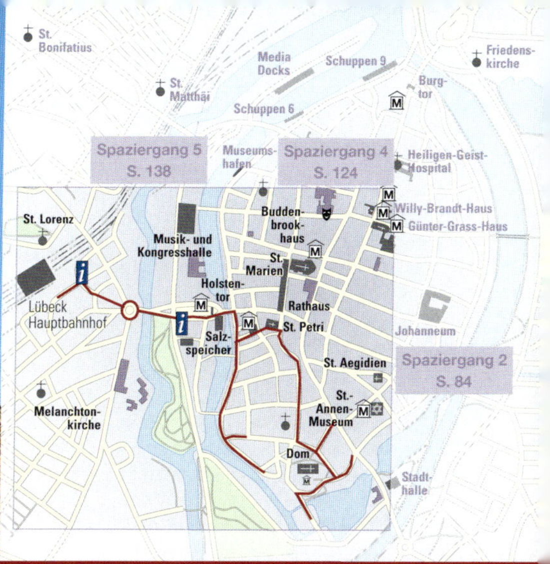

Holstentor, St. Petri und Dom

Heute ist er mit geschätzten 31.000 Reisenden pro Tag der am stärksten frequentierte von Schleswig-Holstein. Der Innenraum des Backsteingebäudes aus dem Historismus wurde 2004–07 für 53 Mio. Euro saniert.

Abstecher zum Pestfriedhof von St. Lorenz

Vom Bahnhof aus kann man einen Abstecher zum **Pestfriedhof** und zur Lorenzkirche unternehmen: Einfach die Bahnhofshalle durchqueren und geradeaus weiter. Rechts neben dem Haupteingang der Kirche St. Lorenz verweist ein mächtiges Steinkreuz auf die Epidemie von 1597. Zwischen 7.000 und 8.000 Lübecker starben damals an der Seuche. Im Laufe des 18. und 19. Jh. erfuhr der einstige Armenfriedhof eine Aufwertung. Lübecker Persönlichkeiten wie die Mitglieder der Familie Niederegger, der geschätzte Prediger Johannes Geibel oder der Arzt und Naturforscher Johann Julius Walbaum (auf seiner Sammlung basiert das Museum für Natur und Umwelt) ließen sich auf dem Gottesacker bestatten. Besonders an nebelverhangenen, kalten Tagen wirken die pompösen Grabmale mit ihren griechischen Säulen und Figuren wie die Botschafter einer anderen Zeit.

Die **Kirche St. Lorenz** ist ein neugotischer Bau der vorletzten Jahrhundertwende, der nicht mit den großen und kleinen Altstadtkirchen konkurrieren kann. Der Vorgängerbau, eine einschiffige Fachwerkkirche von 1661/64, war bis zum Fall der Stadtmauern die einzige Vorstadtkirche.

Sieben Türme

Auf dem Weg zur Puppenbrücke entlang der Konrad-Adenauer-Straße kommt man u. a. an den Linden-Arcaden vorbei, in denen sich der **Lübecker Verkehrsverein e. V.** befindet (→ Lübeck in Stichworten/Touristeninformation). Schräg gegenüber steht das repräsentative Geschäftsgebäude der **Lübeck-Büchener Eisenbahn-Gesellschaft.** Das Unternehmen finanzierte 1847 den Bau einer ersten Stichbahn nach Büchen – und legte einigen Wert auf standesgemäßes Äußeres. Rechts vom Bahnhof „residiert" der neu renovierte **Handelshof;** das klinkerverputzte Paradebeispiel eines Kontorhauses aus den 1920er-Jahren beherbergt heute ein Businesshotel.

Danach entdeckt man die Andeutung einer Silhouette, für die Lübeck dank alter Kupferstiche und des Logos einer berühmten Marmeladenfabrik bekannt ist. Allerdings erweist sich der Anblick als kleine Mogelpackung: Alle **sieben Türme** sind leider nicht mehr auf einen Blick zu sehen – und schon gar nicht in ihrer vollen Pracht. Wer zwischen den Ästen der Bäume hindurchlugt und über die Dächer einiger Bauten spitzt, wird St. Jakobi (links mit den vier Kugeln), St. Marien (links vom Holstentor), St. Petri (rechts vom Holstentor), St. Aegidien (rechts) und den Dom (nur die Spitzen der Spitzen) sehen.

Kleiner Tipp: Auf dem offenen Deck des Parkhauses Aalhof (Hüxterdamm 1) hat man den **Superbreitbildpanoramakinoleinwandblick**, den man hier vermisst. Es liegt nur einen Katzensprung von der berühmten Hüxstraße (→ Spaziergang 2, S. 94) entfernt.

Puppenbrücke

„Zu Lübeck auf der Brücken / da steht der Gott Merkur. / Er zeigt in allen Stücken / olympische Figur. / Er wußte nicht von Hemden / in seiner Götterruh; / drum kehrt er allen Fremden / den bloßen Podex zu", spottete der (stadt)bekannte Dichter Emanuel Geibel (1815–1884) über die berühmteste Figur der Puppenbrücke – **Merkur,** den Gott der Händler und der Diebe. Diese dritte Statue auf der linken Seite hält in der rechten Hand einen Geldbeutel und lehnt sich auf einen Warenballen. Ob die Begrüßung mit dem Hinterteil Zufall ist oder vielleicht doch den Holsteinern oder Dänen gelten sollte, bleibt ein Geheimnis des Bildhauers Dietrich Jürgen Boy (1724–1803).

Die Puppenbrücke ist die älteste Steinbrücke der Stadt. 1773 erbaut, wurde sie 1907 verbreitert. Die acht Statuen demonstrieren (hanse)städtisches Selbst-

Wem gilt die Begrüßung mit dem Hinterteil?

verständnis: Die Damen der dem Hauptbahnhof zugewandten Seite stellen Freiheit (vorne links) und Vorsicht (vorne rechts) dar, auf der Stadtseite sind Frieden (hinten links) und Eintracht (hinten rechts) zu sehen. Außerdem wurden Neptun, ein römischer Krieger, der schon erwähnte Merkur und ein Flussgott (Trave) sowie vier sandsteinerne Vasen aufgestellt, die Wissenschaft und Künste, Ackerbau und Viehzucht, Vaterlandsliebe und – ganz wichtig für eine protestantische Handelsstadt – Fleiß und Sparsamkeit verkörpern. Bei den Allegorien handelt es sich jedoch um Kopien, die Originale befinden sich im St.-Annen-Museum (→ Spaziergang 2, S. 86). Von Mitte Oktober bis Anfang April sind die Figuren im Innenhof des Museums von einer undurchsichtigen Plastikhülle verdeckt, um Schäden durch die Witterung zu vermeiden.

Holstentorhalle

Hinter der Puppenbrücke steht rechter Hand nach dem **Welcome Center** (→ Lübeck in Stichworten/Touristeninformation) eine lange Halle. Obwohl sie aussieht wie eine moderne Feuerwache, handelt es sich um einen unter Denkmalschutz stehenden Zweckbau des

Spaziergang 1 → Karte S. 65

Backsteinexpressionismus. Er wurde 1926 im Zuge der 700-Jahr-Feier des Barbarossa-Privilegs errichtet. Erste Planungen gehen auf den Lübecker Senator und Kaufmann Emil Possehl zurück, dessen Stiftung 3,5 Mio. Euro für eine Restaurierung zur Verfügung stellte (→ Kasten S. 114). Vorher diente die Holstentorhalle kulturellen, sportlichen, aber auch politischen Veranstaltungen. So trat z. B. Willy Brandt vor seiner Emigration nach Norwegen während einer antifaschistischen Aktion als Herbert Frahm ans Rednerpult. Seit 2007 gehört die Holstentorhalle zur Musikhochschule (→ Spaziergang 1, S. 71).

Holstentor

Aus der Ferne sieht es ein wenig wie eine zweidimensionale Attrappe aus – was vielleicht damit zusammenhängt, dass das Wahrzeichen auf der rechten Seite in sich zusammengesunken ist. Diese Neigung nach Westen fiel schon während der Bauarbeiten in den Jahren 1464–78 auf; schuld daran ist der morastige Boden. Damals war das spätgotische Stadttor eines von vier Toren, die Lübeck im Westen gegen Angreifer schützen sollten. Drei Schaukästen (von denen einige „auf Grund ständiger Beschädigung" inzwischen leer sind) auf dem rechten Bürgersteig zeigen, wo sich die anderen Holstentore befunden und wie sie wahrscheinlich ausgesehen haben. 1794, 1808 und 1853/54 riss man sie im Zuge der Entfestigung ab.

Der heute noch existente schwarz-rote Ziegelbau mit den zwei Kegeldächern war das dritte und spektakulärste Tor. 48 Schießscharten konnten mit schwerem Geschütz bestückt werden; aus den Fenstern des Mittelbaus sollten Pech und kochendes Wasser geschüttet werden. Die Mauern zur Feldseite haben mit 3,5 m eine enorme Stärke, und die Haken, die man noch immer sieht, waren dazu bestimmt, Sandsäcke daran zu hängen, um das Kanonenfeuer der Eindringlinge zu dämpfen. Zu mehr als einer Trockenübung ist es freilich nie gekommen. Der spätmittelalterliche Trutzbau war das perfekte Bollwerk zur Abschreckung.

Nähert man sich über den Vorplatz, wo man im Sommer wunderbar auf den Rasenflächen entspannen kann, fällt einem – neben den Löwen, von denen einer die Schreitende Antilope von Fritz Behn im Blick hat – sofort ein Schriftzug auf: „Concordia Domi Foris Pax", „Eintracht innen, draußen Friede". Er wurde nachträglich eingefügt und beschreibt Lübecks Ideal, sich aus kriegerischen Belangen möglichst herauszuhalten. Ursprünglich befand sich das Motto auf dem Äußeren Holstentor, Wohnhaus des Wallmeisters, der für die Instandhaltung der Fortifikation verantwortlich zeichnete. Während der ersten Restaurierung von 1871 brachte man dann auf der Stadtseite ein falsches Datum an: Nicht 1477, sondern 1478 beendete Hinrich Helmstede seine architektonische Meisterleistung.

Die an das Römische Reich erinnernde Abkürzung S. P. Q. L. sollte auf die überragende Bedeutung der freien Reichsstadt hinweisen. Etwas geschwollen bedeutet sie „Senatus populusque Lubecensis" – „Senat und Volk von Lübeck". Der eingefleischte Lübecker kommentiert trocken: „**S**chlechtes **P**flaster **q**uält **L**übeck".

Die Seite zur Altstadt ist prächtiger als die Ansicht für Fremde ausgefallen. Die Fassade ist durch zahlreiche Arkaden und drei Türmchen freundlich aufgelockert, und die Mauern sind lediglich 1 m dick. Sie diente der Zierde – und sollte im Notfall von den Lübeckern rückerobert werden können. Im obersten Turm wurde vorsorglich, wenn auch kaum erkennbar, eine Marienstatue als guter Schutzgeist angebracht. Das Holstentor, das flandrische Brückentore zum Vorbild hatte, ist neben dem Burgtor (→ Spaziergang 4, S. 127) eines von zwei erhaltenen Stadttoren.

42 zu 41 – Abstimmung über ein Wahrzeichen

Mit gerade einmal einer Stimme Mehrheit (42 : 41) entschied sich der Senat gegen den Abriss des „Symbols alter Macht und Herrlichkeit". Dieser Abstimmung war 1855 eine Eingabe von 683 Bürgern an den Senat vorangegangen: Man solle das letzte und einsturzgefährdete der vier Tore doch endlich abreißen … Kurzerhand gründete sich eine Bürgerinitiative zur Wiederherstellung, Geschichtsvereine aus dem ganzen Reichsgebiet warnten vor einem Abbruch. Und wirklich – ein Gutachter erkannte die Möglichkeit einer Erneuerung. Sie führte zu jener berühmten Abstimmung von 1863, und das „Relikt aus Vätertagen" durfte bleiben. Drei Restaurierungen waren die Folge: Über die erste habe ich schon geschrieben. Die zweite nahmen die Nazis in ihre patri(di)otischen Hände. Zwar fingen sie die Neigung des Südturms durch einen Stahlbetonanker auf, wollten das Holstentor aber zu einem Propagandamuseum machen und die Innenwände mit einer Geschichte von den Wikingern bis zur SA bepinseln. Obwohl es zu dieser Ausgestaltung nicht kam, existiert bis heute in der einstigen „Ruhmes- und Ehrenhalle" ein „Holstentorschlüssel" mit einem Hakenkreuz als Schlüsselbart. Apropos Hakenkreuz: Während der bislang letzten Restaurierung 2004–06 wurde ein 1934 angebrachtes Hakenkreuz von Unbekannten entfernt, es war zehn Zentimeter groß und in ein Regenrohr eingestanzt. Es galt als eines der letzten Mahnzeichen dieser Art an einem öffentlichen Gebäude in Deutschland und sollte eigentlich mit einer Metallplatte überdeckt werden …

Inzwischen lieben die Lübecker ihr Holstentor. Der weltbekannte Schutzbau dient der Stadt und dem Land als bedeutendes Wahrzeichen und identitätsstiftendes Denkmal. Eine überregionale Popularität erreichte es erstmals 1925 als Symbol des Deutschen Städtetages, später durch vier Briefmarkeneditionen, dann auf der Rückseite des 50-DM-Scheins und schließlich mit der 2006er-Serie der deutschen 2-Euro-Stücke. Und auch ich habe – selbstverständlich nur aus Recherchegründen – einen Marzipanabguss des Holstentores mit Genuss verspeist. Schade nur, dass das berühmte Tor auf diesen Abbildungen immer wie ein Bodybuilder aussieht, der vor lauter Kraft nicht mehr laufen kann: niemals so schön schief und krumm, wie man es als Lübecker in sein nordisches Herz geschlossen hat.

Museum Holstentor

Ehrlich gesagt: Es gibt spannendere Museen in Lübeck! Die Ausstellung im Holstentor hat etwas von einem sehr netten Heimatmuseum. Zwar ist es lustig, in diesem ungewöhnlich gebauten Wahrzeichen umherzulaufen, die (kleine) Sammlung über „Die Macht des Handels" lässt einen aber nicht unbedingt aus den Latschen kippen. Sieben Räume („Der Marktplatz", „Der Fernhandel" etc.) empfangen die Besucher mit Originalexponaten und kurzen Erläuterungen. Der vielleicht attraktivste Raum befindet sich im zweiten Obergeschoss des Nordturms: Zwischen ehemaligen Galionsfiguren erfährt man einiges zur Seefahrerstadt Lübeck, z. B. über die Angst vor „Schiffeschlürfern" oder unterschiedliche Schiffstypen und nautische Dinge, die während der Hansezeit von Bedeutung waren. Interessante Ausstellungsstücke sind ferner eine Reiseapotheke für fahrende Händler, ein Heringsahm (ein Eichmaß für den Fischhandel, auf das sich die Lübecker mit den Kaufleuten aus Stralsund, Wismar und Rostock verständigen konnten) und eine Radierung Edvard Munchs von 1903, auf der Holstentor und Salzspeicher zu sehen sind. Nett ist auch ein Nachttopf aus Steingut („Den Teutschen zum Neujahr"), der im Inneren Napoleon I. zeigt und nach der französischen Fremdbesetzung von 1806 bis 1813 sehr beliebt war.

Wer mehr über das Holstentor als Bauwerk erfahren will, findet einige Details und Abbildungen aus seinen „aktiven" Jahren in allen Räumen, v. a. aber im ersten Obergeschoss des Mittelbaus; im

Nosferatu hauste in den Salzspeichern

zweiten befindet sich ein großes Stadtmodell, das 1934 von Lübecker Schülern erstellt wurde. Weniger interessant ist die Folterkammer – im Holstentor gab es keinen derartigen Raum –, obgleich die meisten Besucher dorthin als Erstes strömen.

Im Holstentor, Holstentorplatz, ✆ 1224129, www.die-luebecker-museen.de. Jan.–März Di–So 11–17 Uhr, April–Dez. tägl. 10–18 Uhr. Eintritt 6 €, erm. 3 €, Kinder (6–17 J.) 2 €. Jeden Samstag um 15 Uhr und jeden Sonntag um 11 Uhr gibt es eine öffentliche, 90-minütige Führung (Geschichte des Holstentors und Hintergründe zu Lübeck als Handelsmacht). Dafür zahlt man 4 € auf den Eintrittspreis.

Salzspeicher

Rechts neben dem Holstentor direkt an der Trave befinden sich sechs Salzspeicher. Man setzte sie zwischen 1579 und 1745 an die Stelle ehemaliger Heringspackhäuser. Der älteste liegt am nächsten zum Holstentor und verwirrt durch eine Jahreszahl: „1694" war das Jahr der Renovierung, das Richtfest fand früher statt.

Hering war jahrhundertelang eine beliebte Fastenspeise, Lübeck der Salzhafen des Ostseeraums. Um den Speisefisch haltbar zu machen, benötigte man einen Konservierungsstoff: Ein Fass Salz, das aus den Salinen von Lüneburg mühsam mit den Stecknitzfahrern nach Lübeck reiste, wurde für etwa fünf Fässer Fisch gebraucht. Die Hälfte des begehrten Handelsgutes – die Rede ist von fünfstelligen Tonnenbeträgen! – ging nach Schonen, wo der Hering gefangen wurde; die andere Hälfte in die Städte des Ostseeraums.

Übrigens – sogar Nosferatu nahm Quartier in den Salzspeichern: zunächst in Murnaus Stummfilmklassiker von 1921/22, dann in Herzogs Remake in den 70ern mit Klaus Kinski. Leider sind die Salzspeicher nicht zu besichtigen.

Abstecher entlang der Obertrave

Wenn man die Trave auf der Holstentorbrücke überquert hat, kann man rechts in die Straße An der Obertrave einbiegen. Schlendert man die charmante Obertrave bis zum Kleinen

Weißes Gold

Erdöl wird oft als das „schwarze Gold" bezeichnet, Salz war über Jahrhunderte hinweg das „weiße". Wer das „Salzregal" innehatte, ein mittelalterliches Monopol für den Abbau, war einflussreich. Wer mit Salz handelte, mächtig. Beides trifft für Lüneburg und für Lübeck zu. Vom 12. bis 15. Jh. waren die Salinen in Lüneburg das einzige Salzwerk für Norddeutschland und die Ostseeanrainer. Lübecker Familien und geistliche Institutionen besaßen „Salzpfannen" in Lüneburg. Über die „Alte Salzstraße", eine 127 km lange Route, gelangte das wertvolle Gut in die Hansestadt. Seit 1398 verschiffte man die Ware auf dem Stecknitzkanal, doch auch der Wasserweg (97 km) war beschwerlich: Die Prähme (Lastkähne) mussten vom Ufer aus gegen die Strömung an 13 Schleusen vorbeigetreidelt (gezogen) werden, die Fahrt dauerte zwei bis drei Wochen. Nichtsdestotrotz erreichte der Warenumschlag zwischen 1562 und 1569 einen Höhepunkt. Sage und schreibe 11.000 t Salz gingen jährlich in die Handelsstadt – und von dort in die (nordische) Welt. Erst im 17. Jh. konnte das aus Westfrankreich eingeführte, günstigere Baien-Salz (Seesalz) das Lüneburger Produkt überflügeln. Dennoch blieb der Stecknitzkanal bis 1896 in Betrieb. Somit verdankte Lübeck seinen Reichtum im Mittelalter einem uralten, natürlichen Konservierungsmittel ...

Spaziergang 1 → Karte S. 65

Bauhof entlang, präsentieren sich die Häuser in Ufernähe von ihrer besten Seite und werden zum Ende hin immer niedlicher. Manche Einheimische sprechen sogar von der „schönsten Ecke der Altstadt“. In lockerer Folge wechseln sich gotische, barocke und klassizistische **Prachtfassaden** sowie Baustile der Renaissance und des Rokoko miteinander ab. Nur die drei Restaurants zu Beginn der Obertrave verlassen sich allzu sehr auf ihre zweifellos schöne Aussicht auf die Salzspeicher.

Jahrhundertelang lebten auf dieser Uferseite die Flussfischer: Neben Salz wurden Holz und andere Baumaterialien umgeschlagen und gelagert. In der Kleinen Petersgrube links sieht man z. B. unter den Dachfirsten zweier Speicherhäuser eine Seilwinde. An der Obertrave 8 (Ecke Pagönnienstraße) ist eine **Sturmflutmarke** angebracht, die auf das schwerste Sturmhochwasser der Ostsee vom 13. November 1872 hinweist. Ganze Straßenzüge standen unter Wasser, im Ostseeraum starben 271 Menschen.

In der abzweigenden Hartengrube sind das **Amtshaus der Stecknitzfahrer** (Nr. 25–27) und ein Renaissancegebäude mit außergewöhnlicher Fachwerkkunst sehenswert (Nr. 20).

Während des kleinen Abstechers stößt man außerdem auf die **städtische Rossmühle** (Nr. 43), 1750 erbaut, die zum Einsatz kam, wenn die anderen Mühlen im Sommer wegen Wassermangel nicht funktionierten. Selbst ein **Bordell** hat sich im 15. Jh. in den Nr. 30–32 niedergelassen. Bekanntere Sehenswürdigkeiten sind die Musikhochschule und der Malerwinkel (s. u.).

Bevor es wieder zurückgeht, zeigt sich am Fuße der Straße Kleiner Bauhof die gewaltige **Domfassade** in ihrer vollen Schönheit. Jetzt kann man sogar darüber nachdenken, den ersten Spaziergang entscheidend abzukürzen.

Abendstimmung an der Obertrave

Musikhochschule

In 22 ehemaligen Kaufmannshäusern von der Petersgrube bis zur Depenau ist die einzige Musikhochschule von Schleswig-Holstein untergebracht. Am faszinierendsten ist wohl das klassizistische Hauptgebäude, von dem seit 2007 eine angenehm schlicht gehaltene Brücke zu den Übungsräumen der Holstentorhalle führt. Etwa 30 Professoren und 140 Lehrbeauftragte schreiten, bisweilen mit Instrumenten und Notenblättern bewaffnet, über den als „Professorenbrücke" bezeichneten Traveübergang, um 450 Studierenden aus aller Welt die Schönheiten von Harmonie und Disharmonie beizubringen. Die derzeit erfolgreichste Dozentin ist Sabine Meyer, eine weltweit anerkannte Klarinettistin.

Die Geschichte des Hauses ist schnell erzählt: Erstmals erwähnt wurde das Gebäude 1301 als Salzhaus. Es wird später zu einer Weingroßhandlung und dem Redaktionsgebäude der in Lübeck bekannten Eisenbahn-Zeitung. Außerdem verbrachte die Schriftstellerin Ida Boy-Ed (1852–1928), Förderin des jungen Thomas Mann und Verfasserin von über 70 Romanen und Erzählbänden, ihre Jugendjahre in diesen Räumen. Ein spektakulärer Fund ereignete sich 1984 beim Umbau der Musikhochschule: Ein Baggerfahrer entdeckte den **Lübecker Münzschatz** (→ Spaziergang 4, S. 129). Doch nicht nur die Archäologen freuten sich. Nach unschönen juristischen Szenen bekam der Finder mit vierjähriger Verspätung eine Prämie von 250.000 DM zugesprochen. Sowohl sein Arbeitgeber als auch das Land hatten Ansprüche angemeldet ...

Überquert man die **Professorenbrücke** (die sich inzwischen als „Liebesbrücke" etabliert hat), gelangt man zu einer lebensgroßen Statue von Johannes Brahms (→ Unbekanntes Lübeck/Brahms-Institut). Die schöne Idee dahinter: Man wollte den genialen Komponisten als „normalen" Menschen zeigen, nicht als unnahbaren Musikheroen auf einem Podest.

Große Petersgrube 21, www.mh-luebeck.de. Seit 1987 ist das **Schleswig-Holstein Musik Festival** (→ S. 46) jeden Sommer mit seinen international bekannten Meisterkursen in der Hochschule zu Gast. Aber auch außerhalb der großen Auftritte kann man zahlreichen Proben und Abendvorstellungen beiwohnen – häufig kostenlos! Termine am Aushang vor dem Haupteingang oder im Internet!

Alljährlich Ende April/Anfang Mai findet das **Brahms-Festival** in der Musikhochschule und an anderen Auftrittsorten statt. Zwischen 10 und 15 € zahlt man, wenn man den kammermusikalischen Aufführungen beiwohnen mag, die eine Woche lang täglich stattfinden.

Malerwinkel

Die Brücke zum sog. Malerwinkel, wo einst die Künstler saßen und den Panoramablick über die Altstadt nachzeichneten, befindet sich am Fuß der

Spaziergang 1 → Karte S. 65

Dankwartsgrube. Der kleine Platz (auf dem heute nur wenig los ist) wird in jedem Reiseführer beschworen und meines Erachtens ein klein wenig überschätzt. Ich habe die Erfahrung gemacht, dass man bessere Bilder von der sog. Professorenbrücke aus schießt, die zur Musikhochschule führt (s. o.).

Allzu malerisch ging es früher in diesem Abschnitt der Obertrave eher selten zu. Schlechte Trinkwasserversorgung, Tierhaltung auf engem Raum und allgemein unhygienische Verhältnisse sorgten immer wieder dafür, dass sich die Pest und im 19. Jh. die Cholera von hier auf die Altstadt ausbreiteten.

Große Petersgrube und Kolk

Wieder zurück im ersten Abschnitt der Straße An der Obertrave geht es rechts in die Große Petersgrube. Sie ist eine der Straßenfluchten, für die Lübeck zum UNESCO-Weltkulturerbe erklärt wurde. Heinrich Breloer drehte einige Szenen seines Buddenbrooks-Films in dieser „Grube" (→ Engelswisch in Spaziergang 4, S. 135). Früher lebten hier vom Sargträger über den Küster bis zum Pastor die Geistlichen von St. Petri; Nr. 4 war im 18. und 19. Jh. das klerikale Amtshaus. Mit der Nr. 23 passiert man ein Kaufmannshaus mit Rokokofassade. Vor dem klassizistischen Haus mit der Nr. 19 lagen einmal die Löwen, die heute vor dem Holstentorplatz für die richtige Stimmung sorgen. Johann Daniel Jakobi hatte sie bei dem erfolgreichen Bildhauer Christian Daniel Rauch (1777–1857) in Auftrag gegeben. Ein reicher Konditor logierte in Nr. 11: Heinrich Schabbel (1861–1904). Erst seine Stiftung machte das Schabbelhaus möglich (→ Spaziergang 5, S. 144).

Die Professoren- und Liebesbrücke gegenüber der Musikhochschule

Im angrenzenden Kolk hat sich ein empfehlenswertes Restaurant niedergelassen, die **Lübecker Hanse** (→ Essen und Trinken, S. 36). Außerdem befinden sich das **Figurentheater Lübeck** (→ S. 42) und das TheaterFiguren-Museum (s. u.) in dieser Gasse.

TheaterFigurenMuseum

Im Kolk stoße man auf einen „Schatz in Lübeck", heißt es selbstbewusst auf den Flyern des TheaterFigurenMuseums. Und wirklich, von den etwa 30.000 Exponaten des ehemaligen Besitzers Fritz Fey, dessen Vater Puppenspieler war, sind 1.000 teilweise skurrile Stücke in dem vierstöckigen, verwinkelten Gotikgebäude ausgestellt. Der leidenschaftliche Sammler, der aufgrund seiner Profession als Kameramann weit herumkam und sich mit 72 Jahren von seinem Museum verabschiedete, hat Puppen aus drei Kontinenten zusammengetragen, wobei besonders die asiatischen und afrikanischen beeindrucken. Doch auch vom Ende des 17. Jh. in Europa bis zur abstrakten

Avantgardekunst eines Harry Kramer reicht das erstaunliche Überangebot. Damit ist das Museum eine der weltweit größten Galerien dieser Art. Abgerundet wird die Ausstellung durch historische Bühnenbilder und Filmplakate sowie Dudelsäcke und Leierkästen. Warum? Die Aufführungen wurden meist von (gewitzter) Musik begleitet.

Fazit: Ein Besuch des ungewöhnlichen Museums ist durchaus lehrreich und horizonterweiternd, nicht nur für Kinder. Lediglich pfiffigere und ausführlichere Erklärungen wären an einigen Stellen sehr wünschenswert, so z. B. für die Figuren, die vor den Kindern kriegsgefangener Deutscher in englischen Lagern zum Einsatz kamen. Auch der weitgehend fehlende Einsatz von (multi-)medialen Mitteln ist gerade bei diesem Thema ein wenig schade.

Kolk 14, ✆ 78626, www.theaterfigurenmuseum.de. Nov.–März Di–So 11–17 Uhr, April–Okt. tägl. 10–18 Uhr. Eintritt 6 €, erm. 5 €, Kinder (4–11 J.) 2 €. Mit Café im kleinen Foyer, wo man sich in Gesellschaft weiterer Exponate gemütlich ausruhen kann. Ab 5 Pers. kann man sich für 9 € pro Nase durch die Sammlung führen lassen. Zwei Sonderausstellungen jährlich fokussieren ein spezielles Theaterfigurenthema.

Morbider Charme im TheaterFigurenMuseum

St. Petri

Nachdem die Flieger der Royal Air Force in der Nacht zum Palmsonntag 1942 die kleine Hansestadt bombardiert hatten, waren bedeutende Teile der Altstadt dem Erdboden gleichgemacht. Auch die Petrikirche war empfindlich getroffen worden: Sie brannte innen komplett aus, und das Dach sowie Teile des Turmes stürzten in sich zusammen. Ursprünglich gehörte das Gotteshaus in seiner frühen Form zu den ältesten Kirchen Lübecks (1170 mit der Marienkirche genannt) und bildete den Südrand des Marktes. Um 1220 entstand aus der Holzkirche ein erster Backsteinbau in dreischiffiger, romanischer, dann in fünfschiffiger, gotischer Variante.

Die 1987 neu errichtete fünfschiffige Halle ist eine architektonische Rarität, aber auch ein Produkt des Zufalls: Um hohe Baukosten zu sparen, versuchte man in der Nachkriegszeit, das einsturzgefährdete Gotteshaus den Katholiken zu schenken. Da vonseiten der römischen Kurie eine Absage ins Haus flatterte, wollte man das „ungewollte Kind“ zunächst einfach abreißen. Schließlich entschied man sich für ein Notdach und renovierte den Turm, da der inzwischen eingebaute Aufzug zahlreiche zahlungswillige Touristen über die Dächer Lübecks hievte. Erst die Gründung eines Bauvereins in den 80ern, der 1 Mio. DM sammelte, brachte die Komplettsanierung in Schwung. Heute ist diese reinste Ausprägung einer

Würdiger Innenraum einer Hallenkirche

Hallenkirche in Lübeck einzigartig; das Gebäude mit dem charakteristischen, 108,22 m hohen Turm mit den vier Ecktürmchen ist auch über die Grenzen der Stadt hinaus populär. Ohne Gestühl, weiß gestrichen, mit 30 Gewölben und 20 Säulen ist das faszinierende Bauwerk „[k]ein sonntäglicher Versammlungsraum für eine überschaubare christliche Gemeinde, sondern eine Kirche für die ganze Stadt", wie es auf der Webseite heißt. Trotz der Umbauten ist ein harmonisches Ganzes entstanden, in dem kulturelle Veranstaltungen und zeitgenössische Kunst (u. a. das Kruzifix von Arnulf Rainer) einen festen Platz gefunden haben.

Mit einem Lift gelangt man zum 50,42 m hohen **Aussichtsturm** der Kirche, dem einzigen in Lübeck (wobei man auch während einer Gewölbeführung in St. Marien eine geniale Aussicht hat, → Spaziergang 5, S. 143). Der Rundblick auf Rathaus und St. Marien, aber auch aufs Holstentor neben den Salzspeichern ist ein Genuss. Allerdings erkennt man auch etwas zu gut die neueste Architektur der Innenstadt, allesamt Konsumtempel, die sich so gar nicht ins eigentlich so charmante Lübeckbild fügen wollen. Zum Glück geht der Blick auf der videoüberwachten Plattform an sonnigen Tagen bis nach Travemünde und Mecklenburg.

Am Petrikirchhof 1, ✆ 397730, www.st-petri-luebeck.de. Die **Kirche** ist Di–So 11–16 Uhr geöffnet. Für 1 € bekommt man die nicht zwingend wichtige Kirchenchronik „Interessantes aus 10 Jahrhunderten" in einer 5-minütigen Präsentation via Hörknochen und Bildschirm im Eingangsbereich erzählt. Besser das Geld im modernen **Café** veressen, wo auch (warme) Snacks angeboten werden (April–Dez. Di–Sa 12–17 Uhr). Der **Aussichtsturm** (April–Sept. tägl. 9–21 Uhr, Okt.–März tägl. 10–19 Uhr) befindet sich im Vorraum der Kirche rechts. Eintritt 3 €, erm. 2 €, Familienticket mit 2 Kindern bis 15 J. 6 €. Es gibt diverse Veranstaltungen, teilweise kostenlos, zu kirchlichen, aber immer auch kulturellen Themen: z. B. Lesungen oder Ausstellungen mit überregional bekannten Künstlern. Besonders schön ist die **Literarische Nacht** im Juni mit nationalen Hochkarätern des verbalen Gewerbes; nicht nur die Eintrittspreise sind dann gepfeffert: 22/16 €.

Zum Domviertel

Auf dem Weg zum Dom passiert man erstmal zwei Parkhäuser und das neue 4-Sterne-Hotel Atlantic (→ Übernachten, S. 30), bevor im **Pferdemarkt** wieder etwas geboten wird. Der Straßenname geht selbstverständlich auf den Handel mit traditionellen Fortbewegungsmitteln im Mittelalter zurück. Im Giebel von Nr. 9 der angrenzenden Mühlenstraße sieht man ein goldenes Hufeisen. Gleichzeitig war der Pferdemarkt in der Hand der Künstler: Maler, Goldschmiede, Glaser und Bildschnitzer besaßen hier Wohnungen und Ateliers. Häufig arbeiteten sie für die monetär gut gestellten Domherren.

Wie an vielen Orten in Lübeck lohnt es sich auch in der **Parade,** den Kopf zu heben. Wo einst das Lübecker Stadtmilitär exerzierte, beginnt das **Domviertel.**

Die Macht des Domkapitels endete erst mit dem Reichsdeputationshauptschluss von 1803. Bis dahin waren die Domherren von allen städtischen Abgaben (Steuern!) und Aufgaben (Bürgerwehr!) befreit: „Domfreiheit" nannte man dieses Areal. Ein winziger, eigenständiger „Staat" innerhalb der Stadt, der 13 Wohnhäuser, die „Domherrenkurien", und 26 „Kapiteldörfer" außerhalb Lübecks verwaltete. Sogar eine eigene Gerichtsbarkeit gehörte zu den Vorrechten der Oberhirten. Dieser Status sorgte nicht unbedingt für ein entspanntes Miteinander. Immer wieder lag der Rat mit dem Domkapitel im Clinch. Nicht zuletzt deswegen entschieden sich die Ratsherren und reichen Bürger 1260 für den Bau einer eigenen Basilika: St. Marien (→ Spaziergang 5, S. 148), die einige Meter höher als der Dom werden sollte. Ein empfindlicher Nadelstich in Richtung der Domfreiheit ...

Stadtpalais Rantzau

Ein kleines Schmuckstück zeigt sich an der Parade Nr. 1. Es handelt sich um das letzte erhaltene Beispiel einer Domherrenkurie. Sie geht auf das Jahr 1290 zurück und wurde – ungewöhnlich fürs enge Lübeck – freistehend mit Nebengebäuden errichtet. Außerhalb des Domviertels ließ das Stadtrecht aus Platzgründen nur Blockbebauung zu.

Einst Domherrenkurie, heute Verwaltung

Spaziergang 1 → Karte S. 65

Verantwortlich für die neogotische Form ist Kuno Heinrich Karl zu Rantzau-Breitenburg. Der Graf mit dem langen Namen kaufte das Gebäude 1858 und baute es nach seinen Vorstellungen um: Er war vom mittelalterlichen Rittertum fasziniert. Das „Schloss Rantzau", wie es sehr bald hieß, entwickelte sich zu einem herrschaftlichen Bau mit markantem Staffelgiebel. Im 19. Jh. residierte Königin Desideria von Schweden bei einem Besuch im Stadtpalais. Heute erfreut sich die Verwaltung des Schleswig-Holstein Musik Festivals (→ S. 46) an den Räumen.

Propsteikirche Herz Jesu

Eine weitere Kuriosität an der Parade ist die katholische Herz-Jesu-Kirche, die wegen Bauarbeiten bis mindestens Sommer 2013 geschlossen ist. Über 350 Jahre hatte es nach der Reformation gedauert, bis die Katholiken wieder eine Kirche besitzen durften. Der Hintergrund: Nur neun von hundert Lübeckern sind katholisch. Beim Bau achtete man sehr genau darauf, dass das Stadtbild der „sieben goldenen Türme" nicht gestört wurde. Nur ein verkürzter Turmhelm durfte auf die 1891 fertiggestellte und eingeweihte Kirche gesetzt werden. Der neugotische Andachtsort entstand aus einer ehemaligen Domherrenkurie und wurde zu Ehren von vier ermordeten Freiheitskämpfern (→ Kasten) 1958 in den Rang einer Propsteikirche erhoben. Wer sich darüber wundert, dass der Chor nicht wie üblich im Osten, sondern im Westen liegt, dem sei gesagt: Die Erbauer mussten die Hanglage des Grundstücks einberechnen. Im Inneren ist die Kirche schlicht, aber mit stimmungsvollen Glasfenstern aus roten Ornamenten im Altarraum ausgestattet. Ferner kann man eine Pieta aus dem 15. Jh. und eine Krypta sehen, die als Gedenkstätte für die Lübecker Märtyrer dient – und derzeit zugänglicher gemacht wird, auch für Gehbehinderte und Rollstuhlfahrer. Aber Vorsicht, der Besuch der Krypta geht nicht immer glimpflich aus: Ein tragisches Ende nahm Christa Lewandowski, eine Kielerin, die nach einer Besichtigung den Beruf als Bankangestellte aufgab und als Missionarin nach Rhodesien (Simbabwe) ging – in den Wirren des Bürgerkriegs wurde sie am 6. Februar 1977 erschossen.

Nur 9 von 100 Lübeckern sind katholisch

Parade 4, ✆ 7098765, www.kath-kirche-luebeck.de. Bis mindestens Sommer 2013 geschlossen! Danach geöffnet tägl. 9–19 Uhr. Kostenlose Führungen in der Krypta ab 2 Pers. Bitte zwei Wochen vorher anmelden! Jeden 10. Nov. wird ein neuzeitliches „Martyrologium" für die Widerständler verlesen. Der **Kirchenladen** bietet Devotionalien und Bücher zu den vier geistlichen Widerstandskämpfern. In der Propsteikirche entstanden ein **Kammer-, Propstei- und Kinderchor**, die bei Gottesdiensten und Konzerten aufsingen (www.kirchenmusik-luebeck.de).

Die Lübecker Märtyrer

Auslöser der Verhaftung und Ermordung von vier Lübecker Geistlichen war eine Predigt Karl-Friedrich Stellbrinks (1894–1943). Er soll den schweren Bombenangriff der Engländer am Palmsonntag 1942 als Gottesgericht gewertet und damit allzu offen Kritik am Naziregime geübt haben. Doch die Vorgeschichte ist komplizierter: Seit Jahren war der protestantische Pfarrer, immerhin ein Versehrter des Ersten Weltkriegs und zunächst überzeugtes NSDAP-Mitglied (Ausschluss 1937), den neuen Machthabern ein Dorn im Auge gewesen. Stellbrink hatte in großem Stil Pfennigstücke gesammelt (dadurch konnten sie nicht zu Waffenhülsen geschmolzen werden) und freundschaftlichen Kontakt zu Juden gepflegt. 1941 lernte er den katholischen Kaplan Johannes Prassek (1911–1943) kennen, der in Adjunkt Eduard Müller (1911–1943) und Vikar Hermann Lange (1912–1943) mutige Mitstreiter für ihre Sache gefunden hatte. In zahllosen Predigten, teilweise vor katholischen Soldaten, widersprachen sie den perversen Ideologien des Nationalsozialismus. Prassek lernte Polnisch, um Zwangsarbeitern zu helfen und ihnen die Sakramente zu erteilen. Als seltenes Beispiel einer authentischen Ökumene organisierten die vier Geistlichen Flugblätter, auf denen sie sich kritisch gegen die Kriegsführung und die Vernichtung „unwerten Lebens" aussprachen. Häufig planten sie ihre Aktionen mit Laien im katholischen Gesellenhaus (Parade 8, heute ein Ärztehaus). Nach einem Schauprozess, der im Lübecker Burgkloster geführt wurde und so menschenverachtend und durchschaubar war, dass ihn Goebbels nicht einmal für die „Deutsche Wochenschau" verwenden konnte, ermordete man die vier Männer am 10. November 1943 in Hamburg mit dem Fallbeil. Den „Verrätern" wurden u. a. „Zersetzung der Wehrkraft" und „Feindbegünstigung" angelastet. Die 18 Laien entließ man als Verführte nach dem Ende der Untersuchungshaft. Nur der Geschäftsführer der katholischen Gemeinde, Adolf Ehrtmann, erhielt fünf Jahre Zuchthaus. Man geht heute davon aus, dass die Freiheitskämpfer stellvertretend für die widerständigen Bischöfe (z. B. Clemens August Graf von Galen) sterben mussten, an die sich das Regime nicht heranwagte. Zum Todestag finden Gedenkfeiern in der Herz-Jesu-Kirche und der Lutherkirche in der Moislinger Allee 96 statt; dort liegt auch die Urne Stellbrinks. Die Seligsprechung der katholischen Geistlichen beging man während einer sehr feierlichen Zeremonie im Juni 2011 mit 5.000 Menschen – und sogar dem evangelischen Pastor wurde „ehrenvoll gedacht".

Der Dom ist die älteste Kirche Lübecks

Zeughaus

Die Kopie einer Mars-Figur weist auf die ursprüngliche Funktion des ausladend langen Gebäudes an der Parade Nr. 10 hin. Das Zeughaus, 1594 im Stil der niederländischen Backsteinrenaissance erbaut, diente v. a. als Waffenkammer der Bürgerwehr. Nach der Reformation war es als erster weltlicher Bau im Domviertel errichtet worden. Später nutzte die Gestapo die Räumlichkeiten für Verhöre. Man braucht nicht viel Fantasie, um sich vorzustellen, was die Schergen mit den Verurteilten in den Kellern gemacht haben. Ein Mahnmal weist auf die Verbrechen hin. Als späte Rache gelangte in einen Nebenbau das Haus der Kulturen, eine interkulturelle Begegnungsstätte.

Das Museum für Völkerkunde, das im Zeughaus untergebracht war, ist seit September 2007 aus Kostengründen „bis auf Weiteres“ geschlossen. Leider, denn so verschwand neben 26.000 Alltags- und Kultgegenständen aus allen Kontinenten auch eine ägyptische Mumie im Magazin. Da sie bereits 1696 in den Besitz des Ratsapothekers Jacob Stolterfoht kam, darf sie als die früheste nach Deutschland gelangte mumifizierte Leiche angesehen werden. Eine Untersuchung der Uniklinik im Mai 1992 bestätigte nicht nur die Echtheit der Mumie (800–500 v. Chr.), sondern brachte auch acht Amulette auf den Röntgenschirm, u. a. einen Herzskarabäus und ein Papyruszepter. Immerhin: Einige der (schönsten) Exponate (die ältesten reichen 5.000 Jahre in die Vergangenheit) sind während Sonderausstellungen in anderen Häusern zu sehen. Gleichzeitig wird über einen Verkauf der Stücke laut nachgedacht; die Haushaltslage in Lübeck ist extrem angespannt …

Lübecker Dom

Um einen ersten Eindruck vom gewaltigen Dom zu erhalten, empfiehlt es sich, bis zur Stirnseite zu gehen und die roten Wände emporzublicken. Die älteste Kirche Lübecks erreicht mit ihren zwei Türmen nämlich eine beachtliche

Höhe: 115 m. Der Dom gilt als erster großer Backsteinsakralbau an der Ostsee und ist mit 130 m eine der längsten Backsteinkirchen der Welt.

Baugeschichte

Nach einem hölzernen Provisorium setzte Heinrich der Löwe 1173 ganz im Stile eines hohen Politikers den Grundstein (wie er es auch schon für den Braunschweiger, Schweriner und Ratzeburger Dom getan hatte). 1975, zwei Jahre nach der 800-Jahr-Feier, errichtete man ein **Löwendenkmal** vor dem nördlichen Seiteneingang. Es handelt sich um einen Abguss des Braunschweiger Originals.

Der Dom durchlief wie die meisten Gotteshäuser von dieser Größe verschiedene Stilepochen. Der 1266 begonnene Umbau von einer romanischen, dreischiffigen Gewölbebasilika in eine gotische, weitläufige Hallenkirche zog sich aus finanziellen Gründen bis 1341 hin. Erst Heinrich Bocholt, der erste Bürgerliche unter den Bischöfen, gab 1329/30 den entscheidenden, monetären Anstoß. Tragischerweise starb er wenige Wochen vor der Einweihung seines Ostchors. Dank dieses Bischofs ist der Dom um die Hälfte erweitert worden, was nicht zuletzt deshalb geschah, um mit St. Marien, der Kirche des Rates, mitzuhalten. Eine lebensgroße Vollplastik von Johann Apengeter (die zu den bedeutendsten mittelalterlichen Bronzegrabplatten des Ostseeraums zählt) zeigt den Bischof in der Mitte des Chors. Man erkennt die unterschiedlichen Bauabschnitte übrigens gut an den Säulen: Der ältere Bauteil wird von massiven, rechteckigen Pfeilern getragen, der jüngere von schlankeren, runden.

Sehenswertes

Der Dom brannte 1942 nach dem Fliegerangriff komplett aus, genau wie die Marien- und die Petrikirche. Neben dem Eingang rechts befindet sich eine kleine **Ausstellung** mit ausdrucksstarken Fotodokumenten zu Zerstörung und Wiederaufbau. Vor allem den Ostchor hatte es arg getroffen. Bis 1950 stürzten alle 17 gotischen Gewölbe ein. Wichtige Kunstschätze konnten den Flammen jedoch entrissen werden.

Zum Beispiel das **Triumphkreuz** von 1470/77, bei dem „lediglich" der an der Spitze thronende Gottvater angesengt wurde. Das 17 m hohe Schnitzwerk aus der Werkstatt des im Hochmittelalter sehr populären Bernt Notke zeigt Christus am Lebensbaum, umgeben von 70 kleinen Figuren an Stamm und Ästen. Zu den üblichen Verdächtigen (Maria, Johannes, Maria Magdalena) hat sich der Auftraggeber des Kreuzes, Bischof Albert II. Krummediek, selbst in vollem Ornat dazugesellt. Damals machte das Gerücht die Runde, wonach

Der Mann, dem der Ostchor zu verdanken ist

Spaziergang 1 → Karte S. 65

die Frau, welche für Maria Magdalena Modell gestanden habe, des Kirchenvaters Beischläferin gewesen sei. Historisch abgesichert ist jedoch nur, dass Krummediek, der tatsächlich eine aufwendige Lebenshaltung pflegte, das erste gedruckte Messbuch des Bistums Lübeck herausgegeben und für die Realisierung der Notke'schen Arbeit tief in seine Privatschatulle gegriffen hat. Wer genau hinschaut, erkennt noch Reste der mittelalterlichen Farbigkeit, die man mit der Restaurierung wieder freilegte.

Ein zweites der geretteten Meisterwerke ist ein **Lettner,** der den Chorraum (der für Bischof und Domherren reserviert war) von den Laien trennte. Die Bildschnitzereien stammen ebenfalls von Bernt Notke und sind den vier Schutzpatronen der Kirche geschuldet: Maria auf der Mondsichel, Johannes der Täufer, St. Nikolaus und – nicht unwichtig – St. Blasius, u. a. Schutzherr der Steinhauer, Bauarbeiter und Maurer. Sie gehen auf eine Stiftung des Lübecker Bürgermeisters Andreas Geverdes zurück. Genau wie der Bischof verfolgte der Politiker auch private Ziele: Vorbild für das Lübecker Stück war der Lettner im Magdeburger Dom, Geverdes Heimatstadt, der er sich näher fühlen wollte. Die **Kirchenuhr** am Südende des Lettners stammt von Andreas Polleke aus den Jahren 1627/28. Links oben befindet sich eine Darstellung des Knochenmannes: ein Hauptthema barocker Kunst.

Beachtenswert sind außerdem die **Altartafeln** an den Pfeilern der Vierung aus dem 15. und 16. Jh. (Altar der Ka-

Eines der großen Meisterwerke von Notke

nonischen Tageszeiten, Altar der Stecknitzfahrer, Altar der Mühlenknechte, Marienaltar mit Einhorn), zwei **Madonnen** aus Sandstein (1450, 1509), ein **Taufbecken** aus dem Jahr 1455 sowie eine **Renaissancekanzel** von 1568 mit dem Gitter der Stecknitzfahrer; ferner zahlreiche (barocke) **Kapellen,** die auf Schenkungen bzw. Stiftungen zurückgehen. Übrigens: Der berühmte Flügelaltar von Hans Memling aus der Greveraden-Kapelle im nördlichen Seitenschiff befindet sich seit dem Zweiten Weltkrieg im St.-Annen-Museum (→ Spaziergang 2, S. 86); auch er hatte die Feuernacht „überlebt".

Ein besonderer Teil des Doms ist das **Paradies.** In dieser kleinen Eingangshalle im Norden, direkt neben dem Ostchor, gewährte man Verfolgten Asyl

und Armen eine (warme) Speise. Außerdem zogen hier die Bischöfe in die Kirche. Datiert wird die spätromanische Vorhalle mit einem in Stein gehauenen Christus als Weltenherrscher und vier Säulenfiguren auf 1254/59. Das Paradies wurde 1946 als späte Kriegsfolge vom herabstürzenden Nordgiebel der Domruine zerstört – und erst 1982 rekonstruiert. Dieses sicherlich schönste „Foyer" aller Lübecker Kirchen ist im Regelfall nur von innen zu betreten (falls auch von dort verschlossen, einfach nachfragen!).

Mühlendamm 2, www.dom-zu-luebeck.de. 01.04.–03.10. tägl. 10–18 Uhr, 04.10.–31.10. tägl. 10–17 Uhr, Nov.–März tägl. 10–16 Uhr. Es gibt einen kleinen **Shop** in der Kirche. Zur Vertiefung der kunstgeschichtlichen Details empfiehlt sich „Der Dom zu Lübeck" für 3,50 €. Führungen auf Wunsch ab 10 Pers. Sofern das Gewölbe mitbesichtigt werden soll, werden 5 € pro Pers. fällig, ansonsten 3 €. Zwei Wochen vorher im Pfarrbüro anrufen (Mühlendamm 2–6, Mo, Mi od. Fr vormittags unter ✆ 74704)!

Tipp: Wer es einrichten kann, sollte zwischen 12 und 14 Uhr den Dom betreten. Immer wieder proben die Studierenden der Musikhochschule an der Orgel – und man kann die Besichtigung begleitet von angenehmen, manchmal aufwühlenden Kompositionen genießen.

Rund um den Dom

Wer den Dom im Uhrzeigersinn umrundet, stößt auf eine ungewöhnliche Straße: das **Fegefeuer.** Laut katholischer Heilslehre ist damit ein Aufenthaltsraum der verstorbenen Seelen gemeint, die durch das Feuer von ihren Sünden erlöst werden. Die Anwohner, die die Paradiesvorhalle der Domherren natürlich kannten, tauften die „platea parva" (kleine Straße) 1324 kurzerhand in „platea veghevur" um. Eine Terrakottatafel von Otto Mantzel zeigt bei

Spaziergang 1 → Karte S. 65

Hausnummer 23 ein humorvolles Höllenemblem (oben an der Hausecke, die in eine Einfahrt führt): Zwei Teufel schüren einen Feuerkessel, in dem ein betendes Menschlein kocht. Wer der Einfahrt folgt, gelangt ganz weltlich in den nicht übermäßig spektakulären Possehl-Hof.

Geht man an der rot geklinkerten Oberschule zum Dom vorbei (inzwischen schwitzen darin die Gymnasiasten), trifft man auf die ersten Häuser der **Musterbahn.** In dieser Straße fand – nomen est omen – die Musterung des Bürgermilitärs statt. Obgleich nur das neoklassizistische Stadtpalais von 1887 denkmalgeschützt ist (Nr. 19), sieht doch das blau gestrichene, stuckverzierte daneben noch einen Zacken schöner aus. Dafür ist das erste älter, war ein Luntenhaus und erfüllte seine Aufgabe an der alten Stadtmauer.

Im **Innenhof des Doms** (Kreuzgang aus der Mitte des 13. Jh.), den man jetzt betreten kann, hängt das Skelett eines Pottwals. In einer Glasvitrine trauert es seiner Zeit als 14 m langer, 1,8 t schwerer Meeressäuger nach. Im Dezember 1997 strandete das Tier vor der dänischen Insel Rømø. Wer den Domhof auf sich wirken lassen und etwas trinken oder einen Kartoffelpuffer essen will, kann

Der ideale Ort für eine christliche Buchhandlung

auf den Stühlen des netten **Walbaumcafés** (Di–So 11–17 Uhr) Platz nehmen, eines Ausbildungscafés der AWO.

Bevor es ins Museum für Natur und Umwelt geht, kann man einen Abstecher zur Hausnummer 20 des **Mühlendamms** machen. Man erkennt dort eine klassizistische Fassade, die vor zwei Häuser gesetzt wurde. In einem wohnte der Torschließer des Mühlendamms, im anderen ein Pulvermacher. Aus der Ferne sieht man die Reste der Wallanlagen. Der niedliche See ist der **Mühlenteich**; er wird durch ein kompliziertes Stausystem von der Wakenitz gespeist. Von den alten Mühlen ist nicht mehr viel übrig, abgesehen von einem Restaurant gleichen Namens.

Museum für Natur und Umwelt

Dieses gerade für Kinder gut gemachte Museum hat die heimische Flora und Fauna im Sinn. Dabei wird im Erdgeschoss eine Zeit präsentiert, als die Gegend noch unter Wasser stand. Neben versteinerten Dreilappkrebsen (Trilobiten, ca. 540 Mio. Jahre alt) und zahlreichen anderen erdgeschichtlichen Funden ist ein versteinertes 11 Mio. Jahre altes Skelett eines Bartenwals aus dem Miozän zu sehen. Es wurde zwischen 1985 und 1989 in Groß Pampau bei Mölln mit drei anderen Walskeletten und dem Skelett eines Weißen Hais gefunden. Im ersten Stock („Im Reich des Wassermanns") erfährt man faszinierende Details zur Ökologie der Lübecker Region. Oder wussten Sie, dass es in der Ostsee Schweinswale gibt, die vom Aussterben bedroht sind? Ein fünfminütiger Film zur Wakenitz fängt die stille Stimmung auf dem „Amazonas des Nordens" ein. Nach einem Besuch des Hauses kennen Sie außerdem die sechs Möwenarten des deutschen Ostseeraums, die von ihren alltäglichen Erlebnissen mit dem homo sapiens erzählen. Wer mag, kann dann noch das

Junger Pottwal am Museum für Natur und Umwelt

niedliche Gepaddel der europäischen Sumpfschildkröten beobachten, die einzige heimische Schildkrötenart, die früher sogar als Fastenspeise erlaubt war ... Im zweiten, ein wenig vernachlässigten Stockwerk sind neben wechselnden Ausstellungen z. B. die Tätigkeiten in einem gläsernen Bienenstock zu sehen, dessen geflügelte Bewohner sich vom Vorgarten des Hauses ernähren.

Das Museum für Natur und Umwelt begeistert nicht nur durch seine Infos, sondern v. a. durch die spritzige Darbietung. Der museumspädagogische Ansatz für alle Sinne erlaubt Unterwasservideos, Musik, Lernspiele und sogar Sagen – und zeigt die Hansestadt als Naturerbe. Obwohl das ehemals naturhistorische Museum (1893) auf die längste Museumsgeschichte der Stadt zurückblickt und dem vor über 200 Jahren verstorbenen (Lübecker) Naturforscher Walbaum gewidmet ist – verstaubt ist hier nichts.

Musterbahn 8, ✆ 1224122, www.die-luebecker-museen.de. Di–Fr 9–17 Uhr, Sa/So 10–17 Uhr. Eintritt 6 €, erm. 3 €, Kinder (6–17 J.) 2 €, Familientickets für 1 Erw. mit beliebig vielen Kindern 7 €, für 2 Erw. 10 €.

Durch die Musterbahn

Um zum Anschluss an die nächste Etappe (oder direkt ins St.-Annen-Museum) zu gelangen, geht man die Musterbahn Richtung Nordosten, bis sie von der Mühlenstraße bzw. Mühlenbrücke gekreuzt wird. Auf dem Weg liegt das **Statius-von-Düren-Haus** (Nr. 3). Es erinnert an einen italienischen Palazzo mit zwei Loggien und den entsprechenden Säulenfiguren. Bedeutend sind v. a. die Terrakotten am Haus. Sie stammen aus der Renaissance und gelten als einige der wenigen erhaltenen Werke im norddeutschen Raum. Der hervorragende Terrakottabildhauer von Düren schmückte mit seiner Kunst z. B. das Schweriner Schloss, aber auch die Kaufmannshäuser der Hansestadt – sofern man sich diese Statussymbole leisten konnte. Wie man an Fehlbränden gefundener Terrakotten bewiesen hat, besaß der Meister eine Werkstatt in Lübeck. In einem Seitenarm des Innenhofs im St.-Annen-Museum finden sich weitere fein gearbeitete Beispiele aus den Jahren 1550/60.

Spaziergang 1 → Karte S. 65

Charmanter Blick über den Krähenteich in die östliche Altstadt

Spaziergang 2: St.-Annen-Museum, St. Aegidien und Hüxstraße

Dieser Spaziergang führt Sie von der mittelalterlichen Hochkultur zur vielleicht charmantesten Einkaufsstraße der Republik. Dabei geht es durch einen Altstadtteil, der von den Folgen des Krieges (bis auf eine kleine Ausnahme nordöstlich der Aegidienkirche) weitgehend verschont geblieben ist. Enge, gemütliche Gassen zeigen das angenehme, entspannte Lübeck. Kleine, einstöckige Häuser, teilweise in Fachwerk, verbreiten noch immer das Flair des einstigen Handwerkerviertels. Auch wer etwas über das jüdische Leben in der Stadt erfahren mag, befindet sich auf dem richtigen Weg.

Abstecher zum Mühlentorplatz

Bevor man im St.-Annen-Museum eine faszinierende Sammlung mittelalterlicher Kunst betritt, kann man von der Musterbahn aus der einstigen **Mühlentorbefestigung** nachspüren: 1242 erstmals erwähnt, riss man die Wehrbauten im Zuge der Entfestigung 1808–61 ab; nachgebaute Modelle (sofern nicht sicherheitsverwahrt aufgrund jugendlicher Attacken) sind in drei Schaukästen auf der rechten Seite der Mühlenbrücke zu sehen. Einen der repräsentativen Rundtürme des äußeren Mühlentors – mit breitem Schindelhelm – bauten die Nazis 1936 als Hochbunker nach. Er befindet sich, unweit seines einstigen Standortes, hinter der Mühlentorbrücke am Verkehrskreisel. Einst war die Nord-Süd-Achse Lübecks, von der Großen Burgstraße bis zum Mühlentorplatz, eine der wichtigsten Zugangsstraßen im Mittelalter. Sie führte als „alte Salzstraße" (→ Kasten S. 69) ins Herzogtum Lauenburg und nach Hamburg. Übrigens: 1240 wird das erste **Siechenhaus** mit Kapelle vor dem Mühlentor er-

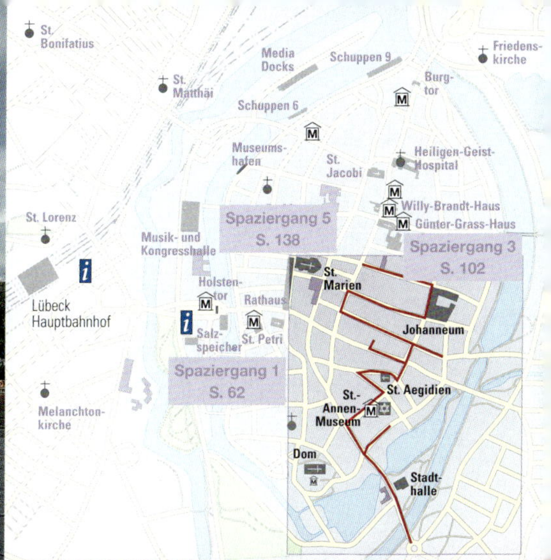

wähnt. Die mit „Aussatz“ (Lepra) Infizierten mussten aufgrund der Ansteckungsgefahr außerhalb der Stadt in Gemeinschaft leben und erbettelten sich von den Passanten einen geringen Wegzoll.

Am Mühlentorplatz hat man die Möglichkeit zu einem ausgedehnten Uferspaziergang. Wer etwas Zeit mitgebracht hat, kann die Innenstadtinsel auf den teilweise verschlungenen Wegen an den Rändern des Elbe-Lübeck-Kanals und seiner Seitenarme umrunden. Falls Sie Kinder haben, freuen sich diese an (jungen) Enten, Schwänen und Möwen, die zu füttern die Stadt jedoch streng verbietet …

Wer mag, kann auch die ehemaligen **Wallanlagen** „erklimmen“. Die einstigen, längst von der Natur zurückeroberten Schutzwälle dienen heute der Naherholung. Oder man wirft einen Blick auf die prächtige **Stadthalle,** in der sich ein höchst mittelmäßiger Italiener neben dem Multiplex **CineStar** (→ Kultur und Nachtleben, S. 41) niedergelassen hat.

Auf dem Rückweg ist es möglich, die Reste der **alten Stadtmauer** zu bewundern. Einfach beim (Event-)Restaurant Hacienda an der Mühlenbrücke nach unten gehen! Man hat einen schönen Blick auf den mittelalterlichen Rundbogen, das Altstadtbad Krähenteich und die Aegidienkirche (→ Spaziergang 2, S. 90). Wer die Stadtmauer aus der Nähe betrachten mag, der zweigt hinter der Brücke kurz in die selten befahrene, gemütliche Straße An der Mauer ab. Aus Nr. 47 ragt der Halbturm, doch auch die sich anschließenden Fachwerkhäuschen sind allerliebst.

Mühlenstraße

Die Hauptverkehrsader der Altstadt wird zum Zentrum hin eher unspannend. Auf jeden Fall riskiere man aber einen Blick auf die backsteinerne **Hauptturnhalle** (Nr. 74) im neogotischen Stil von 1891 schräg gegenüber einer beliebten Kneipe: dem **Alten Zolln** (→ Kultur und Nachtleben, S. 45). Falls Sie Lust auf ein deftiges Essen verspüren, können Sie hier einkehren. Denn:

Unterschätzen Sie die folgende Sehenswürdigkeit nicht! Im St.-Annen-Museum in der gleichnamigen Seitenstraße kann man Zeit und Hungergefühl vergessen …

St.-Annen-Museum und Kunsthalle

Was machte man im Mittelalter mit seinen unverheirateten Töchtern? Man steckte sie in ein Kloster. So ersparte man sich Gesichtsverlust und die Kosten für eine hohe Mitgift. Deshalb entstand auf Drängen von zwölf angesehenen Bürgern 1502–15 nach Plänen des Braunschweiger Architekten Synsingus Hesse ein zweites Frauenkloster (nach St. Johannis) in der ehemaligen Ridderstrate (wie die St.-Annen-Straße bis 1883 hieß). Dabei tat sich besonders Werner Buxtehude hervor – seine Motivation: Er hatte fünf Töchter … Doch nicht einmal 17 Jahre gaben sich die Jungfrauen den Regeln des Ordens hin. Eine zweite, gegenteilig ausgerichtete Initiative vertrieb mit der Durchsetzung der Reformation in Lübeck (1530–32) die Nonnen des Augustinerordens. Schnell verwandelte sich das Konvikt in ein Lager (u. a. für Kanonen), ab 1601 in ein Armen- und Arbeitshaus, später in ein Gefängnis und erst 1915 in ein Museum.

Museum

Was mittelalterliche Kunst betrifft, ist die Sammlung von (Schnitz-)Altären und sakralen Skulpturen in Deutschland einzigartig. Im südlichen, spätgotischen Kreuzgang, in dem man sich wie eine Figur aus „Der Name der Rose" fühlt, sticht die **Niendorfer Madonna** von 1420/25 aus dem Überangebot hervor. Die anmutige Figur, die aus einer flandrischen Werkstatt stammt und möglicherweise in der Petrikirche gestanden hatte, fand man 1926 in einer Scheune in Niendorf bei Travemünde. Der zweckentfremdete Aufenthalt hat der sandsteinernen Gottesmutter nicht geschadet; sie zieht die Betrachter noch heute dank ihrer zarten Gesichtszüge an. Dieser sog. weiche Stil verbreitete sich in Böhmen, Frankreich und Nordeuropa zwischen 1390 und 1430 und kann als Vorläufer der Renaissance gesehen werden.

Im Refektorium (Speisesaal) sieht man die Skulpturengruppe der **Klugen und Törichten Jungfrauen**, die einst in der Burgkirche ihren moralischen Auftrag an die Gläubigen weitergaben. Die in Stein gehauenen Damen (Flandern, 1400) beziehen sich auf eines der beliebtesten Gleichnisse des Mittelalters, das mit dem berühmten Satz endet: „Seid also wachsam! Denn ihr wisst weder den Tag noch die Stunde" (Mt 25,1–13).

Der Höhepunkt der Sammlung befindet sich im Kalefaktorium (Wärmestube): der **Memling-Altar** von 1491. Dabei handelt es sich um einen fünfflügeligen Klappaltar (Polyptychon), der äußerst plastisch die Leidensgeschichte Jesu erzählt. Er befand sich bis zum Fliegerangriff von 1942 in der Privatkapelle der Kaufmannsfamilie Greverade im Dom (→ Spaziergang 1, S. 278). Der mit Abstand bedeutendste Altar der Stadt – der deutsche Maler fertigte ihn wenige Jahre vor seinem Tod in Brügge – ist eines der schönsten Werke des Meisters überhaupt. Im selben Raum sind auch niederländische Prachtaltäre und Porträtmalereien aus der Zeit zwischen 1488 und 1520 ausgehängt, z. B. von Jacob van Utrecht. Zwei Wochen im Jahr kann man die Außengemälde dieser und anderer Altäre des einstigen Jungfrauenklosters bestaunen. Nach einem jahrhundertealten Brauch werden die Flügel 14 Tage vor Ostersamstag unter den sphärenhaften Klängen mittelalterlicher Instrumente in einem rituellen Akt umgeklappt.

Bibliophile fasziniert eine **Lübecker Bibel** aus der Frühdruckzeit (Inkunabelzeit).

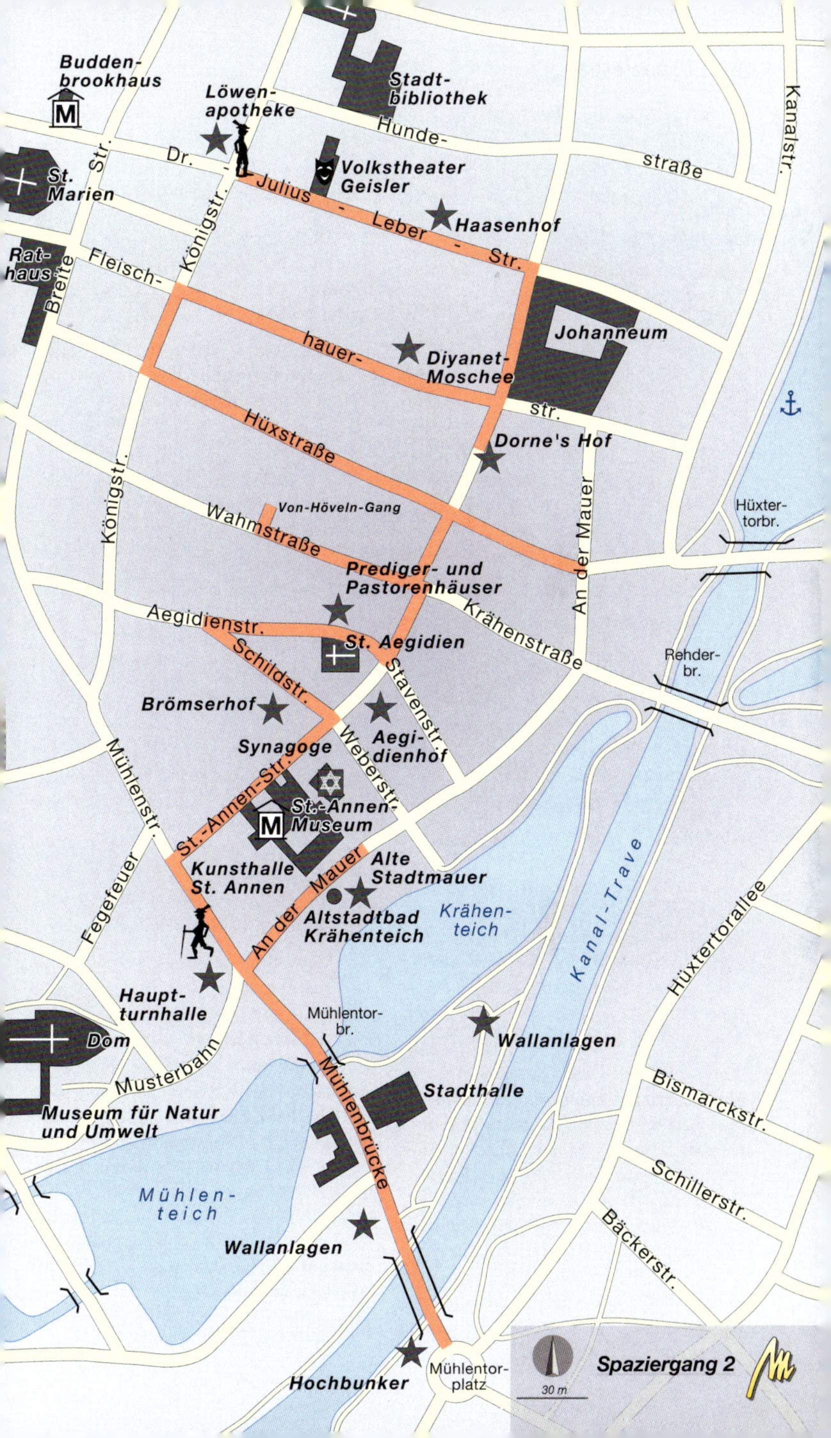

Budden-
brookhaus
Löwen-
apotheke
Stadt-
bibliothek
Hunde-
straße
Dr.
Julius - Leber - Str.
Volkstheater
Geisler
St.
Marien
Haasenhof
Rat-
haus
Breite
Str.
Königstr.
Fleisch-
hauer-
str.
Johanneum
Diyanet-
Moschee
Kanalstr.
Dorne's Hof
Hüxstraße
Von-Höveln-Gang
Wahmstraße
An der Mauer
Hüxter-
torbr.
Prediger- und
Pastorenhäuser
Aegidienstr.
Krähenstraße
St. Aegidien
Schildstr.
Rehder-
br.
Stavenstr.
Brömserhof
Aegi-
dienhof
Synagoge
Weberstr.
Mühlenstr.
St.-Annen-Str.
St.-Annen-
Museum
Kunsthalle
St. Annen
Alte
Stadtmauer
Fegefeuer
An der Mauer
Altstadtbad
Krähenteich
Krähen-
teich
Kanal-Trave
Hüxtertorallee
Haupt-
turnhalle
Mühlentor-
br.
Wallanlagen
Dom
Musterbahn
Mühlenbrücke
Stadthalle
Bismarckstr.
Museum für Natur
und Umwelt
Mühlen-
teich
Schillerstr.
Wallanlagen
Bäckerstr.
Hochbunker
Mühlentor-
platz
30 m
Spaziergang 2

Geglückter Mix aus Tradition und Moderne

1494 gedruckt, gehörte sie mit ihren 152 Holzschnitten zu den ersten Bilderbibeln des Ostseegebiets und war eine der wenigen deutschsprachigen Übersetzungen des Alten und Neuen Testaments vor der Reformation.

Im Innenhof findet man von Anfang April bis Mitte Oktober die Originalskulpturen der Puppenbrücke (in den Wintermonaten sind sie verdeckt) und in einem Seitengang Terrakotten von Statius von Düren. Eine abgedunkelte Kammer zeigt mit dem **Danziger Paramentenschatz** einige der kostbarsten liturgischen Gewänder des Mittelalters.

Andere Räume (von denen einige im Umbau begriffen sind) beschäftigen sich, teilweise in Wechselausstellungen, mit der Wohnkultur der Lübecker Bürger von 1600 bis 1800. Im Museum Behnhaus Drägerhaus (→ Spaziergang 3, S. 118) wird dieses Thema wesentlich spannender aufgefächert.

Kunsthalle

Die 2003 angegliederte moderne Kunsthalle stellt, baulich gesehen, einen ungewöhnlich geglückten Mix aus Tradition und Moderne dar: Sie wurde auf die Reste der 1843 heruntergebrannten Klosterkirche gesetzt und wirkt dank der eingezogenen Glasfronten sehr lebendig. In diesen Räumen wird Kunst aus der Zeit nach 1945 präsentiert. Die zwei schönsten Ausstellungsstücke sind schon im Eingangsbereich zu sehen: das „Holstentor“ (1980) von Andy Warhol und der „Wind“ (2008) von Günther Uecker.

Auf vier Stockwerken zeigen sich die Arbeiten einheimischer und ausländischer Künstler. Dabei wird der eigene Bestand jährlich mit vier bis sechs Sonderausstellungen bereichert. Doch auch die Lübecker Exponate brauchen sich nicht zu verstecken: Besonders im abstrakten Expressionismus bzw. der informellen und tachistischen Malerei ist die Sammlung stark – und darf auf Künstler wie Sigmar Polke, Arnulf Rainer, Alfred Hrdlička, Bernhard Heisig („Lob der gelegentlichen Unvernunft“, 1979/80) oder den in Lübeck geborenen und in Paris lebenden Peter-Wilhelm Klasen („Wagon Detail V“, 1978) zurückgreifen. Wer sich jetzt noch vom Vorsatz

„Ich will Kunst verstehen" verabschiedet, wird auch die berühmt-berüchtigten „Ohne Titel"-Gemälde aushalten, von denen einige – zugegeben – auch „Ohne Ausdruck" heißen könnten ... Nett: Man kann von den zeitgenössischen Räumen bequem in die historische Abteilung wechseln.

Im angegliederten Kunst-Café (11–17 Uhr) gibt es zwischen 11.30 und 14.30 Uhr wechselnde Mittagsgerichte der internationalen Küche (ca. 7 €), aber natürlich auch Cappuccino und Kuchen.

St.-Annen-Str. 15, ✆ 1224137, www.die-luebecker-museen.de. Jan.–März Di–So 11–17 Uhr, April–Dez. Di–So 10–17 Uhr. Eintritt 6 €, erm. 3 €, Kinder (6–17 J.) 2 €. Es gibt zwei öffentliche Führungen pro Monat: keine festen Termine, meist So um 11.30 Uhr, manchmal auch unter der Woche (→ Internet oder Flyer an der Kasse).

Synagoge

Das jüdische Gotteshaus in der St.-Annen-Straße ist eine der wenigen Synagogen – und die einzige in Schleswig-Holstein –, die in Nazideutschland nicht brennen mussten. Der Grund war die dichte Bebauung der Innenstadt, über die sich die Lübecker noch heute beklagen. In der Reichspogromnacht vom 9. auf den 10. November 1938 hatte sie klare Vorteile. Der braune Mob fürchtete einen Übergriff der Flammen auf die angrenzenden Häuser. Verschont wurde die 1880 eingeweihte Synagoge aber trotzdem nicht. Neben der Plünderung versündigte man sich u. a. 1941 beim Umbau des Gotteshauses in einen „Ritterhof" und missbrauchte die Räume z. B. als Turnhalle und Requisitenkammer des Theaters. Diese Fremdbesetzung war umso zynischer, als die Lübecker Juden seit der ersten Hälfte des 18. Jh. in vier Anläufen für eine Synagoge gekämpft, die Baukosten dank einer Lotterie und einem zinslosen Darlehen der Stadt gestemmt und schließlich das Kupfer der maurisch-arabesken Kuppel zugunsten der deutschen Kriegswirtschaft freiwillig im Ersten Weltkrieg gespendet hatten.

Erst ab Juni 1945 befand sich die Synagoge wieder in der Hand der jüdischen Gemeinde und erlangte 49 Jahre später

Spaziergang 2 → Karte S. 87

Eine der spannenden Sonderausstellungen in der Kunsthalle

Seltenes Schmuckstück jüdischer Kultur in Lübeck

erneut traurige Bekanntheit: Sie war die erste Synagoge Deutschlands, die nach der „Reichskristallnacht" einem Anschlag von Neonazis zum Opfer fiel – ein Verbrechen, das sich ein Jahr später sogar wiederholen sollte.

Heute ist das nach hinten versetzte Gebäude durch einen Metallzaun geschützt; immerhin besteht die Gemeinde wieder aus etwa 700 Mitgliedern. Im wiederhergestellten Gebetssaal kann man einen Blick auf rituelle Gegenstände werfen, wie z. B. vier Thorarollen und -schilder und die goldenen Schriftzeichen der blauen Innenseite der Kuppel („Drum wisse, vor wem du stehst."). Zudem informiert eine zwar kleine, aber aufschlussreiche Dauerausstellung über die Geschichte der jüdischen Gemeinde in Moisling bzw. Lübeck. So schrieben die Lübecker Nachrichten selbst am 10. September 1947 noch in naiv-menschenverachtender Weise: „Das letzte Mal, als wir solche Menschen sahen [gemeint sind Juden], liegt Jahre – wie viele eigentlich? – zurück. Dann verschwanden sie hinter Stacheldrähten der polnischen Ghettos oder der Konzentrationslager". Schön, dass sich inzwischen interessierte Lübecker und internationale Besucher ins Gästebuch eintragen! Man findet Einträge in Chinesisch, Hebräisch und sogar Afrikaans.

St.-Annen-Str. 11–13, ✆ 7982182, www.jg-luebeck.de/jg.html. **Dauerausstellung**: geöffnet Mi 14–17 Uhr, außerdem an zwei wechselnden Sonntagen im Monat (→ Aushang am Zaun!). Für eine Besichtigung außerhalb dieser Zeiten kann man telefonisch oder per Mail (museum@jg-luebeck.de) anfragen; Leonid Kogan antwortet schnell. Der Eintritt ist frei, eine kleine Spende erwünscht.

St. Aegidien

Zwischen Platanen und Linden, umrahmt von netten Werkmeister- und Pfarrhäusern, prägt die vielleicht charmanteste Lübecker Inselkirche die Silhouette des Sieben-Türme-Ensembles entscheidend mit. Klein, eng und atmosphärisch ist es im Inneren. Bis auf einige längst ausgebesserte Kratzer an Dach und Fenstern ist in der Aegidienkirche nämlich alles genau wie vorgestern.

Die Carlebachs

Salomon Carlebach (1845–1919), der Begründer dieser weitverzweigten Dynastie, kam als Gemeinderabbiner im Juli 1870 nach Lübeck kam – ein Amt, das er 49 Jahre lang ausfüllen sollte. 1872 heiratete er die Tochter seines Vorgängers, Esther Adler (1853–1920). Zwölf Kinder brachte die streitbare Frauenrechtlerin und erfolgreiche Gelegenheitsautorin (u. a. Ratgeber für jüdische Familien) bis 1889 auf die Welt. Sieben ihrer Kinder und Enkel sind bis heute als Rabbiner, Politiker, Professoren, Journalisten und Musiker national und international bekannt. Ehrungen in Israel, Großbritannien, Deutschland und den USA, wohin es die Familie auf der Flucht vor dem Holocaust verschlagen hatte, waren die Folge. Fast wundert man sich, dass es keine filmische Doku im Stile der „Manns" über diese hochinteressante Rabbinerfamilie gibt.

Ephraim Carlebach (1879–1936), mit dem Thomas Mann während seiner Schulzeit befreundet war, machte sich in Leipzig als Rabbiner und Gründer der Höheren Israelitischen Schule einen Namen. Sein Sohn Ezriel Carlebach (1909–56), ein provokanter Journalist, entkam nur knapp einem Attentat im Januar 1933 (der Täter schoss durch Ezriels Hut) und emigrierte 1936 nach Palästina. Er war es, der Albert Einstein in jenem berühmten Telegramm von 1952 eine Präsidentschaft im neu gegründeten Staat Israel vorschlug.

Als „singender Rabbi" ging Shlomo Carlebach (1920–94) in die Geschichte ein. Seinen religiösen Folkrock veröffentlichte der New Yorker auf mehr als 25 Alben. Künstlerischer Höhepunkt: 1963 spielte er an der Seite von Bob Dylan und Joan Baez auf einem Festival in San Francisco.

Emil Carlebach (1914–2001) machte als überzeugter kommunistischer Politiker von sich reden, Zeit seines Lebens leugnete er zum Beispiel die Verfolgung deutscher Kommunisten durch Stalin ... Während des NS-Regimes wurde er ins KZ Buchenwald verschleppt und beteiligte sich dort an dem Aufstand gegen die SS-Wachen im April 1945. Nach dem Zweiten Weltkrieg war er hessischer Landtagsabgeordnter und arbeitete an der hessischen Verfassung mit.

Der Manchester Rabbiner Felix Falk Carlebach (1911–2008) erhielt 1987 die Ehrenbürgerschaft in Lübeck, eine Auszeichnung, die neben ihm nur 18 Bürgern zuteil wurde – Adolf Hitler, Wilhelm Frick, Hermann Göring und Alfred Rosenberg strich man aus nachvollziehbaren Gründen von der Liste. Und Julius Carlebach (1920–2001), ein New Yorker Rabbiner, der auch in Cambridge und Bristol lehrte, bekam sogar das Bundesverdienstkreuz. Beide Cousins wurden für herausragende Leistungen an der deutsch-jüdischen Versöhnung geehrt.

Die letzte lebende Enkelin der Lübecker Dynastiegründer ist Miriam Gillis-Carlebach. 1922 in Hamburg geboren, emigrierte sie 1938 als 16-Jährige nach Palästina und arbeitet heute als Professorin für Pädagogik, Soziologie und jüdische Geschichte deutscher Herkunft in der Nähe von Tel Aviv.

Die kleinste der Lübecker Inselkirchen

1227 erstmals im ältesten Oberstadtbuch erwähnt, wird der spätromanische Bau in der ersten Hälfte des 14. Jh. dreischiffig und erhält Mitte des 15. Jh. einen Chor. Im Zuge der Reformation feierte man am 1. Mai 1530 in St. Aegidien das erste protestantische Abendmahl in der Hansestadt (→ S. 22).

1586/87 entstand der **Singechor**, von dessen Empore die Chorschüler das musikalische Wort in deutscher Sprache in die wissbegierigen Ohren der Gemeinde trällerten. Tönnies Evers d. J., ein bedeutender Bildschnitzer der Spätrenaissance, schuf ihn. Man beachte v. a. den geschwungenen Treppenaufgang, etwas versteckt hinter dem linken Pfeiler. Die detailliert herausgearbeiteten Figuren sollen die Vielfalt der menschlichen Welt darstellen. Am linken Pfeiler ist zudem eine Christusfigur aus der zweiten Hälfte des 13. Jh. angebracht, eines der ältesten Stücke der Kirche.

Nicht ganz so alt, dafür noch faszinierender sind die gotischen **Wandmalereien** im Chor. Laut Forschung ist der ganze Kirchensaal voll davon, aber leider fehlt bislang das nötige Kapital, um sie freizulegen. Immerhin wurden 1987 vier Szenen aus dem 15. Jh. aufwendig restauriert.

Am anderen Ende des Mittelschiffs trifft man auf eine wuchtige **Orgel**, die zwischen 1624 und 1626 entstand. Nach Plänen von Hans Scherer d. J. baute der Lübecker Michael Sommer den Hamburger Prospekt. Dabei stechen v. a. die fein gedrechselten Arbeiten von Baltzer Winne am Sockel hervor. Mit den Orgeln von St. Jakobi (→ Spaziergang 4, S. 130) ist sie eine der wenigen in Lübeck, die den Zweiten Weltkrieg überstanden hat. Sehenswert ist zudem die überbordend geschmückte **Taufanlage** von 1710, v. a. das Becken aus Bronze (1453), das von drei devoten Mönchen getragen wird.

Mit 4.300 Mitgliedern hat das kleinste Gotteshaus heute übrigens die größte Gemeinde der Altstadt.

Aegidienstr. 75, ✆ 705622, www.aegidienkirche-luebeck.de. Di–Sa 10–16 Uhr. Zur Adventszeit findet in St. Aegidien seit über 70

Jahren ein beliebtes Krippenspiel in niederdeutscher Sprache statt. Außerdem ist der zur Kirche gehörende **Lübecker Bach-Chor** (www.luebecker-bachchor.de) einer der herausragenden Oratorienchöre Norddeutschlands. Er führt chorsymphonische Werke aus allen Epochen auf, doch im Regelfall nur während hoher Gottesdienste.

Rund um St. Aegidien

Bevor man sich einem feinen Einkaufsbummel in der Altstadt hingibt, lohnt es sich, den **Aegidienhof** östlich der Kirche zu betreten. Mit bemerkenswerter Eigeninitiative und viel Engagement entstand hier – komplett ohne Großinvestor – das mit sechs Auszeichnungen prämierte größte soziale Wohnprojekt Schleswig-Holsteins: ein kleines Idyll in der Innenstadt. 1297 erstmals unter der Führung keuscher Beginen erwähnt, ist das Gelände seit der Jahrtausendwende wieder voll erschlossen. Das Relief mit zwei Waisenkindern an der Ecke zur Weberstraße erzählt von den altruistischen Überzeugungen der laikalen, ordensähnlichen Gemeinschaft. Auf den Mauern der Aegidien-, Michaelis- und Segebergkonvente lebt die gemeinnützige Idee heute weiter; (alleinstehende) Menschen mit und ohne Behinderung wohnen neben Familien, deren Kinder bei gutem Wetter über den Platz toben und die Kaninchen füttern.

In der Schildstr. 12–14, in der man den Spaziergang fortsetzt, sei die Aufmerksamkeit auf den glänzend sanierten **Brömserhof** gerichtet, ein palaisartiges, spätbarockes Gebäude. Das Haus, heute Sitz der Kulturverwaltung, stellte man auf die Überreste einer mittelalterlichen Hofanlage. Bei Nr. 22 kann man einen schönen Blick auf den 86 m hohen Turm der Aegidienkirche werfen: ein Motiv, das häufig auf Postkarten zu finden ist.

Läuft man über die Aegidienstraße zurück zur St.-Annen-Straße, sollte man sich die klassizistischen **Prediger- und Pastorenhäuser** mit den Nummern 75 und 77 nicht entgehen lassen.

Als Belohnung für den kleinen Umweg kann man sich im von zwölf Behinderten geführten **Marli-Café** belohnen. Geboten werden wechselnde, immer auch

Spaziergang 2 → Karte S. 87

Der Aegidienhof: ein architektonisch ausgezeichnetes Wohnprojekt

vegetarische Mittagsgerichte (12–15 Uhr) zu 5 € oder, wie es sich für eine sozial engagierte Lokalität gehört, fair gehandelter Kaffee mit Biobackwaren.

Abstecher zum Von-Höveln-Gang

Bevor es in die unspektakuläre Balauerfohr geht, quert man die Wahmstraße, die sich mit einer kleinen Besonderheit interessant macht.

Wo einst „Wagenmänner", also Menschen mit einem Pferdefuhrwerk, lebten, ist ein Armengang von 1481 zu sehen: der Von-Höveln-Gang (Nr. 75) oder „De nakede Hagen" (nakede = ärmlich; Hagen = Hof), wie er im Spätmittelalter hieß. Er glänzt v. a. durch seine drei Wappentafeln aus drei Jahrhunderten: Das linke Wappen aus Holz ist das älteste (1570), dann folgen das sandsteinerne rechts (1611) und die Tafel in der Mitte (1731).

Namensgeber des Ganges ist die Kaufmannsfamilie von Höveln, deren bekannte Alphatiere in Spätmittelalter und früher Neuzeit zwar wirtschaftlich erfolgreich waren, aber politisch eher zu den Unglücksraben zu zählen sind. Zwar gelang es Gotthard von Höveln 1589, Bürgermeister zu werden, doch er schaffte es nicht, die an Macht verlierende Hanse zu großen Zeiten zurückzuführen. Sein Namensvetter und Neffe kämpfte gegen den erstarkenden Einfluss der Bürgerschaft, erlebte aber wie sein Onkel eine Niederlage. Er zog daraus Konsequenzen – und arbeitete ab 1669 für den dänischen König.

Hüxstraße

Die vielleicht charmanteste Einkaufsstraße Deutschlands übertrifft in puncto Ausstrahlung die austauschbaren Shoppingviertel der großen Städte um Längen. Bei altehrwürdigen Antiquitätenhändlern, in feinen Boutiquen oder stylischen Schuhläden, aber auch dank eines Weltladens und der netten Azubibäckerei Junge können mannigfaltige Einkaufslüste gestillt werden.

120 kleine Geschäfte, darunter alteingesessene Handwerksbetriebe und Galerien, ergeben einen individuellen Mix, der in Deutschland wohl einzigartig ist – egal, ob man nach einem speziellen Druck- oder Designladen, einer homöopathischen Apotheke, großartigen Buchhandlungen (Nr. 55, 87) oder nur einem sehr guten Delikatess-Fischbrötchen (Nr. 23) sucht. Gäste aus dem Umland besuchen die Hansestadt nicht zuletzt wegen dieser 517 m langen und 8 m breiten Einkaufsstraße; sogar Hamburger wurden bereits gesichtet …

Und selbst für Besucher, die mit Shoppen wenig am Hut haben, ist es ein kleines Erlebnis, an den so persönlich und stilsicher eingerichteten Schaufenstern vorbeizuschlendern, wobei ein entspannter Kaffeeplausch genauso möglich ist wie ein gediegenes Candle-Light-Dinner zu zweit nach einem langen Lübecktag. Kulinarisch empfehlenswert sind das **La Vigna** und das mit wichtigen Auszeichnungen bedachte **Miera** (→ Essen und Trinken, S. 38 und 36), Letzteres verkauft zudem exquisite Delikatessen. Aber Vorsicht – die Preise sind nicht so vornehm wie der Geschmack …

Wer von der Balauerfohr in die „Hüx" einbiegt, sollte zunächst Richtung Hüxterdamm laufen. Im Lübeck des Mittelalters und der frühen Neuzeit gab es an die 180 **Brauhäuser,** von denen zehn im unteren Teil bis zur Hausnummer 60 in Betrieb waren. Was zuerst für den Eigenbedarf gedacht war, entwickelte sich im 14. Jh. zu einem Gewerbe und wurde spätestens im 16. Jh. ein florierender Wirtschaftszweig. Erst der schleichende Niedergang der autarken Stadt führte 1865 zur Auflösung der Brauereizunft. In einem dieser ehemaligen Großbetriebe (Nr. 115) gibt das **Theater Combinale**

Neu erbaut 1792
H: A.v.L.
H: G.H.v.K
ANNO 1731
CHRISTIAN
v. Höveln-Gang
75

seine schrägen Aufführungen (→ Kultur und Nachtleben, S. 42).

In einem anderen (Nr. 128) befindet sich ein – zumindest von außen – sehr schönes Studentenwohnheim.

Im Feinkostladen **Bom Dia** (Nr. 105) gibt es Delikatessen aus Spanien und Portugal; nach einem Glas Wein und einem Tapas-Teller lässt sich der Spaziergang beschwingt fortsetzen.

Ein mentalitätsgeschichtliches Muss bietet schließlich das Haus mit der Nr. 32: Es verrät viel über das Lübeck im 19. Jh., über die Fassadenexistenz reicher Kaufleute. Wie es sich gehört, finden sich Büsten von Goethe (rechts) und Schiller (links) plus eine schwer entzifferbare Inschrift über dem Portal. Die entscheidenden Verse lauten: „Dem Eigentümer sei durch Fleiß / Auch der Verdienst gegönnet / Wodurch er sich mit Achtung / Zu Lübeck Bürger nennet."

Seit den frühen 1990er-Jahren existiert die Interessengemeinschaft Hüxstraße GbR. Eine Folge davon sind Kernöffnungszeiten: Fast alle Geschäfte sind Mo–Fr 10–18 Uhr, Sa 10–14 Uhr geöffnet. Ferner organisiert die GbR Feste und Veranstaltungen, über die man sich auf www.die-huexstrasse.de informieren kann.

Fleischhauerstraße

Auf dem kleinen Abschnitt der Königstraße lädt das Eiscafé Venezia (→ Essen und Trinken, S. 40) zu einem (Kurz-)Besuch ein. Schräg gegenüber wurde die alteingesessene Buchhandelskette Weiland, die seit 1873 in Norddeutschland heimisch war, im November 2012 von einer anderen Buchhandelskette geschluckt. Mal sehen, ob die etwas zu kleine Leseecke und die sehr gut sortierten Regionalia weiterhin existieren.

Die Fleischhauerstraße, in die man nun abbiegt, ist zwar nicht ganz so spannend wie ihre südlich gelegene Parallelstraße, aber auch hier gibt es Lohnendes und Bestaunenswertes:

Bevor man in den unteren Teil der Straße einbiegt, kann man links einige Schritte nach oben gehen und auf der linken Seite den **Lübschen Laden** (Nr. 18) besuchen. Heike Malzahn führt

Charmant, niedlich und einen Hauch mondän: die Hüxstraße

ein nettes Sortiment mit „Lübecker Tüttelkram“ (Mo–Fr 10–18 Uhr, Sa 10–16 Uhr, Jan./Febr. Mo–Fr 10–14 Uhr); auch Stadtführungen können hier gebucht werden. Der expressionistische Klinkerbau (Nr. 25) von 1924 weiter unten, in dem heute ein cooler Schuhladen untergebracht ist, kann mit Terrakotten von Statius von Düren aus dem 16. Jh. prahlen.

Hungrige Suppenfans finden im **Suppentopf** (Nr. 36, → Essen und Trinken, S. 38) ihr Dorado. Gegenüber steht übrigens das Geburtshaus von Gustav Radbruch (Nr. 39, → Kasten S. 163). Junge Shopper greifen im **Cyro Line** (Nr. 49) zu hippen Shirts und Co., dazu legt samstags ein DJ auf. Die lässigen Motive werden auf Nachfrage binnen fünf Minuten auf ein Shirt gedruckt. Und im **Lübeckgeschenke** gegenüber (Nr. 44, Mo–Fr 11–18 Uhr, Sa 10–16 Uhr) werden Klein- und Großode mit ausdrucksstarken Stadtansichten des international renommierten Lübecker Fotografen Thomas Radbruch angeboten.

Die **Diyanet-Moschee,** die jüngste der drei (kleinen) Moscheen der Stadt, entstand im Millenniumsjahr und befindet sich in Nr. 55–57. Reich an Ornamenten, in türkiser Farbe, mit arabischen Schriftzügen und von vier Säulen getragen, steht sie 7.000 Muslimen offen, aber auch allen Reisenden (tägl. 9–22 Uhr). Die beiden anderen Gotteshäuser sind in der Hunde- und in der Mühlenstraße.

Hinter den Mauern der Hausnummer 67 hatte Thomas Mann die erste seiner drei Ehrenrunden zu absolvieren. Dr. Bussenius, der Institutsleiter des **Progymnasiums,** war nicht zufrieden – und Thomas rächte sich mit der satirischen Zeichnung eines peitschenschwingenden Wahnsinnigen, die er in „Wilmanns Deutsche Schulgrammatik“ kritzelte. Wie zum Trotz überlebte das klassizistische Gebäude den Zweiten Weltkrieg – im Gegensatz zum zerbombten Geburtshaus (→ Spaziergang 3, S. 114) des unglücklichen Eleven ...

Beeindruckend ist das **Kinderliteraturhaus** (Mo–Fr 10–18 Uhr, www.buecherpiraten.de) in Nr. 71, das größte in Deutschland mit eigenem Festival (!) und Benefiz-Buchladen. Im August 2011 gegründet, waren im ersten Jahr 7.000 Kinder und Jugendliche in den freundlichen Räumen des historischen Dielenhauses zu Gast, in denen auch drei Autoren und sechs Illustratoren um die Schönheit von Druckerzeugnissen für Heranwachsende kämpfen.

Für zwei Häuser bitte ich Sie noch, Ihr Haupt zu heben: Die nebeneinanderliegenden Häuser Nr. 76 und 78 faszinieren durch eine klassizistische Putz- und eine weiß glasierte Klinkerfassade, jeweils mit reichen Verzierungen. Die Nr. 78 war in der ersten Hälfte des 19. Jh. ein populärer Tanzsalon.

Eine der ältesten Straßen der Stadt findet man neuerdings auch online. Unter www.die-fleischhauer.de stellen sich die meist inhabergeführten, kleinen Läd(ch)en vor.

Dorne's Hof

Ein kurzer Abstecher in die Schlumacherstraße lohnt sich, auch wenn die Hausnummer 19 zu den Höfen gehört,

Das größte Kinderliteraturhaus der Republik – Respekt, Lübeck!

Willy Brandt war Schüler des Johanneums

die man nur von außen gesehen haben muss. Ab 1458 bot dieser älteste Stiftshof für 25 Obdachlose ein soziales Netz; die Kosten für Essen und Unterkunft finanzierten sich aus den Überschüssen der anderen Mieter. Was aus heutiger Sicht spannend ist: Bei dem Gebäude handelt es sich um das einzige erhaltene **gotische Traufenhaus** Lübecks. Nicht die Fassade, sondern die Längsseite ist der Straße zugewandt – eine Seltenheit. Das geschnitzte Kruzifix über dem Eingang trägt das Datum der Renovierung des Hofes.

St.-Johannis-Kloster und Johanneum

Der in Ockerfarben gehaltene Gebäudekomplex auf der rechten Seite der Straße Bei St. Johannis (Nr. 1–3) hat eine lange und komplizierte Geschichte hinter sich. Ab 1172 diente der Bau einem **Kloster** des Benediktinerordens. Dabei lief nicht immer alles nach (Ordens-) Schema F, denn im 13. Jh. nahm man erstmals neben Mönchen auch Nonnen auf, was zu „gravierende[n] innere[n] Schwierigkeiten" führte, so die Stiftungsverwaltung. Fortan stand das Johannis-Jungfrauen-Kloster als Zisterzienserorden nur noch den unverheirateten Töchtern einflussreicher Bürger und des Landadels offen, die Äbtissinnen rekrutierte man aus Familien des Rates. Im 19. Jh. nutzte man den südlichen Teil des Gebäudes für eine Dampfmühle, später als Hauptwache der Feuerwehr. Zu Beginn des 20. Jh. entstand an der Ecke Rosengarten/ Dr.-Julius-Leber-Straße eine verkleinerte Neuauflage der Klosteranlage, die bis heute ein Altersheim für alleinstehende Frauen ist.

Der nördliche Klostertrakt wurde 1906 zum Gymnasium **Johanneum.** Später kam auch der südliche Flügel in den Besitz dieser Traditionsschule, in dem zurzeit etwa 1.000 Schüler schwitzen. Einem ehemaligen Zögling ist sogar eine Gedenktafel gewidmet: Herbert Ernst Karl Frahm alias Willy Brandt drückte hier als Teenager die Schulbank, ein Karriereeinstieg, dem andere

Politiker (z. B. Björn Engholm) und Journalisten (z. B. Peter Voß) folgen sollten.

Dr.-Julius-Leber-Straße

Die einstige Johannisstraße ist nahezu komplett denkmalgeschützt und vereint viele Stile in sich: Besonders hervorzuheben ist der hervorragend renovierte **Haasenhof** (Nr. 37–39), ein kleines Schmuckstück für sich. Magdalena Elisabeth Haase stiftete in ihrem Testament einen großzügig angelegten Hof für bedürftige Kaufmanns-, Krämer-, Brauer- und Schifferwitwen – vielleicht, weil sich die Witwe eines Weinhändlers gut in die Betroffenen einfühlen konnte. Ein Blick hinter die barocken Fassaden der 1726–29 errichteten 13 Wohnungen lohnt sich, und das nicht nur wegen der Katzen, die wie in jedem der Lübecker Höfe auch hier herumstrolchen.

Sogar der Heimatstil ist in der Straßenzeile vertreten. Hinter dem vierstöckigen Bau mit dem Adler über der Eingangstür (Nr. 23) befand sich im 18. Jh. ein hochherrschaftliches Haus: Elf Zimmer, ein Saal, zehn Kammern und ein

Spaziergang 2 → Karte S. 87

Die Umbenennung einer Straße – zum Leben und Wirken von Dr. Julius Leber (1891–1945)

Lübeck ist keine Stadt, die gern ihre Straßen umbenennt. Während des Dritten Reichs gingen die Uhren anders: Die freie Fläche vor dem Holstentor wurde zum obligatorischen Adolf-Hitler-Platz ... Besser machte man es 1946, indem man die Johannisstraße in Dr.-Julius-Leber-Straße umtaufte. Warum? Es galt, den Vorsitzenden der Lübecker Sozialdemokraten zu ehren, der übrigens u. a. den jungen Willy Brandt förderte. Dass der weitsichtige Doktor der Wirtschafts- und Sozialwissenschaften auch ein heißblütiger Frauenheld und wilder Provokateur des Bürgertums gewesen ist, macht ihn sehr sympathisch. Lebers Lübecker Zeit begann 1921 als Chefredakteur des Lübecker Volksboten und Mitglied der Bürgerschaft. Der gebürtige Elsässer und Sohn eines Maurers war der nationalsozialistischen Bewegung sehr bald ein Dorn im Auge. Zum ersten Mal verhaftete man den streitbaren Politiker am 2. Februar 1933. Der Inhaftierung war eine nächtliche Messerstecherei vorausgegangen: Ein SA-Mann war aus Notwehr von einem Begleiter Lebers getötet worden. Auf die „Schutzhaft" reagierte die Arbeiterschaft mit Streik, weswegen man den beliebten Redner sehr schnell entließ. Einmal in den Fängen der Terrormaschinerie, kam er nicht mehr richtig heraus: Im März desselben Jahres nahmen ihn die Nazis vor der Berliner Kroll-Oper fest. So verhinderten sie die Stimme des Reichstagsabgeordneten gegen das Ermächtigungsgesetz. Vier Jahre verbrachte Leber daraufhin im Gefängnis und in den Konzentrationslagern Esterwegen und Sachsenhausen.

Weitere Widerstandsaktionen in den Jahren 1937–43 blieben wirkungslos. Trotzdem galt er in den Kreisen der Regimegegner weiterhin als Autorität: In Stauffenbergs Nachkriegsregierung war Leber sogar als Innenminister vorgesehen. 15 Tage vor dem Attentat vom 20. Juli 1944 wurde der populäre Vollblutrepublikaner erneut verhaftet und am 5. Januar 1945 von den Schergen des in seinen letzten Zuckungen liegenden Dritten Reichs in Berlin-Plötzensee erhängt.

historischer „Fuhrpark“ für ehemals zehn Pferde dienen jetzt einer Druckerei. Zuvor öffnet das **Volkstheater Geisler** dem Komödienfreund die Tore (→ Kultur und Nachtleben, S. 42). Das Highlight der Dr.-Julius-Leber-Straße ist allerdings – eine Apotheke.

Löwen-Apotheke

Dem Schriftsteller Erich Mühsam ist es zu verdanken, dass eines der ältesten Backsteinhäuser von Lübeck noch heute steht. Sein Lehrmeister, der Apotheker Adolf Brandt, hatte beschlossen, den Profanbau von 1230 abzureißen; er war unwirtschaftlich geworden. Mithilfe der Gesellschaft zur Beförderung gemeinnütziger Tätigkeit verfasste Mühsam 1899 als 21-Jähriger (!) anonyme Aufrufe – und sammelte 25.000 Goldmark. Das Haus, das erst ab 1812, also seit der Einführung der Gewerbefreiheit durch die Franzosen, als Apotheke genutzt wurde, konnte gerettet werden. Gegen die alliierten Bomben half dieses Engagement freilich wenig. Doch erneut fand sich ein Bewunderer: Der Architekt Carl Mühlenpfordt, kurz zuvor von Hitler geschasst, zog die übrig gebliebenen Mauern noch während des Krieges hoch. Die teilweise romanische Bausubstanz beherbergt bis heute eine Apotheke. Ein historisch dekoriertes Schaufenster an der Königstraße und die originale Einrichtung sind einen Blick wert.

Aber auch mit der Löwen-Apotheke verbundene Menschen haben z. T. Geschichte geschrieben. Zuerst machte der große Giebelbau durch eine Blaublütige von sich reden: 1375 übernachtete Kaiserin Elisabeth in dem Haus, das angeblich über eine Brücke mit dem gegenüberliegenden Eckhaus verbunden war, in dem ihr Mann logierte. Ein Schild in der Königstr. 41 feiert noch immer den Besuch Karls IV.

Friedlieb Ferdinand Runge, der z. B. Anilin und Phenol entdeckte – unentbehrliche Grundstoffe heutiger Arzneimittel –, absolvierte 1812–16 in diesen Räumen eine Apothekerlehre. Später sollte er auf Anraten von Goethe als erster Mensch das Koffein chemisch be-

Nicht nur medizinisch spannend: die Apotheke mit dem Löwen

schreiben; der Weimarer Klassiker und (Hobby-)Wissenschaftler sah darin ein geeignetes Gegenmittel zur Schwarzen Tollkirsche, na ja. Außerdem wurden zwei Töchter von Theodor Schorer, der die Apotheke 1862–92 führte, berühmt: Cornelia Schorer war eine der ersten Frauen in Deutschland, die Medizin studierte – und die erste promovierte Ärztin Lübecks. Ihre zwei Jahre jüngere Schwester Marie ging unter dem Künstlernamen Maria Slavona als eine der wichtigsten deutschen Impressionistinnen in die Geschichte ein.

Dr.-Julius-Leber-Str. 13, www.loewen-apotheke-luebeck.de. Mo–Fr 8.30–18.30 Uhr, Sa 10–16 Uhr.

Wer mag, kann jetzt über den höchsten Punkt der Innenstadt direkt in die Mengstraße zum Buddenbrookhaus laufen (→ Spaziergang 5, S. 145). Ansonsten geht es in der Königstraße weiter, um an den dritten Spaziergang anzuknüpfen.

Erich Mühsam (1878–1934)

Der in Berlin geborene und in Lübeck aufgewachsene Schriftsteller, Pazifist und Anarchist passte eigentlich so gar nicht in die ehrenwerte Kaufmannsstadt. Er engagierte sich bereits als Schüler für seine (linken) Ideale, was ihm prompt einen Rauswurf aus dem Katharineum einbrachte. Es sollte nicht die einzige Sanktion bleiben. Während seines zu kurzen Lebens erlitt der polemisch-geistreiche Bühnenautor („Die Psychologie der Erbtante", 1905) und witzig-skurrile Dichter („Der Revoluzzer", 1907) vier Inhaftierungen, von denen die letzte im KZ Oranienburg nach monatelanger Gefangenschaft und Folter am 10. Juli 1934 tödlich endete: Mühsam war seinem Leitspruch („Sich fügen heißt lügen") treu geblieben. Insgesamt verbrachte der radikale Provokateur, der sich „links von den Parteien" sah, über sieben Jahre hinter Gittern, während der Kaiser-, der Weimarer und der Nazizeit. Es bleibt ein perverser Zynismus seines Lebens, dass Mühsam einmal vorzeitig aus einer fünfzehnjährigen Festungshaft entlassen wurde: Die stattgegebene Generalamnestie galt Adolf Hitler.

Mühsam begann 1897 eine Apothekerlehre in Lübeck, ab 1901 arbeitete er als freier Schriftsteller in Berlin. Nach ausgedehnten Reisen (Zürich, Ascona, Paris, Wien) machte er sich durch zahlreiche Publikationen, darunter erste politische Streitschriften und kabarettistisch-aggressive Chansons, in der Schwabinger Bohème einen Namen. Er fungierte als Herausgeber zweier Zeitschriften („Kain – Zeitschrift für Menschlichkeit", „Fanal"), schrieb über (Außenseiter-)Themen wie „Die Homosexualität. Ein Beitrag zur Sittengeschichte unserer Zeit" (1903) oder „Das Standrecht in Bayern" (1923), trat als Novemberrevolutionär und Mitglied der bayerischen Räterepublik in die Öffentlichkeit und erlebte die Ermordung seines langjährigen Gesinnungsgenossen Gustav Landauer; oft geriet er zwischen alle Fronten, auch innerhalb des linken Parteienspektrums. „Dass Mühsam trotz seines streitbaren und rastlosen öffentlichen Engagements alles andere als ein fanatischer und verbitterter Politikaster war, sondern, in Caféhäusern ebenso zuhause wie in Arbeiterversammlungen, stets ein warmherziger und liebenswerter Menschenfreund und zärtlicher Ehemann, das kann man nachlesen in seinen ‚Unpolitischen Erinnerungen' (1927–29) und den postum veröffentlichten Gefängnisbriefen an seine Frau, verrät ein populäres Literaturlexikon.

Der Glandorps Hof ist der älteste der großen Stiftshöfe

Spaziergang 3: Günter-Grass-Haus, Willy-Brandt-Haus und Heiligen-Geist-Hospital

Der dritte Spaziergang führt Sie ins kulturelle Lübeck. Man kann ihn in 30 Minuten gehen – oder in vier Stunden. Attraktive Museen, allen voran das moderne Willy-Brandt-Haus (freier Eintritt!), zeigen, wie sich Lübeck als Kulturstadt etabliert hat. Im Museum Behnhaus Drägerhaus spürt man dem Selbstverständnis des (reichen) Bürgers nach; eine ausschweifende Galerie beschäftigt sich mit den Nazarenern, doch auch Edvard Munch unterhielt ein herzlich-monetäres Verhältnis zu Lübeck. Die kühle Katharinenkirche bietet Zuflucht an heißen Sommertagen, und die Literatur liegt dank Stadtbibliothek, Theater und Günter Grass quasi am Wegesrand. Und am Ende wartet eine Top-Sehenswürdigkeit: das Heiligen-Geist-Hospital am Koberg, ein mittelalterliches Krankenhaus.

Königstraße

Die dritte Etappe beginnt an der Ecke zur Dr.-Julius-Leber-Straße, an der **Löwen-Apotheke** (→ Spaziergang 2, S. 100). Schlendert man die Königstraße, die „Wirbelsäule“ der Stadt, Richtung Norden, stößt man auf einen neogotischen Bau des 19. Jh. Das Prunkgebäude, das ein wenig zu aufdringlich mit seinen vier Türmchen angibt, geht auf einen Entwurf von Max Hasak zurück, einem Architekten, der sich v. a. als Planer von Bankgebäuden hervortat. Das Gebäude war bald eine Filiale der Reichsbank, später Katasteramt und dient heute dem **Institut für Medizingeschichte und Wissenschaftsforschung** der Uni.

Stadtbekannt ist auch das **Filmhaus** (→ Kultur und Nachtleben, S. 42) di-

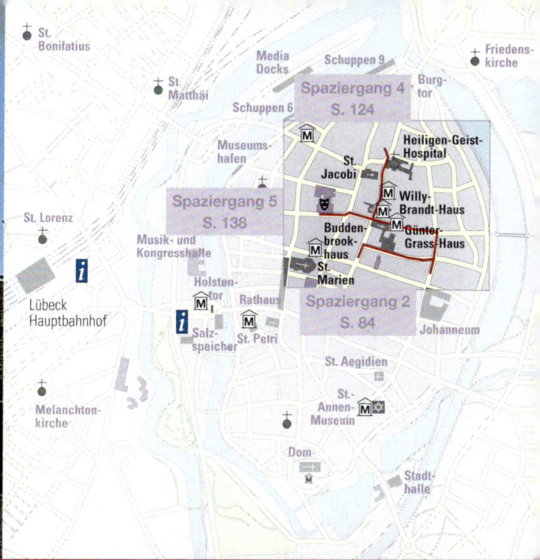

Günter-Grass-Haus, Willy-Brandt-Haus und Heiligen Geist Spital

rekt daneben. Das erklärte „andere Kino in Lübeck" zeigt neben den üblichen und nicht ganz so üblichen Armlehnenkrallern gewitzte Poetry-, Musik- und Kurzfilm-Slams – und manchmal lesen in Kino 1 Popliteraten à la Charlotte Roche oder Wiglaf Droste.

Katharineum

Das Vorzeigegymnasium der Stadt vis-à-vis (Nr. 27–31) ist überwiegend in den Gebäuden des ehemaligen Franziskanerklosters St. Katharinen aus dem 13. Jh. untergebracht. Es sollte – obwohl es von einem Bettelorden gegründet wurde – an das berühmte Benediktinerkloster auf dem Monte Cassino erinnern; Demut sieht anders aus ... Die ehrwürdigen Mauern fassten ab 1531 eine Gelehrtenschule, die erste städtische Lateinschule, die sich der höheren Bildung verschrieb und sogar Wohnungen für „Scholegesellen" sowie eine Bücherei betrieb. Zwei Umbauphasen im 19. Jh. gaben dem Katharineum sein neogotisches Aussehen. 2006 feierte man unter großem Tamtam das 475-jährige Bestehen der elitären Lehranstalt, die 1798 gerade einmal 27 Schüler besuchten. Inzwischen hat sich die Situation geändert: Alljährlich werden in

Mit Storm gegen die Karriere: Thomas Mann und das Katharineum

„Ein Lehrer drohte, zufällig nicht mir, sondern einem anderen Schüler, mit den Worten: ‚Ich werde dir deine Karriere schon verderben!' Am gleichen Tage las ich bei Storm den Spruch: ‚Was du immer kannst, zu werden, scheue Arbeit nicht und Wachen, aber hüte deine Seele vor dem Karrieremachen.' Da wußte ich, daß die Lehrer meine Erzieher nicht waren, sondern mittlere Beamte, und daß ich meine Erzieher anderswo zu suchen hätte, nämlich in der Sphäre des Geistes und der Dichtung." (Aus „Was war uns die Schule", 1930)

Einer der schönsten Straßenzüge: die Hundestraße

diesem Gebäude an die 950 Gymnasiasten aufs Abitur vorbereitet.

Der Name der alten Schutzheiligen ist geblieben – und passt bis heute. Katharina von Alexandrien ist eine der 14 katholischen Nothelfer, die bei Leiden der Zunge und Sprachschwierigkeiten anzurufen sind: die ideale Heilige für ein humanistisches Gymnasium!

Die Liste bekannter Schüler ist lang: Sie reicht von den Brüdern Mann und Theodor Storm über Werner von Siemens bis hin zu Gustav Radbruch und Hans Blumenberg. Eingang in die Literatur fand die Schule durch Thomas Manns „Buddenbrooks“ und Heinrich Manns „Professor Unrat“. Auf dem ehemaligen Klostergrund befinden sich noch heute Stadtbibliothek und Katharinenkirche (→ S. 105 und 112).

Hundestraße

Bevor man sich die Katharinenkirche vornimmt, lohnt ein Umweg über die Hundestraße. Dort, wo einst ärmere Leute lebten, zeigt sich inzwischen eines der nettesten Sträßlein Lübecks: in Kriegszeiten unzerstört, mit Häusern, die zum Teil skurrile Geschichten zu erzählen haben.

Hinter dem klassizistischen Giebel von Nr. 17 (heute zur Stadtbibliothek gehörend) wohnten die erfolgsverwöhnten Bildschnitzmeister **Tönnies Evers** der Ältere (geb. um 1530, gest. nach 1580) und der Jüngere (1550–1613). Der Junge kreierte z. B. die Singechöre in Petrikirche (inzwischen abgebrochen) und Aegidienkirche (→ Spaziergang 2, S. 90). Sein Vater hatte sich u. a. um die Vertäfelung des Ratssaales gekümmert, von der leider nur noch die zweiflügelige Renaissancetür erhalten ist (→ Spaziergang 5, S. 154).

Noch interessanter ist das Gebäude nebenan (Nr. 19–23). Hier wirkten zwischen 1554 und 1588 zwei Drucker. **Johann Bal(l)horn der Jüngere** wurde dank zweifelhafter Korrekturen sogar unsterblich, sein Nachname geriet zur Floskel. Was war geschehen? Der Büchermacher veröffentlichte 1586 eine aktualisierte Fassung des Lübecker

Stadtrechts. Man verteilte sie, wie üblich, an die umliegenden Städte. So weit, so gut – doch leider hatten zwei Ratsjuristen das Werk „verschlimmbessert“. Die allzu offensichtlichen Mängel kreidete man aber nicht ihnen, sondern Herrn Bal(l)horn an: Sein Name prangte auf dem Cover ... Noch heute verwendet man das schon damals sprichwörtliche „verballhornen“ (oder „ballhornisieren“), wenn ein Sachverhalt aus Unkenntnis oder zur Parodie entstellt ist.

Wo früher ein Frauencafé und -hotel gewesen war – als Vertreter der Spezies Mann durfte man nur als Handwerker eintreten –, hat sich heute das **Café Ballhorn** niedergelassen (Mittagstisch zwischen 12 und 15 Uhr, 5–10 €).

Stadtbibliothek

In unmittelbarer Nähe, gegenüber der Parteizentrale der Linken, befindet sich die Stadtbibliothek. Johannes

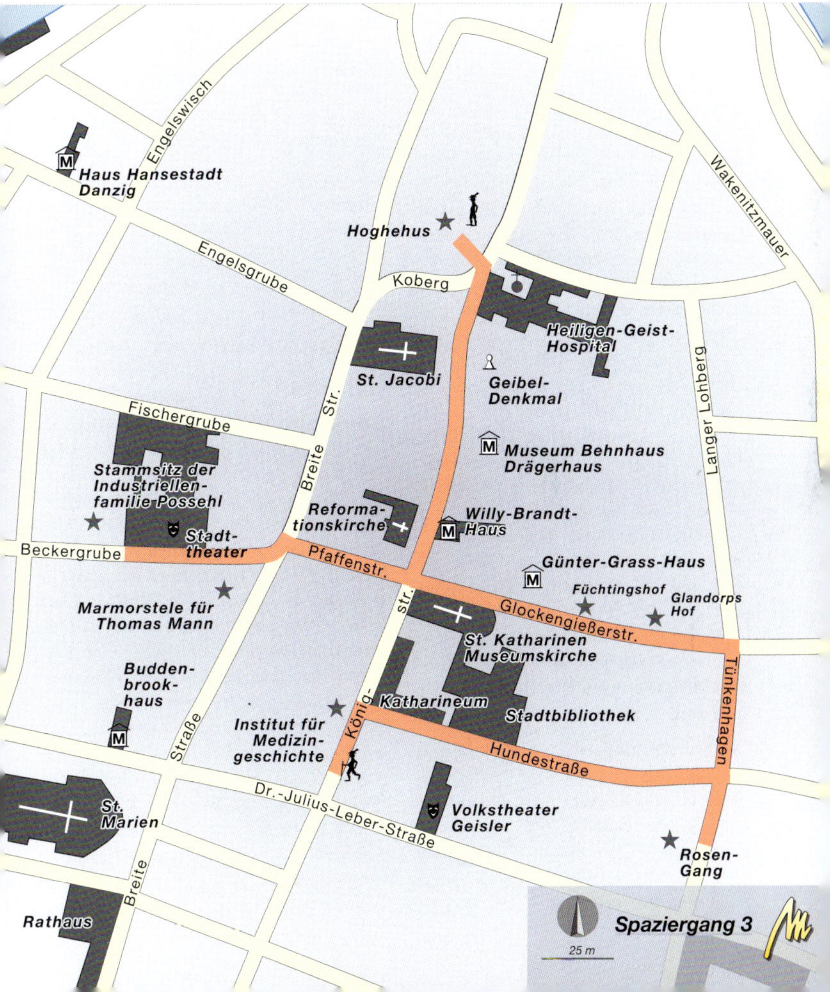

Bugenhagen, der für Lübeck ein Regelwerk der Reformation verfasste, empfahl 1531 eine erste Sammlung. Doch erst knapp 100 Jahre später wurde die Bücherei auch öffentlich – und enorm erweitert. Luthers Kollegen würde es sicher freuen, dass sich in der Zwischenzeit jährlich an die 20.000 Leser aus einem Bestand von knapp 1,1 Mio. Exemplaren bedienen. Leider fehlen von den wertvollsten Stücken noch etwa 20.000 Bände. Nach dem Bombenangriff von 1942 brachte man 28.000 Inkunabeln und alte Handschriften zur Sicherheit nach Sachsen-Anhalt. Nach dem Krieg verschwanden sie auf verschlungenen Wegen in der UdSSR.

Im Foyer befinden sich manchmal kleine Schaukastenausstellungen zu wechselnden Lübecker Themen. Spannend sind v. a. die historischen Räume der Bibliothek, allen voran der **Scharbausaal.** Hier eröffnete zwischen 1616 und 1622 die frühbarocke „Bibliotheca publica". Noch heute sind die kunstvoll geschnitzten Eichenregale und ein Ausschnitt der mittelalterlichen Bodenfliesen zu sehen. Einer der alten Bücherschätze ist das „Rudimentum novitiorum", das 1475 bei Lukas Brandis in Lübeck herauskam. Der fast 1.000 Seiten starke Schmöker der Welt- und Heilsgeschichte (ein Lehrbuch für angehende Mönche) war das erste in Nordeuropa gedruckte Buch. Darin befindet sich die berühmte Darstellung von Lübeck als Großbaustelle des Mittelalters; außerdem eine Grafik der Welt als Scheibe. Leider ist der mittelalterliche Kodex im Handschriftenlager versteckt – und nur nach langwieriger Anmeldung zu besichtigen.

Der **Konsistorialsaal** (mit 6.000 Bänden des büchersammelnden Theologen Heinrich Scharbau), der **Mantelsaal** (mit seiner Galerie, die als inneres „Stahlkorsett" zur Stabilisierung dient) und der **Kirchenvorraum** (mit Engelmalereien im Deckengewölbe) sind wie der Scharbausaal nur im Rahmen einer Führung zugänglich. Lediglich der **Willy-Pieth-Lesesaal** ist ohne Umschweife zu betreten. Selbstverständlich übermalten die Nationalsozialisten die expressionistischen Fresken von Ervin Bossányi, einem ungarischen Meister, mit – wie sollte es anders ein? – brauner Farbe. Heute sind die Allegorien, z. B. die der Inspiration oder der geistigen Arbeit, wieder freigelegt und restauriert, wenn auch lange nicht mehr so leuchtend wie einst. Warum? Bossányi bestand darauf, die zerstörten Teile als Mahnung zu konservieren.

Hundestr. 5–17, ✆ 1224114, www.stadtbibliothek.luebeck.de. Mo–Fr 10–19 Uhr, Sa 9–13 Uhr. Jeden ersten Mittwoch im Monat gibt es um 17.30 Uhr eine kostenlose, etwa einstündige Führung durch die historischen Räume. Neben schweinsledernen Büchern entdeckt man einen uralten Globus – ohne Australien. Unregelmäßig finden auch Lesungen mit etablierten Autoren statt. Außerdem wird in einem der historischen Säle zweijährlich der Thomas-Mann-Preis vergeben.

Rosengarten und Tünkenhagen

Schön ist es im **Rosengarten,** der von der Hundestraße abzweigt – Fachwerk (Nr. 1–3), Klassizismus (Nr. 2), Rokoko (Nr. 4) und Renaissance (Nr. 5) stehen hier dicht an dicht in der Nähe eines wunderbar ockerfarbenen Eckhauses von 1659. Und sogar einen schnuckeligen **Rosen-Gang** (Mo–Sa 8–18 Uhr) gibt es, der seinem Namen in den Sommermonaten alle Ehre macht. Von hier kann man die Spitzen von St. Marien (→ Spaziergang 5, S. 148) sehen – was nicht nur im Mittelalter begehrt war. Wolfgang Tschechne, Ex-Feuilletonleiter der LN: „Der Lübecker, wenn er den Anspruch erhebt, Wert und Ehre seiner Stadt zu verkörpern, sollte so wohnen, dass er stets einen der sieben Türme vor Augen hat – am besten die beiden Türme der Marienkirche." Na dann!

Lübecker Gänge und Höfe

Eine charmante Besonderheit der Lübecker Altstadtinsel sind die herrlich renovierten Höfe und niedlichen, kleinen Gänge, die hinter ungezählten Fassaden liegen und manchmal nette Abkürzungen von einer Straße zur anderen bieten. Was heute so gemütlich aussieht, war im Mittelalter harte Realität. Tagelöhner, Matrosen, alleinstehende Frauen und Witwen lebten in den zunächst hölzernen, sehr schlichten Buden („hagen“) mit gemeinsamer Latrine und offenen Herdstellen, die in den Hinterhöfen der besser Betuchten errichtet wurden. Der Hintergrund dafür war, wie so oft, ein praktischer: Lübeck hatte schon immer ein Platzproblem. Steigende Bevölkerungszahlen („Stadtluft macht frei!“) begünstigten dieses städtebauliche Phänomen, das in Lübeck für das 14. Jh. überliefert ist und sich v. a. im Gürtel der Altstadt niedergeschlagen hat. Manche der Bewohner waren sogar so arm, dass sie mietfrei logieren mussten. Einzige Bedingung: Sie hatten für das Seelenheil ihrer großzügigen Hausherren zu beten … Aus einigen der sog. Armengänge wurden nach der Reformation die Stiftshöfe reicher Spender. Sie dienten unverheirateten Töchtern oder ehrwürdigen Witwen als Unterkünfte. Heute sind die Gänge und Stiftshöfe begehrte Wohnflächen.

Kleine Idylle im Rosen-Gang

Von den ursprünglich 180 Gängen und (Stifts-)Höfen gibt es noch immer 90, die meisten sind frei zugänglich. Die Spaziergänge in diesem Buch führen zu den wichtigsten und schönsten, z. B. zum Sievers Thorweg und dem Bäcker-Gang in der Engelsgrube (Spaziergang 4, S. 134) sowie zum Glandorps Hof und dem Füchtingshof in der Glockengießerstraße (Spaziergang 3, S. 108/109). Diese „Oasen der Ruhe“ und sehr beliebten „kleinen Idyllen“, wie sie in einigen Büchern zu Recht genannt werden, sind in der Hochsaison leicht gefährdet. Wenn täglich bis zu 20 Touristengruppen durch die Gänge jagen, fühlen sich die im Hinterhof sitzenden, Kaffee trinkenden Bewohner bisweilen ein wenig wie im Zoo und klagen über den Müll, den die Besucher zurücklassen. Man sollte sich also besser nicht die Nase an den Fensterscheiben der freundlich dekorierten, liebevoll mit rankenden Rosen verzierten Fenster platt drücken. Einige der Durchgänge sind außerdem ein wenig eng, und manchmal muss man den Kopf einziehen. Die selbst von der Touristinformation kolportierte Story, nach der durch die kleinen Tunnel gerade noch ein Sarg passen musste, ist allerdings eine hartnäckige Stadtlegende. In der Mangelgesellschaft des Mittelalters war es wichtig, den Wohnraum auszudehnen – zudem besaßen die wenigsten Hofbewohner das nötige Kleingeld für eine Totenkiste …

Wie dem auch sei – wer mag, kann heute in einigen der Häuschen relativ günstig und äußerst stilecht übernachten (→ Übernachten, S. 29).

Ebenfalls angenehm ist der **Tünkenhagen,** v. a. wenn die verschiedenen Baustile in warmes Frühsommerlicht getaucht sind. Der ungewöhnliche Straßenname geht auf Johann Tunneken zurück, der ab 1294 Eigentümer eines Grundstückes war, das fast die gesamte linke Bürgersteigseite einschloss.

Glockengießerstraße

Wenn man vom Tünkenhagen rechts in die Glockengießerstraße abbiegen würde, käme man nicht nur zum einzigen rein vegetarischen Bio-Schuppen, dem **Affenbrot** (→ Essen und Trinken, S. 39), sondern auch zu einer Fußgängerbrücke, die zum drittschönsten Stadtteil (nach Zentrum und Travemünde) führt: nach St. Jürgen (→ S. 164). Dort liegt am Ende der Straße An der Falkenwiese der **Lübecker Schulgarten**: ein botanisches Lehrgelände, das bis 1913 zurückreicht und an die Wakenitz grenzt. Wer etwas weiter südlich läuft, kommt zu meinem „Lieblingsinder" Gandhi (→ Essen und Trinken, S. 38).

Ohne diesen entspannten Schlenkerer stößt man links Richtung Innenstadt auf die älteste Bäckerei der Republik: das **Freibackhaus** (→ Lübeck in Stichworten/Bäckereien). Seit 1298 – in anderen Quellen ist von 1313 die Rede – wird in den historisch aufgeladenen Räumlichkeiten mit der Nummer 42 geknetet, geformt und gebacken. Während man das Getreide früher im Dachraum lagerte, kommen die Zutaten heute aus Bioland- und Demeter-Höfen. Der Name der Vollkornstube spielt auf ein historisches Scharmützel aus dem 16. Jh. an. Weil die Lübecker Bäcker ihre Monopolstellung weidlich ausnutzten und die Brötchen immer kleiner machten, setzte der Rat vier Freibäcker ein. Deren Brote wurden fortan überwacht – spätmittelalterliches Qualitätsmanagement.

1979 holte der **Glandorps Hof** (Zugang über Nr. 49) den Preis des Bundes Deutscher Architekten. Zu Recht, denn der älteste der großen Stiftshöfe ist sehr großzügig gestaltet, wunderschön angelegt und kann die Besucher mit Wappentafeln über den Türen sowie einer

Des Multimillionärs Füchtings Hinterhof

sich anschließenden Rasenfläche samt Beeten für sich gewinnen. Der Ratsherr Johann Glandorp ließ ihn 1603 für in Not geratene Witwen einrichten.

Die Stifter hatten mit Sicherheit einen sozialen Impetus. Doch sie feierten sich auch gerne selbst, wie man am frühbarocken Sandsteinportal des **Füchtingshofes** von 1639 erkennt (Nr. 25, tägl. 9–12 und 15–18 Uhr). Es wurde geklotzt, nicht gekleckert – das unzugängliche Zimmer des Vorstehers war eines der wertvollsten im damaligen Lübeck (mit Fliesenboden und Keramikofen). Aber wen wundert's: Der Schonenfahrer Johann Füchting (1571–1637) war, auf heutige Verhältnisse umgerechnet, Multimillionär und stiftete in seinem Testament 80.000 Mark Lübsch für den Hof, der in den Endwehen des Dreißigjährigen Krieges entstand. Noch immer stehen die in zartem Altrosa gehaltenen Räumlichkeiten alten Menschen zur Verfügung.

Auf der anderen Gehwegseite befindet sich die angenehme **Weinstube Haase** (→ Essen und Trinken, S. 37).

Falls Sie nach einer Besichtigung des Günter-Grass-Hauses (s. u.) die Lust auf ein kühles Blondes verspüren, können Sie einige Häuser weiter in **Buthmanns Bierstube** (Nr. 3) zuschlagen. Angeblich sucht sogar der Herr Nobelpreisträger die verqualmte Spelunke auf; zumindest gibt es im Gastraum ein Bild von ihm. Aber Vorsicht – das Buthmanns hat trotz aller Patina (man kann sogar Soleier bestellen) den Charme einer besseren Eckkneipe und die kettenrauchenden Gäste sind gern unter sich!

Günter-Grass-Haus

„Entsetzt sehen wir, dass der Kapitalismus, seitdem sein Bruder, der Sozialismus, für tot erklärt wurde, vom Größenwahn bewegt ist und sich ungehemmt auszutoben begonnen hat." Für

Einkaufstipp

Wer ein besonderes Mitbringsel sucht, wird vielleicht im **WeinCastell** von Kurt Thater fündig (direkt neben dem Günter-Grass-Haus in der Glockengießerstr. 19, ✆ 793679, www.weincastell-luebeck.de, Mo–Fr 12–19 Uhr, Sa 11–14 Uhr). Die vorwiegend italienischen Weine, für die Günter Grass 17 Etiketten gestaltet hat, sind von guter Qualität und wurden zwischen 2002 und 2010 von Künstler und Inhaber ausgewählt. Nicht nobelpreisverdächtig, aber amüsant sind die Namen der roten und weißen Tropfen, die für etwa 10 € zu haben sind (z. B. „Der Butt will schwimmen" oder „Diese Kröte kann man schlucken") – und selbstverständlich auf berühmte Romane des Meisters der Selbstvermarktung anspielen.

solche Sätze liebt und hasst man ihn. Günter Grass war das Gewissen Deutschlands – und will es noch immer sein (nachdem sich das Rauschen im Blätterwald über den verführbaren Teenager wieder gelegt hat). Zum zehnjährigen Bestehen des Hauses wurde die kleine, feine Werkschau im Oktober 2012 neu konzipiert – und noch einmal ein gutes Stück attraktiver gestaltet. Für den passenden Einstieg sorgt neuerdings eine Zitatewand, auf der – das spricht unbedingt für das ironiegesättigte Selbstverständnis des Namensgebers – sogar Franz Josef Strauß und Karl Lagerfeld kritikasternd zu Wort kommen.

Nach dem winzigen Innenhof mit dem „Butt im Griff" (Bronze, 2002) gelangt man ins Hauptgebäude, wo es noch immer um die Doppelbegabung des Sprachanarchisten und bekennenden SPDlers geht, der neben großer Literatur auch eindrucksvolle Zeichnungen, Aquarelle, Skulpturen und – wie passend für Grass! – Ätzradierungen

Spaziergang 3 → Karte S. 105

geschaffen hat. Sehr schön sind die zahlreichen Touchscreens mit spannenden Original-Hörangeboten und kleinen, auch boulevardesken Einspielern. Darin geht es z. B. um die Auseinandersetzung mit der Shoa, aber auch ganz handfest um Skandale, die den Menschen hinter der Kunst immer verfolgen werden – wenngleich sie sicherlich nicht ganz unerwünscht sind, sieht man pragmatisch auf Verkaufszahlen; außerdem erfährt man viel über die Prüderie der Adenauer-Epoche ... Der Wunsch des engagierten Museumsleiters, auch bildungsfernere Schichten anzusprechen, wird durch einige ein wenig zu intellektuell geratene Erklärungen leider nicht komplett erfüllt. Dafür gibt es einen Kuriositätenscreen, der sich mit höchst abseitigen und deshalb amüsanten Themen im Grass'schen Kosmos beschäftigt: Oder wussten Sie, dass man einen Asteroiden nach GG benannt hat und zwölf Unterschriften des Blechtrommlers soviel wert waren wie ein Autogramm von Heintje? Und selbst die Schlümpfe und McDonald's kommen bei dem von Salman Rushdie verehrten Schriftsteller vor.

Neu überarbeitet und trotzdem voller Originale: das Günter-Grass-Haus

Das Obergeschoss zeigt Sonderausstellungen mehrfach begabter Künstler. Wer einige der fotografischen und malerischen Arbeiten ehemaliger Ausstellungen sehen möchte, kann diesem Verlangen in einer kleinen Kammer neben der Treppe nachgehen – und digitalisierte Werke von z. B. Hermann Hesse, Arno Schmidt, Robert Gernhardt und Janosch finden.

Insgesamt ist die gerade mal 240 qm kleine Ausstellung immer einen (Kurz-) Besuch wert. Oder anders ausgedrückt: Das Werk und das Weltbild eines Mannes, dem gerne Pornografie und Blasphemie und aktuell sogar Antisemitismus vorgeworfen werden, hat uns immer etwas zu sagen – zumal man hier keine Angst hat, auch die Schwächen des Nobelpreisträgers zumindest anzudeuten. Respekt!

Über einen Garten gelangt man ins kostenfreie Willy-Brandt-Haus (→ Spaziergang 3, S. 117), dem ich mich im Rahmen dieses Spaziergangs noch ausführlich widmen werde.

Glockengießerstr. 21, ✆ 1224230, www.grass-haus.de. Jan.–März Di–So 11–17 Uhr, April–Dez. tägl. 10–17 Uhr. Eintritt 6 €, erm. 3 €, Kinder (6–17 J.) 2,50 €. Jeden 1. Samstag im Monat findet um 15.30 Uhr eine öffentliche Führung statt (10 €). Außerdem gibt es mittwochs um 14 Uhr eine etwa eineinhalbstündige Kombiführung vom Buddenbrook- zum Günter-Grass-Haus – und zwar zum gleichen Preis. Lesungen mit bekannten Autoren oder NDR-Aufnahmen mit dem Namensgeber des Museums finden unregelmäßig im ersten Stock statt.

Günter Grass

Zwar nicht in Lübeck geboren, doch mit der Stadt verbunden, fühlt sich Günter Grass. „Lübeck hat sehr viel Ähnlichkeit mit Danzig vor der Zerstörung", erklärt Grass der ansässigen Zeitung anlässlich seines 80. Geburtstages. „Wenn man seine Heimat verloren hat, sucht man sich gern Regionen, in denen es ähnlich aussieht." Die umstrittene Moralinstanz, das wechselhafte Gewissen Deutschlands, der politische Bürger, selbstgerechte Redner und verdiente Nobelpreisträger wohnt seit 1995 in der Nähe Lübecks, im 24 km entfernten Behlendorf, und hat seit 2002 ein Sekretariat in der Glockengießerstr. 21. Das nach ihm benannte Museum „ist somit nicht an beliebiger Stelle entstanden, sondern an einem Ort, der einen Bezug zu Grass hat" und an dem sich der Autor, nach Angaben der Initiatoren, „häufig aufhält".

Das Museum des Literaturnobelpreisträgers

In Danzig-Langfuhr am 16.10.1927 als Sohn eines Kolonialwarenhändlers geboren, wird der Steinmetz, Grafiker und Bildhauer dank des imposanten Romans „Die Blechtrommel" (1959) einer der berühmtesten Schriftsteller deutscher Zunge. Von damals bis heute vermischen sich private, politische und künstlerische Erfolge und Krisen. Ab 1961 macht er Gebrauch von der Pflicht zur Einmischung und beteiligt sich – auf eigene Kosten! – bei weit über 100 Wahlveranstaltungen für die SPD, v. a. zur Unterstützung des Lübeckers Willy Brandt. Obwohl Grass 1993 aus der SPD austritt, setzt er sich immer wieder für mehr Demokratie und soziale Gerechtigkeit ein; die Themen zahlreicher Werke – auch die seiner bisweilen herausragenden bildenden Kunst – handeln nicht mehr nur von der (NS-)Vergangenheit, sondern auch vom Elend der Dritten Welt und der globalen Umweltzerstörung. In seinem langen Leben ist der Lyriker, Dramatiker und Romancier ein Mitglied der Gruppe 47, sah zahlreiche Verfilmungen seiner Bücher und schuf neben der die Zeit überdauernden „Danziger Trilogie" („Blechtrommel", „Katz und Maus", „Hundejahre") die poetisch starke Novelle „Im Krebsgang" (2002).

Im Prinzip wäre Günter Grass also sehr zu loben. Doch dann – die Einberufung 1944 zur Waffen-SS, nachdem er sich zuvor als 15-Jähriger in Gotenhafen freiwillig zur Wehrmacht gemeldet hatte. Günter Grass: ein Nazi? Oder zumindest ein Heuchler, über Jahrzehnte hinweg? Oder gar ein kaltblütiger Kalkulierer, der seine Autobiographie „Beim Häuten der Zwiebel" (2006) aufgrund seines Geständnisses in die Bestsellerlisten katapultieren wollte, was prompt geschah? Es ist viel darüber geschrieben, geschimpft und lamentiert worden. Ein gutes Fazit liefert Henryk M. Broder: „Man wird ihm den Nobelpreis nicht aberkennen, die Schweden werden sich nicht blamieren wollen, aber man wird ihn fortan nur noch als die Karikatur seiner selbst wahrnehmen und ihm einen Platz in der Hall of Shame zuweisen." Trotz aller Vorbehalte, die man gegen den Menschen hinter der literarischen Ikone haben kann – sein Werk ist nicht infiziert von der „braunen" Begeisterungsfähigkeit des Jugendlichen.

St. Katharinen

Sechs Grad Celsius, 92 % Luftfeuchtigkeit – die definitiv ungemütlichste der Lübecker Inselkirchen ist eine Herausforderung. Bevor man sich in die dreischiffige Kältekammer in der Königstraße begibt, sollte man sich das Highlight an der Westfassade vor dem Haupteingang ansehen. In einer Nischenreihe im unteren Drittel der gotischen Backsteinbasilika von 1300 haben sich zwei Bildhauer verewigt. Die ersten drei Terrakottafiguren von Ernst Barlach (1870–1938) sind aus den 30er-Jahren des letzten Jahrhunderts; besonders beeindruckend ist der „Blinde Bettler mit Krücken“ (zweite Figur von links). Der Bildhauer-Schriftsteller hat die Oberkörper und Köpfe so vergrößert, dass die Proportionen für den Betrachter von unten stimmen. Während der Nazizeit wurden 400 seiner Werke als entartete Kunst entfernt; den Zyklus konnte er nie vollenden. Die restlichen sechs Charaktere entstanden erst nach dem Zweiten Weltkrieg (1947/48) durch Gerhard Marcks, z. B. ein Brandstifter (Nr. 5) oder Kassandra (Nr. 8).

Im lichtdurchfluteten, feuchten Inneren der Museumskirche erhält man einen lebendigen Eindruck von der Schaffenskraft Notkes, der auch den mächtigen Lettner und das Triumphkreuz im Dom kreierte (→ Spaziergang 1, S. 78). Ein Gipsabguss seines schwertschwingenden Drachentöters von 1489 – das Original befindet sich in Stockholm – ist hier zu sehen.

Eine zweite Besonderheit ist ein echter Tintoretto, der neben der Kasse an der

Klosterkirche St. Katharinen: eine dreischiffige Kältekammer

Wand des südlichen Seitenschiffes befestigt ist. Die vom venezianischen Meister signierte „Auferstehung des Lazarus“ (1576) zeigt, warum Lübeck über Jahrhunderte als „Venedig des Nordens“ galt: Nur sehr reiche Kaufleute konnten sich einen solchen Schatz überhaupt leisten und mit einem überbordend bemalten Rahmen ausstatten. Spektakulär ist auch die Malerei auf der Außenseite der Treppe, die zum eher uninteressanten Triumphkreuz von 1450 führt. Sie schildert die Stigmatisierung des Franz von Assisi und erinnert ein wenig an einen Science-Fiction-Film: Mittels Strahlen erhält der Heilige in dieser spätmittelalterlichen Darstellung von einem schwebenden Christus am Kreuz die Wundmale.

Im Chor ist eine Grabplatte des Johann Lüneburg von Bedeutung. Die Erzlege von 1461, in der der Bürgermeister – mit Pelzrobe gezeichnet (er wusste, wie kühl es hier ist) – bestattet wurde, deutet auf seinen Einfluss hin. Zuvor hatte man in diesem Gotteshaus eine der exklusivsten Bruderschaften der Stadt gegründet: die Zirkelgesellschaft von 1379, der im 15. Jh. die meisten Stadtpolitiker Lübecks angehörten (→ Kasten S. 20), selbstverständlich auch Johann Lüneburg.

Noch einige Worte zur Baugeschichte: Um 1300 entstand St. Katharinen als Klosterkirche. Der fehlende Turm ist den strikten Regeln des Ordens geschuldet. Das nördliche, fast schon gedrückte Seitenschiff hat einen profaneren Grund. Wegen der „Klokengeterstrate“ (Glockengießerstraße), die schon 50 Jahre vor St. Katharinen existierte, musste sich die Architektur anpassen. Schön sind die vielen Ornamente und Fresken, die an Rundbögen und Decke freilegt wurden. Das notwendige Kleingeld für die Verzierung besaßen die Franziskaner aufgrund der hohen Spenden während der Pestepidemien im 14. Jh. Heute dient das Gotteshaus hauptsächlich als Museum und Ausstellungsraum.

Königstr. 27 (Ecke Glockengießerstraße), ✆ 1224137, www.die-luebecker-museen.de. Achtung, wegen aufwändiger Sanierungsarbeiten ist die Kirche bis Ende 2014 nur zeitweise innerhalb der Monate April bis Okt. geöffnet! Dann gelten folgende Preise: 2 €, erm. 1 €, Kinder (6–17 J.) 1 €.

Abstecher durch Pfaffenstraße und Beckergrube zum Theater

Mit der Pfaffenstraße schräg gegenüber der Kirche durchläuft man ein niedliches Gässlein, das im Sommer mit seinem ganzen Menschengewimmel und den vielen Draußentischen fast schon südländisches Flair verströmt. Außerdem sitzt hier mein „Lieblingshellene“,

Spaziergang 3 → Karte S. 105

der nicht nur bei Spielen der griechischen Nationalmannschaft gern besucht ist: das **Papadopoulos** (→ Essen und Trinken, S. 37).

Die sich anschließende Beckergrube war bereits 1238 eine wichtige Zufahrt zum Hafen. Brau- und Backhäuser hatten dort zu Beginn des 14. Jh. Hochkonjunktur: Die Seeleute mussten sich vor ihren Fahrten stärken, auch alkoholisch. Heute ist im unteren Drittel der im Krieg gebeutelten Straße das exquisite **Wullenwever** (→ Essen und Trinken, S. 35) zu finden. Gleich am Anfang der Straße, hinter einer hässlichen Kastenfiliale der Telekom, steht eine **Marmorstele.** Sie erinnert an das Geburtshaus von Thomas Mann (ehemals Breite Str. 38), in dem dieser einen Teil seiner Kindheit (1875–1882) zubrachte. Geniale Zitate, u. a. aus „Lübeck als geistige Lebensform" (1926), sind in die sternförmige Säule geschlagen. Thomas' nicht minder genialer Bruder Heinrich wurde einige Hausnummern entfernt geboren: in der Breiten Str. 54, wo die Familie bis 1872 wohnte.

Außerdem befindet sich in der Beckergrube, etwas unterhalb des Theaters (s. u.), der Stammsitz der **Industriellenfamilie Possehl** (Nr. 40). Das verspielte Backsteingebäude samt seines modernen Nebenbaus lässt gleich erkennen, dass die erfolgsverwöhnte Possehl-

100 Mio. Euro für Lübeck: Emil Possehl und seine Stiftung

Nicht immer ist Patriotismus schlecht. Im Falle des Industriekapitäns Emil Possehl (1850–1919) war er von großem Nutzen, zumindest für Lübeck. Seit 1950 flossen an die 100 Mio. Euro in soziale und kulturelle Projekte, davon ein Viertel in die Erhaltung der alten Bausubstanz: Nicht wenige der schmucken Häuser tragen eine Plakette mit dem Namen des großzügigen Unternehmers. Gleichzeitig war der Sohn des Eisen-, Blech- und Kohlenhändlers Ludwig Possehl, der die Leitung der Firma als 23-Jähriger übernehmen sollte, nicht das, was man einen herzlichen Menschen nennen würde. Von Zeitgenossen wird der schwerreiche Monopolanbieter für schwedische Erze und spätere Senator als schroff und abweisend geschildert. Literarisch verbraten haben ihn nicht zuletzt deshalb Ida Boy-Ed („Ein königlicher Kaufmann", 1910) und Heinrich Mann („Eugénie oder Die Bürgerzeit", 1928; „Eine Liebesgeschichte", 1946).

Dass es der international agierende Possehl trotz eines geschätzten Vermögens von umgerechnet 50 Mio. Euro nicht immer leicht hatte, zeigt die Verhaftung wegen Landesverrats während des Ersten Weltkriegs: Geschäftliche Verbindungen zu Russland sollen den Feind begünstigt haben. Erst nach einem Jahr gelangte er nach einem Freispruch in allen Anklagepunkten aus der Untersuchungshaft. Danach widmete sich Possehl vermehrt dem Stiftungswesen. „Mein größter Wunsch ist es, dass die Früchte meines Lebenswerkes meiner geliebten Vaterstadt [...] zugute kommen mögen."

95 Jahre nach dem Tod des kinderlosen Magnaten hat sich diese Hoffnung mehr als erfüllt. Bei über 500 historischen Gebäuden und den fünf gotischen Stadtkirchen griff die Possehl-Stiftung der finanziell angespannten Stadt unter die Arme. Neben der Förderung lernschwacher Kinder wären die Erhaltung der Löwen-Apotheke (→ Spaziergang 2, S. 100), des Theaters (s. u.) oder die Kunsthalle des St.-Annen-Museums (→ Spaziergang 2, S. 88) wahrscheinlich Luftschlösser geblieben.

Gruppe mit 7.000 Angestellten in 80 Unternehmen noch immer in Saft und Kraft steht. Die Büste des Firmengründers befindet sich im Theaterfoyer, das ohne den Einsatz des Stadtbekannten wohl anders aussähe.

Theater Lübeck

Theater war früher, was heute Kino ist: Unterhaltung. Dabei gab es natürlich auch starke Werke, wie sich Thomas Mann erinnert, der auf dieser Bühne „ein künstlerisches Kapital-Ereignis", „die Begegnung mit der Kunst Richard Wagners" erleben durfte. Typisch Mann, hatte er selbstredend etwas zu kritisieren: „Die Geigen des kleinen Orchesters waren nicht edelsten Klanges, [...], der Schwan kam manchmal ein bißchen ruckweise herangeschwommen, und namentlich im Chor gab es sonderbare Gestalten." Die Kunstbegeisterung war es auch, die den Zimmermann Heinrich Schröder 1752 veranlasste, ein Theater in Eigenregie zu bauen. Als das Gebäude baufällig wurde, legte die Casino-Gesellschaft 1857/58 den Grundstein für ein größeres Schauspielhaus neben dem alten. Da es den Feuerschutzbestimmungen zu Beginn des 20. Jh. nicht mehr genügte – man dachte mit Angst an den Chicagoer Theaterbrand –, verfügte Wilhelm II. die Schließung. 1907/08 entstand nach Entwürfen von Martin Dülfer das dritte Theater an der Stelle des ersten. In den Jugenstil-Sandsteinbau, der dem „Wahren, Guten, Schönen" dient (siehe Fassade), ist ein Figurenband eingehauen. Im mittleren Feld sieht man Apollo und die neun Musen, links die Komödie, rechts die Tragödie.

Beckergrube 10–14. Für Informationen zu Vorstellungen und Tickets → Kultur und Nachtleben, S. 42.

Und noch mal: Königstraße

Es geht zurück auf die Königstraße, die sich im zweiten Abschnitt zur Kulturmeile mit dicht gedrängten Sehenswürdigkeiten aufschwingt. Im **neogotischen Gebäude** in Schlösschenform (Nr. 23) lebten diverse Ratsfamilien (Warendorp, Pleskow, Basedow, Grentzin),

Spaziergang 3 → Karte S. 105

Theaterfreuden

während in Nr. 17 das **Theater Partout** (→ Kultur und Nachtleben, S. 42) zu Hause ist. Schräg gegenüber befindet sich ein monumentaler Bau: die **Reformierte Kirche** (Do 11–16 Uhr). Seit 1826 dient das Sandsteingebäude der religiösen Minderheit, die erst mit der Fremdherrschaft der Franzosen rechtlich gleichgestellt war. Vorher besaßen auch ihre reichsten Mitglieder kein Bürgerrecht. Heute gibt es etwa 800 Reformierte in Lübeck und Umgebung. Im September 1847 fand in dieser Saalkirche die zweite Germanistenversammlung unter der Leitung von Jacob Grimm statt: eine politische Tagung von 170 Juristen, Sprachforschern und Historikern. Auf Nachfrage gelangt man in die **Butendach-Bibliothek** mit ihren 2.500 Bücherschätzen des 17. und 18. Jh., u. a. Reiseberichte zu Kurdistan und Grönland. 3.500 Bände des bibliophilen Pastors Otto Friedrich Butendach (1730–1798) sind noch immer als sowjetische Beutekunst verschollen (→ Stadtbibliothek).

Die Nr. 12 war **Emanuel Geibels** letztes Wohnhaus (1880–1884). Der Dichter, der sich schon damals überkommenen Schreibstilen hingab und aus heutiger Sicht ziemlich bieder schrieb, war im Lübeck des 19. Jh. ein Superstar. Geibels Porträt war auf Sammeltassen in unzähligen Schaufenstern ausgestellt, es gab eine Zigarre mit seinem Namen, 1868 wurde er Ehrenbürger. Seine begeisterte Fangemeinde setzte ihm ein **Denkmal** auf dem Koberg, weswegen er kurzerhand in „Geibelplatz“ umgetauft

Die Kirche der Reformierten

Der Nachahmer-Dichter und seine Nachahmer

wurde. Heute sitzt der Dichter in Denkerpose versunken am Ende der Straße neben dem Heiligen-Geist-Hospital.

Im Haus mit dem goldenen Globus (Nr. 5) wirkte ab 1891 die **Gesellschaft zur Beförderung gemeinnütziger Tätigkeit**, kurz: die Gemeinnützige. Im Flur, von dem es ins Restaurant Die Zimberei geht, findet sich eine Holztafel mit den Errungenschaften dieser aufklärerischen Vereinigung. Sie reichen von einer frühen Gewerbeschule (1795) über einen Verein für Ferien-Kolonien (1883) bis zu einem repräsentativen Fassaden-Wettbewerb (1901) für die Lübecker.

Willy-Brandt-Haus

„Halten Sie Ihren Sohn von der Politik fern!“, warnte ein Lehrer des Johanneums die Mutter des jugendlichen Herbert Frahm. „Der Junge hat gute Anlagen. Die Politik wird ihn ruinieren!“ In der Königstraße kommt man in den Genuss eines im besten Sinne modernen Museums. Ende 2007 wurde die „schönste Gedenkstätte für einen Kanzler“ (FAZ) nach fünfjähriger Arbeit und der Investition von 3,8 Mio. € eröffnet; sie geht auf eine Initiative von Günter Grass zurück. Die Mühen haben sich gelohnt: Dank multimedialer Anwendungen und originaler Text-, Ton- und Filmdokumente werden in fünf Räumen die Lebensstationen von Willy Brandt (z. B. die Kindheit in Lübeck) erzählt. Auch Reden im Bundestag, sarkastische Wahlplakate aus den 70ern („Deutsche Arbeiter! Die SPD will euch eure Villen im Tessin wegnehmen!“), eindrucksvolle Schwarz-Weiß-Bilder des „elder statesman“ und zwei nebeneinander platzierte Bildschirme, die die gegensätzliche Berichterstattung in Ost und West dokumentieren, bieten überraschend klare und direkte Einblicke in die deutsche Nachkriegszeit. Das Mauerstück im kleinen Innenhof setzt symbolisch einen Schlussstein.

Modern und unterhaltsam: das Willy-Brandt-Haus

Schade nur, dass man so wenig über die Schattenseiten (Alkohol, Affären, Depressionen) des sensiblen, hochintelligenten Nobelpreisträgers und die Hintergründe der Guillaume-Affäre erfährt: zwei Themen, die den ein wenig zum Superhelden stilisierten Willy Brandt ja auch ausmachen. Vielleicht ist die Angst vor vermeintlicher Nestbeschmutzung der Tatsache geschuldet, dass es sich bei dieser Ausstellung um eine Außenstelle der Berliner Bundeskanzler-Willy-Brandt-Stiftung handelt, die trotz aller Faktizität eben auch eine Absicht verfolgt. Trotzdem: eines der spannendsten Museen von Schleswig-Holstein!

Und auch das Gebäude hat eine Geschichte: Im 14. Jh. war es Sitz der exklusiven Zirkelgesellschaft, eines Zusammenschlusses der reichsten Lübecker Kaufleute, fünf Jahrhunderte später tagte das Oberappellationsgericht der Freien Städte in diesen Räumen.

Spaziergang 3 → Karte S. 105

Einen Museumsshop mit zahlreichen Büchern und einigen Hörbüchern zu Brandt und seiner Politik gibt es natürlich auch. Ob man kleine Mauerbruchstücke und „Willy wählen"-Tassen haben muss, sei dahingestellt – künstlerisch wertvoll sind die Poster, u. a. von Andy Warhol.

Willy-Brandt-Haus, Königstr. 21, ✆ 1224250, www.willy-brandt-luebeck.de. Jan.–März Di–So 11–17 Uhr, April–Dez. bis 18 Uhr. Eintritt frei! Kostenlose Führungen Sa/So jeweils um 15 Uhr. Außerdem sog. Schwerpunktführungen mit speziellen Themen (z. B. „Von Tarnschriften und Medienkanzlern – Medien und Politik im 20. Jahrhundert") für 50 € (→ Webseite). Die Ausstellung ist mit dem Günter-Grass-Haus verbunden – Tickets dafür gibt's im Museumsshop.

Standesgemäßes Interieur

Museum Behnhaus Drägerhaus

Schon von außen ist das Behnhaus ein Hingucker. Ein unbekannter Meister hat sechs antike Götter geschaffen, die z. B. Stärke (Nr. 2) oder Handel (Nr. 5) demonstrieren – und auf der Dachfassade ins Weite blicken. Über der Tür des Drägerhauses ist ein Relief angebracht, das auf den Knochenhaueraufstand anspielt (→ S. 21).

Das Museum, das in zwei aneinander angrenzenden Bürgerhäusern des 18. Jh. beherbergt ist, kann nur über das Behnhaus (Nr. 11) betreten werden; im Inneren gelangt man unkompliziert von einem Gebäude ins andere. Nach einer beeindruckenden Diele im Behnhaus geht es in beiden Häusern in aufwendig dekorierte Flügelsäle.

Dabei erkennt man, wie sehr sich das erstarkende Bürgertum im 18. und 19. Jh. als Hauptstütze der Gesellschaft sah: Gerade kulturell wollte man auf der Höhe der Zeit sein – und orientierte sich bei der Einrichtung an italienischen und französischen Vorbildern. Folgerichtig lebten in diesen zwei Paradebeispielen bedeutender Bürgerhäuser aus Norddeutschland einige Bürgermeister. Den ersten Hausherrn, Peter Hinrich Tesdorpf, nannten die Lübecker nur „den Marquis"; seine Frau lud Klopstock zum Tee ein. Heinrich Theodor Behn, dritter Inhaber, nahm Kaiser Wilhelm II. während dessen Besuchs in Lübeck auf.

Seit 1921 befindet sich in den zwei Gebäuden eine Galerie. Der umtriebige Carl Georg Heise, einst Direktor des Museums für Kunst und Kulturgeschichte, pflegte eine moderne Sammlung – bis die Nazis viele „seiner" Kunstwerke für die Anti-Ausstellung „Entartete Kunst" (1937) entwendeten. In den zahlreichen Abteilungen sind heute bedeutende Landschaftsmalereien

Mehr Demokratie für mehr Frieden – der Weltbürger Willy Brandt

Zehn Jahre Regierender Bürgermeister Berlins, vier Jahre Außenminister, sechs Jahre Bundeskanzler, fünf Jahre Mitglied des Europäischen Parlaments, 24 Jahre Vorsitzender der SPD. Brandts umstrittene Ostpolitik, die stets auf Entspannung und Ausgleich setzte, brachte ihm nach dem Warschauer Kniefall 1971 den Friedensnobelpreis. Als Präsident der Sozialistischen Internationale, ein Amt, das er von 1976 bis 1992 bekleidete, kämpfte er gegen Umweltzerstörung und Hungerkatastrophen der (Dritten) Welt, aber auch ganz konkret für z. B. die Freilassung Nelson Mandelas oder von 194 Geiseln, die während des ersten Golfkrieges in die Gefangenschaft von Saddam Hussein geraten waren.

Wenn man sich die Bilderbuchkarriere des weltberühmten Politikers ansieht, kann man schnell seine Herkunft vergessen. Im Lübecker Arbeiterviertel St. Lorenz am 18. Dezember 1913 als uneheliches Kind einer Verkäuferin geboren – seinen Vater John Möller lernte er nie kennen –, schrieb Herbert Frahm bereits als 13-Jähriger (!) für den Lübecker Volksboten und trat 1930 der SPD bei, später der linkssozialistischen SAP. 1934 emigrierte der Mann, der im Laufe seines Lebens sechs Sprachen erlernen und Lübecker Ehrenbürger werden sollte, nach Norwegen. 1938 unter altem Namen aus Nazi-Deutschland ausgebürgert, geriet er zwei Jahre später als Willy Brandt in Gefangenschaft. Die braunen Schergen nahmen ihm den gespielten, skandinavischen Akzent ab – und Brandt konnte nach Schweden fliehen. Nach dem Krieg lehnte der Exilant die geplante Nachfolge von Otto Passarge als Bürgermeister von Lübeck ab, um höhere politische Weihen zu erlangen (s. o.).

Seine „Politik der kleinen Schritte" und das berühmte „Wir wollen mehr Demokratie wagen" brachten ihm nicht nur Freunde. Diverse Verleumdungskampagnen der rechten (Kampf-)Presse und der politischen Gegner folgten. Während seiner ersten Kanzlerschaft kam es zu Neuwahlen, die der populäre Staatsmann klar für sich entschied, dank einer Wahlbeteiligung mit Rekordhoch der (jungen) Wählerschaft und der Initiative „Bürger für Brandt". Die Guillaume-Affäre wurde ihm zum Verhängnis, am 6. Mai 1974 trat er zurück. Heute darf stark vermutet werden, dass Brandt nicht nur in moralischer Eigenregie „politisch korrekt" handelte: Aller Wahrscheinlichkeit nach nahm er aus Angst, der enge Mitarbeiter und enttarnte DDR-Spion Günter Guillaume könne die Affären des charismatischen Politikers zu jüngeren Journalistinnen vor Gericht ausplaudern, seinen Hut – Brandt soll außerdem unter Depressionen und Alkoholproblemen gelitten haben. Vor laufender Fernsehkamera gestand er später: „In Wahrheit war ich kaputt, aus Gründen, die gar nichts mit dem Vorgang zu tun hatten, um den es damals ging." Am 8. Oktober 1992 erlag der menschlichste und vielleicht auch mutigste deutsche Staatsmann einem Krebsleiden.

des 19. Jh. zu sehen, allen voran vier Werke von Caspar David Friedrich. Was es mit den hell-düsteren Gemälden auf sich hat, erfährt man dank sehr guter Erklärungen. Dem Religiösen verpflichtet fühlten sich die Künstler um den Lübecker Johann Friedrich Overbeck. Die spöttisch als „Nazarener" (ital. „I Nazareni") bezeichneten Kreativen – sie hatten sich zwei Jahre im Kloster San Isidoro in Italien niedergelassen und trugen die Kleidung und Haartracht Jesu – erneuerten die Welt der Kunst, indem sie vom antiken Ideal abwichen und sich der Formensprache des Mittelalters und der Frührenaissance bedienten. Die Kartons (Vorskizzen, auf deren Grundlage das Werk entstand) und viele Meisterwerke von Overbeck (z. B. „Italia und Germania" von 1811/12 und „Selbstbildnis mit Familie" um 1820/22) sind die berühmtesten Exponate. Freilich, was damals modern war, wirkt heute kreuzkonservativ …

Dafür ist die Klassische Moderne in immerhin vier Räumen vertreten. Neben den Werken der Lübecker Impressionisten Maria Slavona und Gotthardt Kuehl sowie u. a. der Expressionisten Ernst Ludwig Kirchner („Straßenbahn und Eisenbahn" von 1914), Oskar Kokoschka, August Macke, Ernst Barlach, Lyonel Feininger und Paula Modersohn-Becker („Mädchenakt vor Mohnblumen II" von 1906) begegnet man vier Bildern, die jeden Kunstkenner mit der Zunge schnalzen lassen: Es handelt sich um Werke von Edvard Munch. „Die Söhne des Dr. Linde" (1903) gelten als Hauptwerk der modernen Porträtkunst. Und selbst Travemünde, wo sich der Künstler gesundheitlich be-

Das Genie und der Augenarzt: Edvard Munch in Lübeck

17 Mal war Edvard Munch (1863–1944) in Lübeck. Die Stadt gefiel ihm nicht nur äußerlich gut. Der manisch-depressive Künstler fand in Dr. Max Linde (1862–1940) einen Mäzen. Jener Lübecker Augenarzt war begeisterter Kunstsammler – Werke von Rodin, Manet, Liebermann oder Böcklin hingen in seiner Villa – und prophezeite dem jungen Maler, dass er die Kunst des 20. Jh. nachhaltig prägen werde. Zwischen 1902 und 1907 besuchte Munch seinen Förderer, lebte mit dessen Familie und legte in der Hansestadt, nicht zuletzt wegen Lindes Hilfe, den Grundstein für seine internationale Karriere. Nebenbei schuf er eines seiner Hauptwerke („Die Söhne des Dr. Linde"), das im Museum Behnhaus Drägerhaus zu sehen ist. Auch im Holstentor hängt ein Bild des Norwegers (→ Spaziergang 1, S. 66). Insgesamt beziehen sich etwa 50 Kunstwerke von Edvard Munch direkt oder indirekt auf die Hansestadt. 1926 besuchte der heute so populäre Munch Lübeck zum letzten Mal. Zwei Jahre später gestand er Museumsdirektor Heise: „Ich habe immer gehofft, einmal wieder in diese wundervolle alte Stadt mit für mich so vielen lieben Erinnerungen zurückzukommen."

Während Munch berühmt wurde, erging es Linde nicht allzu gut. In den Zeiten der Inflation musste er sich von seiner Sammlung trennen, die inzwischen eine ungeheuere Summe wert wäre. Nur noch die Villa des Augenarztes steht in St. Jürgen (Ratzeburger Allee 16). Einige nicht originale Radierungen und Lithografien hängen im linken Flügel des spätklassizistischen Gebäudes, das seit 1967/68 ein feudal-stilvoller Ort zum Heiraten ist. Ein kleines Gässchen neben dem Standesamt wurde zur Edvard-Munch-Straße.

dingt gerne aufhielt, hat er – ungewöhnlich, weil ohne Meer! – in Szene gesetzt (→ S. 184).

Über einen kleinen Skulpturengarten gelangt man in den Pavillon der **Overbeck-Gesellschaft.** Sie wurde während der Weimarer Republik gegründet und organisiert jährlich etwa fünf Ausstellungen mit überregional und international renommierten Künstlern. Sicher nicht unspannend bei minimalem Eintrittspreis! Auch das kleine Bauhausgebäude ist ganz der Moderne verpflichtet – und die Daphne-Figur (1930) von Renée Sintenis vor dem Eingang berühmt: Die verfolgte Bildhauerin kreierte u. a. die Grabplatte aus Muschelkalk für Joachim Ringelnatz und erhielt das Große Bundesverdienstkreuz.

Museum Behnhaus Drägerhaus, Königstr. 9–11, ✆ 1224148, www.die-luebecker-museen.de und www.overbeck-gesellschaft.de. Jan.–März Di–So 10–18 Uhr, April–Dez. Di–So 10–17 Uhr. Eintritt 6 €, erm. 3 €, Kinder (6–17 J.) 2 €. Regelmäßige Wechselausstellungen in beiden Häusern. Museumsshop mit den üblichen Postkarten zur Ausstellung und einigen aufschlussreichen Büchern, u. a. zu Edvard Munch und zum (deutschen) Impressionismus.

Wer nur zu den wechselnden Ausstellungen der Overbeck-Gesellschaft möchte, kann an der Kasse Bescheid geben und kostenlos bis zum Gartenpavillon durchgehen! Das Ticket (1,50 €, erm. 0,75 €) erhält man dort am Eingang. Während der Ausstellungen gibt es sonntags um 16 Uhr kostenlose Führungen (✆ 74760).

Auf dem Koberg

Der sich anschließende Koberg (einst „Kuebergh" und „Kaufberg") ist nach dem Marktplatz die zweitgrößte Freifläche der Altstadt. In den Häusern der Renaissance und des Klassizismus lebten u. a. Weinhändler, Sattler, Krüger und Gastwirte, aber auch Mietkutscher, Spiegelmacher und Schiffsmakler; das **Haupthaus der Hopfenpacker** (Nr. 1) bot Ställe für 80 Pferde, das **Hoghehus** (Nr. 2), dessen älteste Teile auf 1200 zurückgehen, war vielleicht eine Vogtei – und damit für Landgericht und Verteidigung zuständig. Beherrscht wird der nette Koberg von der Jakobikirche

Spaziergang 3 → Karte S. 105

Der Koberg ist eine der letzten freien Flächen der engen Altstadt

(→ Spaziergang 4, S. 130), der Schiffergesellschaft (→ Spaziergang 4, S. 134), dem Shanghai (→ Essen und Trinken, S. 37) und dem Heiligen-Geist-Hospital (s. u.). Dessen vorwiegend alte und kranke Bewohner erhielten jeweils eine Tagesration von 3 l (!) Bier. „Auch heute noch sind die Bänke vor dem Heiligen-Geist-Hospital Treffpunkt jener Außenseiter unserer Gesellschaft, die mit dem Alkohol gleiche Probleme haben wie bereits jene Hospitalinsassen vor über 300 Jahren", klagt der kleine Kirchenführer, doch vergisst, dass das Bier zu jener Zeit wesentlich weniger Alkohol hatte als heute.

Dienstags findet ein Wochenmarkt auf dem Koberg statt.

Heiligen-Geist-Hospital

Das Heiligen-Geist-Hospital von 1286 ist eine der ältesten bestehenden Sozialeinrichtungen der Welt und eine der Top-Sehenswürdigkeiten der Hansestadt. Bevor man die kleine Vordertüre nimmt, lohnt es sich, die von niedrigen Bäumen umrahmten Türmchen plus Glockenturm auf der Speicherkarte seiner Digitalkamera festzuhalten.

Was vom Koberg aus nicht überragend riesig wirkt, verzweigt sich in ein geräumiges mittelalterliches Krankenhaus: Neben dem Langen Haus (einer nach Osten verlaufenden Hospitalhalle) existieren diverse Nebengebäude, ein Kreuzgang, Höfe und Gärten.

Typisch für Lübeck verließ man sich beim Bau eher auf sich als auf den Bischof, weswegen der Rat ein Grundstück von 10.000 m² auftat (nachdem man bereits vor 1227 ein etwas zu kleines Krankenhaus zwischen Merlesgrube und Pferdemarkt eröffnet hatte). Als der Stadtbrand von 1276 überwunden war, nahm das neue gotische Hospital konkrete Konturen an. Die Kirche des HGH war im Mittelalter sogar eine der Stationen der nordeuropäischen Route des Jakobsweges (Via Baltica).

Heute gehören viele der Räume zu einem Altenheim, seit inzwischen über 700 Jahren dient das Gebäude als beliebte Seniorenresidenz für 82 Personen. Trotzdem kann man einen Teil des Langen Hauses besichtigen – auch außerhalb der einwöchigen Senioren- und Hobbyausstellung (Ende Okt.) oder des stimmungsvollen Weihnachtsmarktes (dann nämlich bewegen sich bis zu 50.000 Menschen durch das illuminierte Hospital und die angrenzenden Trakte).

Betritt man das Gebäude, steht man in einer dreischiffigen Hallenkirche. Neben den faszinierenden Ornamenten am sternförmigen Gewölbe fallen sofort zwei Malereien an der nördlichen Wand ins Auge. Das rechte der Wandbilder – beide entstanden zwischen 1315 und 1325 – zeigt Christus als Salvator Mundi („Retter der Welt"), das linke Gemälde stellt die Erhöhung Marias dar. Was heute geradezu plastisch wirkt, basiert auf einer Heidenarbeit: 1.800 Stunden kämpften die Restauratoren gegen Putzblasen und Hackspuren. Bereits 1866 fand man die Malereien zufällig unter Tünchschichten – und überpinselte sie rechtschaffen-kunstbanausig mit Ölfarben ... Unterhalb befinden sich zwei Klappaltäre, die kunstvolle Schnitzereien und spannende Details bieten. Beim rechten „Allerheiligenaltar" (um 1500) z. B. ist neben der heiligen Ursula und ihren frommen Begleiterinnen die Marter der Zehntausend dargestellt. Die von gewaltigen Dornen durchbohrten Leiber sorgten im Mittelalter für Abschreckung – und sicherlich auch für Alpträume.

Vor dem Durchgang zum Langen Haus ist ein Lettner aufgebaut. Auf der hölzernen Schranke, die die Laien vom Klerus trennte, wird in 23 Tafelbildern (15. Jh.) die Legende der heiligen Elisabeth erzählt; die einstige Landgräfin von Thüringen (die gerade einmal 24 Jahre alt werden sollte) hatte sich nach dem Tod

Seit über 700 Jahren eine soziale Einrichtung

ihres Mannes einem Keuschheitsgelübde unterworfen und errichtete mit dem Witwengeld ein Spital in Marburg.

Auch die Bewohner des Armen- und Krankenhauses hatten lange Zeit einen „untadeligen", ja geradezu klösterlichen Lebenswandel zu führen, wie es in den Paragrafen der Hausordnung bis 1935 unwidersprochen heißt. „Zank und Streit, Fluchen, Trunkenheit, unanständiges oder unsittliches Betragen [!] ziehen strenge Strafen nach sich." Wer sich damals als Altersruhesitz für das Heiligen-Geist-Hospital entschied, musste ein Gelübde der Armut, der Keuschheit und des Gehorsams ablegen und seinen Nachlass der Einrichtung vermachen. Nichtsdestotrotz blieben die Plätze in der 87 m langen und 14 m breiten Halle begehrt, die letzten Bewohner packten erst 1970 unter Protest ihre Koffer.

Einst lag man in einer Kluft aus ungefärbter Schafswolle auf erhöhten Betten, welche 1820 durch hölzerne, 4–6 m² große, in vier Reihen angeordnete Kammern ersetzt wurden: die Frauen links, die Männer rechts. Diese winzigen „Kabäuschen" (oder „Kabäusterchen") bestanden aus einem Bett, einer Mini-Kommode, einigen (frommen) Bildern und einer Heizung. An der dünnen Holztüre waren Name und Eintrittsjahr angebracht. Nr. 65 erlaubt einen Blick ins Innere.

Der Kreuzgang mit der Matthäustüre (eine geschnitzte Holztüre, die den Evangelisten überlebensgroß darstellt) ist nur während der beiden Auszeiten (Senioren- und Hobbyausstellung, Weihnachtsmarkt) geöffnet.

In den historischen Kellern zur rechten Seite beherbergt das sich weit erstreckende Gebäude zwei Gaststätten (**Der Butt/Lübecker Kartoffelkeller,** → Essen und Trinken, S. 37).

Heiligen-Geist-Hospital, Koberg 11, ✆ 7907841, www.heiligen-geist-hospital.de. Im Sommer Di–So 10–17 Uhr, im Winter Di–So 10–16 Uhr, Stichtag ist die jeweilige Zeitumstellung. Eintritt frei! Ab 9.55 Uhr ist viermal am Tag im Zweistundenrhythmus ein kleines Glockenspiel zu hören; leider keine mittelalterlichen Klänge! Postkarten mit typischen Lübeckpanoramen und solchen zum Hospital erhält man für 0,30–0,80 €.

Spaziergang 3 → Karte S. 105

St. Jakobi: Kirche der Seefahrer und Fischer

Spaziergang 4: Kulturforum Burgkloster, St. Jakobi und Schiffergesellschaft

„Auf den Spuren der Geschichte" könnte der Untertitel dieses Spaziergangs lauten. Der nordwestliche, von Touristen eher vernachlässigte „Inselbezirk" hat mehrere Herrschergeschlechter und den Einfall der Franzosen im 19. Jh. erdulden müssen, die einzige Fremdbesetzung der Stadt bis zum Zweiten Weltkrieg. Heute geht es entspannter zu: Das einstige Kulturforum Burgkloster wird gerade zu einem spannenden Hansemuseum umgebaut. Die Jakobikirche bildet sich – zu Recht – einiges auf ihre weltberühmten Orgeln ein, und last, not least gelangt man nach dem ältesten Restaurant der Welt, der Schiffergesellschaft, und einem prominenten Straßenzug mit höhlenartigen Gängen zum ehemaligen Kornspeicher der Familie Mann. Nebenbei erfährt man, weshalb eine 22-jährige, emanzipierte Frau im Lübeck des 18. Jh. berühmt war ...

Große Burgstraße

Vom Koberg geht es auf der Großen Burgstraße Richtung Norden und Burgtor. Auch wenn heute nichts mehr davon zu sehen ist – die Straße atmet den Geist der Vergangenheit: Schüsse fielen, Säbel klirrten, Menschen gingen mit stumpfer Gewalt aufeinander los. Der **Kampf um Lübeck** (→ S.24) zwischen Franzosen, Preußen und Lübeckern fand am 6. November 1806 vor dem Burgtor, in der Großen Burgstraße und auf dem Koberg statt. Die Zahl der Toten ist nicht geklärt, doch es gab mehr als 1.000 Schwerverletzte. Eine kleine Plakette im rechten Fußgängerweg des Burgtors (s. u.) erinnert,

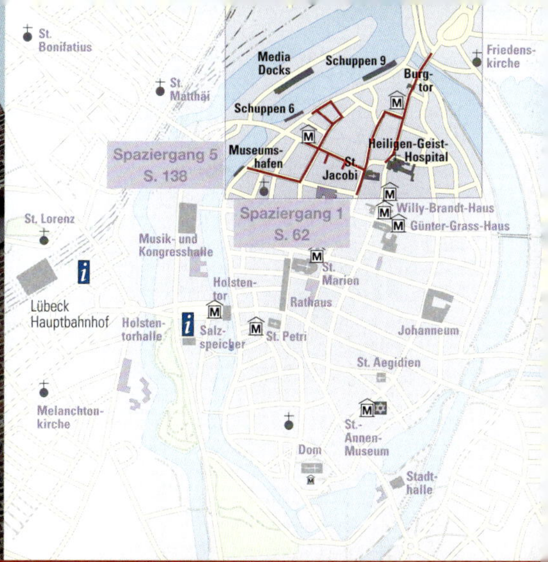

Kulturforum Burgkloster, St. Jakobi und Schiffergesellschaft

schüchtern und unspektakulär, an das Gemetzel. Warum die Eroberer die als uneinnehmbar geltende Stadt gerade am Burgtor angriffen? Vor dem Bau des Elbe-Lübeck-Kanals um 1900 war es der einzige Landzugang zur Innenstadt; die anderen drei Tore mit ihren aufgeschütteten Wällen glichen Bollwerken.

Heute ist von der wilden Aufregung wenig zu spüren: Nette Häuser wechseln sich mit etwas heruntergekommenen Fassaden ab. Erst in der Nähe des Burgtors wird es wieder (historisch) spannend. In Nr. 25 gründete Clara Roquette 1871 die **Roquette'sche Höhere Töchterschule**; schaut man nach oben, erkennt man noch die klassizistische Fassade. Eine der bekanntesten Absolventinnen war die „Schwabinger Gräfin" Fanny zu Reventlow, die so witzig und selbstbewusst über die (sexuellen) Abenteuer der Münchner Bohème geschrieben hat. Das Haus mit der Nr. 11 hat einen tiefen Fall erlebt und macht bis heute eine Krise durch. Lange Zeit diente es als **„Herberge des Bischofs von Ratzeburg"**, worauf eine schmucke Tafel hinweist. Heute steht das Gebäude als Geisterhaus in der Häuserreihe.

Auf der gegenüberliegenden Seite brüstet sich ein **Monumentalbau** mit seiner Wichtigkeit. Der dramatische, rotschwarze Klinkerbau mit seinen Zinnen und Rundbögen hat eine bewegte Geschichte hinter sich. Ursprünglich gehörte der Vorgängerbau zum Areal des Burgklosters. 1894–96 entstand der historistische Neubau als Gerichtsgebäude: Die Sandsteinfigur der Justitia im Giebel des Mittelbaus verweist darauf. Man installierte im Obergeschoss Gefängniszellen, die noch die Nazis nutzten; außerdem fanden im Schwurgerichtssaal die Schauprozesse gegen vier christliche Widerständler statt (→ Kasten S. 77). Inzwischen hat sich als schöner Kontrast das Sozialamt eingerichtet, das Gericht tagt heute im Burgfeld 7. Wenn man das rote Backsteingebäude links daneben (eine Grundschule) und den ehemaligen **Marstall** (s. u., heute ein Jugendzentrum) rechts miteinbezieht, hat man die Ausmaße der alten, annähernd quadratischen Burganlage.

Marstall

Bis zur endgültigen Durchsetzung des Autos waren Pferde die Prestigeobjekte des auf Statussymbole achtenden Mannes. So erstaunt es nicht, dass der mehrfach abgebrannte **Marstall** in Hausnummer 2 von 1298 bis 1811 dem Rat gehörte: als Garage für die Rösser der Ratsherren. Ab 1856 entstanden Gefängniszellen, die gut 50 Jahre im Einsatz waren. Das Betreten des Hofes lohnt nicht – was sich allerdings lohnt, ist ein Blick auf das Obergeschoss in Fachwerk direkt über der Toreinfahrt. Man erkennt hölzerne Knaggen von etwa 1500; ein Dudelsackspieler, ein Beckenschläger, ein Bettler und selbstverständlich ein Bürger sind zu sehen, während die mittlere Figur mit Bauch die Aufgabe hat, das Geschoss zu halten …

Zöllnerhaus

Angenehmer hatte es die Schriftstellerin Ida Boy-Ed (1852–1928). Die erste Lübeckerin, die an die offensichtlichen Fähigkeiten des vermeintlichen Nestbeschmutzers Thomas Mann glaubte und den jungen Wilhelm Furtwängler förderte, besaß ab ihrem 60. Geburtstag freies Wohnrecht im **Zöllnerhaus** (Nr. 5). Die Grande Dame der Lübecker Unterhaltungsliteratur, die sich auch als Journalistin und Betreiberin eines kulturellen Salons einen Namen gemacht hatte, nutzte die schöne Schriftstellerwohnung bis zu ihrem Tod im Jahr 1928. Heute arbeitet die Handwe-

Carl Hans Lody – ein Amateurspion für die Propagandamaschinerie

Rechts vom Burgtor, wenn man eine kleine, verwitterte Treppe erklimmt, stößt man auf eine Naziplakette von '34. Zitiert wird darauf Carl Hans Lody, der 1914 als erster deutscher Spion im Tower von London hingerichtet wurde: „Ich habe einen Auftrag meines Vaterlandes erfüllt." Und weiter: „Am 6. Nov. 1914, 6.30 Uhr früh starb Lody von feindlichen Kugeln durchbohrt, im Tode noch seinen Gegnern Achtung abtrotzend für deutsches Heldentum. Denkt daran!" Ach ja, Dummheit stirbt nie aus. Zur Untermauerung dieser Feststellung feierten Neonazis vor einigen Jahren am Burgtor jenen Mann, der nie mit den Nationalsozialisten in Berührung gekommen war und keine (!) Verbindung zu Lübeck hatte.

Die ärgerliche Plakette geht auf August Glasmeier zurück, Schriftleiter des Lübecker Generalanzeigers. Er missbrauchte den patriotisch überbegeisterten Seeoffizier und Reiseleiter Lody für Propagandazwecke. Lody hatte sich der Admiralität als unausgebildeter Spion aufgedrängt und unter dem Decknamen Mr. Inglis mit gefälschtem Pass und perfektem Englisch agiert. Neben der Plakette errichteten die Nationalsozialisten sogar ein Denkmal für ihn (das 1946 wieder entfernt wurde). Man sah einen Ritter in vollem Harnisch, der eine Schlange zertrat: Heldenkitsch vom Feinsten! Weshalb dieser ganze Aufwand? Carl Hans Lody, Sohn eines Juristen und Bürgermeisters, hatte dafür gesorgt, dass zum ersten Mal in der Seekriegsgeschichte ein fahrendes Schiff von einem U-Boot versenkt wurde. Das war am 5. September 1914.

Laut Beschluss vom 29. Oktober 2005 sind braune Versammlungen an der Tafel, die die britische Besatzung (!) nach dem Zweiten Weltkrieg zur Abschreckung erhalten wollte, inzwischen verboten.

berin Ruth Löbe (Di–Fr 11–13/15–18 Uhr, Sa 11–13 Uhr) in den 1571 erbauten Räumen, welche mit gekonnten Terrakottafriesen von Statius von Düren geschmückt sind. In wechselnder Folge präsentieren sich die Lübecker Hoheitszeichen und der Mecklenburgische Greif.

Burgtor

Stolz erhebt es sich: das Lübecker Burgtor. Es ist eines von drei hintereinander geschalteten Toren, die bis ins 17. Jh. hinein zur Verteidigung im Norden errichtet wurden. Das Fundament dieses innersten Burgtors geht auf 1217 zurück. Im Schnapszahljahr 1444 betraute man Stadtbaumeister Nikolaus Peck mit einer Verjüngung. Seit 1685 sitzt eine glockenförmige Barockhaube auf dem Turm; ein spätgotischer Spitzhelm zerschmolz bei einem Brand. Nach dem Holstentor (→ Spaziergang 1, S. 66) im Westen ist das fünfstöckige Burgtor der andere der zwei erhaltenen Wehrbauten Lübecks. Eines der beiden abgerissenen Tore kann als Modell in einem kleinen Schaukasten auf der linken Bürgersteigseite betrachtet werden, sobald man die Innenstadt in Richtung Gustav-Radbruch-Platz verlässt.

Von hier erkennt man auch die **Reste der alten Stadtmauer.** Sie geht zurück auf die Dänenzeit im 13. Jh., umfasste die ganze Stadt und besaß 26 Türme. Ein zweiter Mauerrest befindet sich am Krähenteich (→ Spaziergang 2, S. 85). Überquert man die **Burgtorbrücke,** hat man links einen netten Blick auf einen Ausläufer des Stadthafens mit seinen giraffenartigen Kränen und einer neugotischen Hubbrücke, die noch immer im Einsatz ist. Unter der Burgtorbrücke, auf der Seite der Innenstadt, befindet sich übrigens der **Grundstein des Elbe-Trave-Kanals** (heute Elbe-Lübeck-Kanal). Nach der Legung am 31. Mai 1895 dauerte es fünf Jahre, bis die Wasserstraße betriebsbereit war. Von oben ist der Stein nicht zu sehen, aber

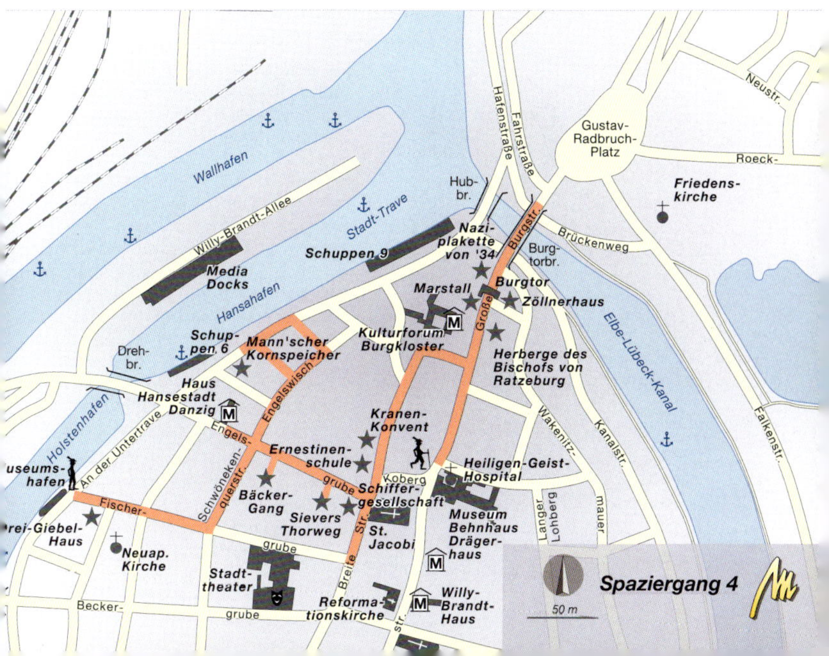

es ist auch nicht nötig, danach zu jagen: Es handelt sich einfach – um einen Stein.

Bevor es wieder zurück geht, kann man noch die Sommerhäuser (= Zweitwohnsitze gut betuchter Bürger) in der Roeckstraße ansteuern. Die älteste dieser Villen hat die Hausnummer 4 und stammt von 1827. Dort, wo sich heute Notare und (Zahn-)Ärzte niedergelassen haben, stand auch das letzte Lübecker Haus der Manns (das diese bis 1893 bewohnten, Nr. 7). Inzwischen befinden sich darin – ein Notar und ein Zahnarzt.

Der Stadtpark liegt einem jetzt zu Füßen (→ Unbekanntes Lübeck, St. Gertrud, S. 161).

Über das Burgtor wurde Lübeck von den Franzosen eingenommen

Burgkloster – Europäisches Hansemuseum

In diesen Mauern liegt der Beginn von Lübeck. Zwar gab es bereits 817 eine erste Siedlung (→ S. 18), doch der Ausbau der Innenstadtinsel nahm in jener verlassenen, spätslawischen Burg seinen Anfang. 1147 baute Graf Adolf II. von Schauenburg die 1143 entdeckte, entvölkerte Anlage für seine Privatgemächer entsprechend um und lockte Siedler aus dem ganzen Reichsgebiet in

Achtung, das Kulturforum Burgkloster wurde Ende 2011 dicht gemacht! Im Herbst 2013 soll an selber Stelle mit einigen Anbauten unterhalb der Burg ein supermodernes **Hansemuseum** eröffnet werden; Baukosten: 27 Mio. €.

Sowohl die wichtigsten archäologischen Exponate als auch der legendäre Lübecker Münzschatz (→ Kasten) sollen in das neue Aushängeschild der hanseatischen Museumslandschaft integriert werden.

Geplant sind eine ca. 4.700 qm große Ausstellungsfläche – und 120.000 zahlende Gäste jährlich ... Diese sollen z. B. eine lübsche Straßenszene von 1229 (mit Schweinen und Misthaufen!) erleben, das Kontor im russischen Nowgorod verstehen, beim Hansetag von 1498 Mäuschen spielen dürfen – und die Auswirkungen der Hanse auf die Entwicklung Europas erklärt bekommen. Wissenschaftler aus fünf Ländern versuchen diesen populären und intelligenten Ideen den letzten Schliff zu geben.

Obwohl man die alten Klostermauern konservieren will, steht ein 17 m hoher futuristischer Neubau mit Aussichtsplattform in den Plänen der Architekten.

Man darf mehr als gespannt sein!

Der Münzschatz des Durchreisenden oder Der Fund des Baggerfahrers

Die Bergung von **23.864 Silber- und 395 Goldmünzen**, die den größten Münzschatz Deutschlands bilden, verdankte man einem Zufall. Für einen Neubau der Musikhochschule (→ Spaziergang 1, S. 71) wurde ein Gebäude abgerissen. Ein Baggerfahrer machte dabei am 5. Juni 1984 den Fund seines Lebens. In einer unspektakulären Holzkiste in kleinen Leinensäcken war die archäologische Sensation versteckt.

Von 1992 bis 2011 befanden sich 10 % der 60 kg schweren Geldmenge bei 20,7 Grad Celsius und 30 % Luftfeuchtigkeit in einem Schaukasten des **Kulturforums Burgkloster** – und ließen die Herzen der Numismatiker in gefährliche Höhen schlagen. Der Wert belief sich auf 1.780 Mark lübisch, was umgerechnet einer Summe von etwa 300.000 € entspricht. Das Bargeld, das aus 84 Münzstätten des Hanseraumes stammte (und somit in allen Himmelsrichtungen gültig war), befand sich wohl in der Wechselkasse eines reichen Kaufmanns, der den Schatz zwischen 1533 und 1535/37 einige Dezimeter unter den Dielenbrettern des Hauses An der Obertrave 16 verstaut hatte. Jener Geschäftsmann, nach heutigem Verständnis wahrscheinlich ein Millionär, ist unbekannt. Er könnte ein Mieter des Hauses gewesen sein oder ein Durchreisender – er hinterließ keine Erben, die nach den Münzen suchen konnten.

Ein Motiv für die Verwahrung dürfte die unruhige Zeit der Wullenwever-Regierung gewesen sein (→ S. 23). Aufgrund der innen- und außenpolitischen Konflikte grassierte die Angst, dass ein großes Vermögen für die Finanzierung von Kriegen beschlagnahmt würde oder dänische Truppen es finden könnten. Damals versuchte man mit aller Macht, den Abstieg Lübecks von einer Welt- zu einer großen Provinzstadt aufzuhalten.

die meernahe Handelsstadt. In den nächsten 80 Jahren war der Herrschersitz im Besitz von Herzog Heinrich dem Löwen, Kaiser Barbarossa und König Waldemar II. von Dänemark. Da bei der entscheidenden Schlacht gegen die Dänen am 22. Juli 1227 Maria Magdalena eine den Sieg bringende Wolkenformation auffahren ließ (zuvor hatten die Norddeutschen gegen die blendende Sonne gekämpft), schleifte man das Gelände zu einem ihr geweihten Dominikanerkloster. Probleme bereiteten dieser im Volksmund stets „Burgkloster" genannten Anlage der Stadtbrand von 1276, der nur das Sommerrefektorium verschonte – und immer wieder die Burgkirche, eine dreischiffige Basilika von 1319: Aufgrund von Konstruktionsfehlern stürzten regelmäßig die Strebepfeiler ein, weswegen man sie exakt 500 Jahre später abriss. Nach der Reformation war das Gebäude ein Armenhaus, später entstand auf den alten Kirchenmauern eine Schule, 1896–1962 tagte auf dem Areal das Gericht (s. o.) – und erst 1990 wurde das aufwendig sanierte Burgkloster der Stadt übergeben, die ein besonderes und abwechslungsreiches Museum schuf.

Über die Kleine Burgstraße zum Koberg

Vom Burgkloster und zukünftigen Hansemuseum (s. o.) führt Sie das schöne Gässlein Kleine Burgstraße wieder zurück zum Koberg. Rechter Hand trifft man auf zwei bedeutende Backsteinbauten: den **Kranen-Konvent** (Nr. 22) und die Ernestinenschule (Nr. 24–26). Das Haus, das nach dem Stifter Willekinus Crane benannt ist, gehört zu den ältesten Backsteingiebelhäusern der Stadt. 1260 erbaut, blieb es bis zur Reformation in der Hand der Beginen, war dann ein Armen- und Siechenhaus, später ein Altersheim und dient jetzt einer Sozialberatungsstelle. Seit Ende 2012 ist der historische Keller für rund 2,5 Mio. € zu einer Mensa für die Ernestinenschule umfunktioniert worden.

Die **Ernestinenschule,** eine 1804 entstandene „Lehranstalt für die weibliche Jugend", zog 100 Jahre nach ihrer Gründung in den historistischen Neubau der Kleinen Burgstraße – und war bis 1983 eine reine Mädchenschule. Seinen Namen verdankt das Gymnasium einem der Stifter: Ernst Hermann Kurtzhals. Die bekanntesten Schülerinnen waren Esther Adler (→ S. 91), Dr. Luise Klinsmann, die erste Senatorin Lübecks, die sich u. a. für die Ehrenbürgerschaft von Thomas Mann einsetzte, und Isa Vermehren, ehemalige Kabarettistin und Ordensschwester. Letztere überlebte den Aufenthalt in drei Konzentrationslagern (Ravensbrück, Buchenwald, Dachau), sprach 12 Jahre das Wort zum Sonntag und erhielt das Bundesverdienstkreuz.

Kleines Detail am Rande: Auf der gegenüberliegenden Seite sitzt über der Tür mit der Nr. 35 die Figur eines Afrikaners. Solche „Souvenirs" brachten die seefahrenden Bürger häufig von ihren Reisen mit, um sie als Statussymbole für alle Welt sichtbar anzubringen ...

St. Jakobi

Die Geschichte der Seefahrer- und Fischerkirche St. Jakobi auf dem Koberg begann 1295/1300. Nach der Zerstörung der romanischen Kirche beim Stadtbrand von 1276 errichtete man eine gotische, dreischiffige Hallenkirche, selbstverständlich aus Backstein. Die vier Kugeln neben dem Turm spielen übrigens auf die vier Ecktürmchen von St. Petri an.

Besichtigt man das schmucke, reich ausgestattete Gotteshaus, meint man, durch ein uraltes Kunstmuseum zu laufen. St. Jakobi ist nämlich wie St. Aegidien (→ Spaziergang 2, S. 90) eine (deutsche) Seltenheit: Beide Häuser blieben von den Bomben während des Zweiten Weltkriegs verschont.

Gegenüber dem Hauptaltar und an der Nordseite befinden sich zwei außergewöhnliche Orgelprospekte, die Elemente der Gotik und Renaissance vereinen. Das Blockwerk der sog. **großen Orgel** (Westorgel) geht auf 1504 zurück, 1673 erweiterte sie Joachim Richborn um zwei Basstürme und ein Brustwerk. Friedrich Stellwagen vergrößerte bereits 1637 die nach ihm benannte kleinere Orgel von 1515. Sie zählt zu den bedeutendsten Musikinstrumenten der Welt. Der Lübecker Organist und Kirchen-

Ein **Orgelkonzert** in St. Jakobi ist ein besonderes Klangerlebnis – zumindest wenn man klassische Melodien mag. Gespielt wird auf drei Orgeln, die den spätmittelalterlichen Klangcharakter auf den originalen (!) Pfeifen aufleben lassen. Es spielen nationale und internationale Größen und Studierende der Musikhochschule, die neben den Werken von Buxtehude, Bach oder Mendelssohn Bartholdy immer auch ein ultramodernes Quietsch-Stück zum Besten geben.

Jeden Samstag findet um 17 Uhr eine 30-minütige Orgelvesper statt (kostenlos). Im Juli und Aug. werden Mittwochsmusiken um 17 Uhr (5 €) und Aufführungen am Fr um 19 Uhr (10 €) gegeben.

St. Jakobi hat den Zweiten Weltkrieg unbeschadet überstanden

musiker Hugo Distler (1908–1942) war noch in den 1930er-Jahren von der **Stellwagen-Orgel** (Nordorgel) so begeistert, dass er sich auf dieser „Königin der Instrumente“ zu seinen wichtigsten Werken und kleineren Melodien inspirieren ließ (u. a. „Lübecker Totentanz“, 1934). Ergänzt werden die beiden Monsterinstrumente vom **Richbornpositiv** (1673 gebaut, 2003 restauriert), das rechts vom Hochalter fest verschlossen vor sich hindämmert. Nur nach Konzerten kann man das Kleinod ansehen; dann freilich erkennt man: Es ist alles von Hand gefertigt, von den Mooreichenobertasten bis zu den kleinsten Pfeifchen.

Besonders hervorzuheben ist die Gedenkstätte der zivilen Seefahrt, die an die **Pamir-Katastrophe** erinnert (→ www.pamir-memorial.com). In der Witte-Kapelle hat das zerschlagene Rettungsboot 2 eine Heimstätte gefunden. Die Pamir, der letzte Windjammer, der das Kap Hoorn ohne Hilfsmotor umschiffte, gilt seither wie die Titanic als Synonym für ein Schiffsdesaster. Bis heute ist nicht restlos geklärt, weshalb die Viermastbark (Viermastsegelschiff) 1957 bei den Azoren kenterte. Fakt ist, dass die Pamir am 21. September ins Sturmfeld des Hurrikans „Carrie“ geriet: mit Windgeschwindigkeiten von 130 km/h und bis zu 14 m hohen Wellen. Von den 86 Seeleuten überlebten gerade einmal sechs in zwei Rettungsbooten. In einem Schaukasten befinden sich rührende Briefe und Tagebucheinträge der jugendlichen Kadetten (45 Mitglieder der Besatzung waren zwischen 16 und 18 Jahre alt!). Das Unglück führte u. a. dazu, dass das Schwesterschiff Passat (→ Travemünde) wenige Wochen danach außer Dienst gestellt wurde.

Bedeutend sind die überlebensgroßen **Malereien** auf den Mittelpfeilern. Symbolisch werden die zwölf Apostel und andere Heilige dargestellt – ein Anony-

Spaziergang 4 → Karte S. 127

mus malte sie zwischen 1325 und 1350. Wie so oft entdeckte man die 8 m hohen Kunstwerke im 19. Jh. zufällig unter einer Kalkschicht ...

Außerdem lohnt es sich, einen Blick auf den **Brömse-Altar** in der Seitenkapelle vor der Sakristei zu werfen. Fein herausgearbeitete Figuren aus Sandstein korrespondieren mit Gemälden, auf denen unter anderem die Familie des Stifters zu sehen ist, gekleidet nach der Mode der Zeit: eine Zusammenarbeit eines westfälischen Bildhauers und eines niederländischen Künstlers aus dem 15. Jh. An der Ostwand findet sich der **Hauptaltar** der Jakobikirche. Das dreiteilige, etwas kitschig wirkende Holzungetüm fertigte der Lübecker Bildhauer Hieronymus Jakob Hassenberg 1717. Es zeigt in barocken Schnörkeln und schwarz-weißer Farbe die Grablegung Christi.

Schön sind dann noch die **„Lichterbäume"** am Schrankenwerk der Hogehus- oder Haleholtscho-Kapelle (Nordwand). Dabei handelt es sich um hübsch bemalte Prozessionsleuchter aus der zweiten Hälfte des 15. Jh. Am vor- und rückwärtigen Figurenband des Schrankenwerks hat man geflügelte Volksweisheiten wörtlich ins Bild gesetzt. Schade, dass keine Übersetzungen der derben Szenen gegeben werden!

Von Interesse ist außerdem die erste Station des **Lübecker Kreuzweges** von 1493; sie befindet sich an der Nordwand außerhalb der Kirche in Richtung Koberg. Der schwerreiche Kaufmann Hinrich Constin regte eine Nachbildung der Via Dolorosa für Lübeck an. Zuvor hatte er auf einer Wallfahrt in Jerusalem die Strecke genau vermessen. Schließlich stiftete er sieben Stationen, an denen auf Kalksteinplatten der 1.685,5 m lange Leidensweg von Pontius Pilatus bis Golgota nachgeahmt wurde. Noch heute gehen die Gläubigen in einer ökumenischen Prozession am Karfreitag den Kreuzweg, der als einer der ältesten seiner Art in Deutschland bekannt ist. Leider sind nur noch der Ausgangspunkt bei St. Jakobi und der Abschlussstein auf dem Jerusalemsberg in St. Gertrud (→ S. 126) erhalten.

Vor der Kirche sind ferner die restaurierten **Pastorenhäuschen** sehenswert. Ihr Aussehen im Stil der niederländischen Renaissance geht auf 1601 zurück. 1262 schalteten und walteten an selbiger Stelle die Pädagogen der ersten Lateinschule. Neben beschädigten Wachstafelbüchern und knöchernen Griffeln der Schüler konnten Pritschhölzer der alles andere als feinfühlig agierenden Lehrkörper geborgen werden. Später lebten in den vier Backsteinhäuschen Geistliche, Werkmeister und Organisten.

Ein kleiner **Shop** im Kirchenraum bietet Literatur zu St. Jakobi und Devotionalien zu Hugo Distler.

Jakobikirchhof 3, ✆ 3080110 (Di/Do 10–12 Uhr), www.st-jakobi-luebeck.de. April–Okt. Di–So 10–18 Uhr, in den Sommermonaten auch montags, Nov.–März Di–So 10–16 Uhr. Eintritt frei.

Breite Straße

Zu Beginn der Breiten Straße, gegenüber der Jakobikirche, übertreffen sich einige Fassaden an Eleganz. Nach der schmucken Fassade der **Schiffergesellschaft** (Nr. 2, s. u.) stechen das klassizistische Haus Nr. 4 sowie die Nummern 6–8 hervor. In den letztgenannten Bürgerhäusern im neogotischen Stil saß und sitzt die **Kaufmannschaft,** eine ehemalige Vertretung der Bürgerschaft, die sich heute für ihre etwa 600 Mitglieder u. a. ums Standortmarketing kümmert. Leider sind das Große Gemach der Kaufleutekompanie und das repräsentative Fredenhagenzimmer nicht zur Besichtigung geöffnet. Die Holztafeln des Fredenhagenzimmers aus Eiche und Birnbaum schnitzte Hans Dreger im Zeitalter der ausgehenden Renaissance in elfjähriger Arbeit. Über 1.000 antike, biblische sowie historische Figuren und Porträts sind es geworden.

Nach dem **Bolero** (→ Kultur und Nachtleben, S. 44), einer etwas prolligen Cocktailbar, möchte ich Ihr Augenmerk auf zwei Details lenken: In Nr. 9 lebte von 1479 bis zu seinem Tod einer der bedeutendsten Künstler im ausgehenden Mittelalter: **Bernt Notke** (um 1435–1509). Er schuf den Lettner samt Triumphkreuz im Dom (→ Spaziergang 1), Kopien seiner Arbeiten finden sich in der Katharinenkirche (→ Spaziergang 3, S. 112).

In Nr. 13 führte **Dr. Dorothea Rodde-Schlözer,** eine sehr populäre, selbstbewusste Dame des 18. Jh. (→ Kasten), einen kulturellen Salon. Das ehemals erste Haus der Stadt, zumindest in bürgerlich-aufgeklärten Kreisen, ist inzwischen von einer Spielothek und einem Drogeriemarkt „besetzt". Nur am Obergeschoss erkennt man den einstigen Glanz des Gebäudes ... Schade, dass keine Plaketten auf die hervorragenden Persönlichkeiten hinweisen!

Wer mag, kann in der Breiten Straße schnurstracks zu Spaziergang 2 oder 5 wechseln.

Dr. Dorothea Rodde-Schlözer – die erste Doktorin der Philosophie in Deutschland

Ludwig Schlözer hatte einen Traum. Wenn die Ideen der Aufklärung richtig waren, musste es doch möglich sein, auch Frauen zu höherer Bildung zu befähigen. Als Versuchsobjekt diente ihm seine Tochter Dorothea. Sie lernte Plattdeutsch, mehrere Fremdsprachen, Mathematik und Naturwissenschaft sowie die Fertigkeiten einer künftigen Hausfrau. Dann begleitete sie ihren Vater auf einer Studienreise nach Rom.

1787 war es so weit: 17-jährig ging Dorothea Schlözer als erster weiblicher „Doktor der Philosophie" in Deutschland in die Geschichte ein. Freilich bestand sie in der akademischen Männerwelt mit „rite", der schlechtesten Bewertung. Am Festakt durfte sie als unverheiratete Frau nicht teilnehmen ... Doch im Zeitalter der Aufklärung geriet Frau Doktor zum Tagesgespräch, ihr Porträt wurde auf Jahrmärkten verhökert. Das alles hinderte sie nicht daran, 1792 in Lübeck eine gute Partie zu heiraten: den 15 Jahre älteren Patrizier und späteren Bürgermeister Rodde, mit dem sie eine Patchworkfamily gründete (sie sollten drei gemeinsame Kinder haben, drei brachte er in die Ehe ein). Mit dem Emigranten Charles de Villers, einem französischen Offizier und Philosophen, legte sich die emanzipierte Frau einen Liebhaber zu und lebte fortan in einer Dreiecksbeziehung. Außerdem darf die gelehrte Dame als Erfinderin des deutschen Doppelnamens gelten – sie unterzeichnete ausschließlich mit Rodde-Schlözer. Eine besondere Ehre wurde ihr zuteil, als sie – wieder als erste Frau – an einer Sitzung des Pariser Nationalinstituts teilnehmen durfte.

Ab 1810 ging es mit der Familie steil bergab. Ihr Mann erlitt einen finanziellen und seelischen Zusammenbruch; sie zogen nach Göttingen um, Dorotheas Geburtsort. In den Folgejahren starben zwei ihrer Kinder, das dritte zeigte Anzeichen einer Schwindsucht. Während eines Erholungsaufenthalts in Südfrankreich erlag Dr. Dorothea Rodde-Schlözer in Avignon 1825 einer Lungenentzündung.

Spaziergang 4 → Karte S. 127

Schiffergesellschaft

Von außen macht es einiges her, und von innen ist es ebenfalls ziemlich spannend: das Haus der Schiffergesellschaft zu Lübeck, das für sich den Titel des ältesten Restaurants der Welt in Anspruch nimmt. Ob man allerdings zwingend mitsamt den Touristen, die in dieses Lokal gekarrt werden, essen muss, sei dahingestellt – zumal es raffiniertere Köche in Lübeck gibt. Doch ein Blick kann nicht schaden: schon allein wegen des hohen Renaissancetreppengiebels.

Die „Schepherrn-Seelschop" war ein Zusammenschluss professioneller Seefahrer aus dem Jahre 1401. Ihr Ziel bestand in der Wohlfahrt und dem Seelenheil der Mitglieder und Hinterbliebenen. Daraus resultierende Privilegien mussten mit der Gewerbefreiheit von 1867 wieder aufgegeben werden. Die Schiffergesellschaft blieb als Genossenschaft bis 1937 bestehen und kümmert sich seither um soziale und denkmalpflegerische Belange. Sie ist es auch, die das Gebäude samt Namen an einen Gastwirt verpachtet hat.

Die stolze Schiffergesellschaft zu Lübeck

Das Haus geht auf 1535 zurück, wie ein Schriftzug über der auf Kupfer gemalten Darstellung eines Dreimasters zeigt. Und auf zwei Beischlagwangen vor dem Eingang – früher waren hier Bänke angebracht, die hoch- oder eben „beigeschlagen" wurden – sind Schifferszenen und ein weiser Sinnspruch zu sehen: „Allen zu gefallen, ist unmöglich." Im Gastraum sitzt man auf derben Holzbänken und ebensolchen Tischen (angeblich bestehen sie aus Schiffsplanken) in holzvertäfelter Atmosphäre unter Schiffsmodellen, die von der Decke baumeln. Die Seeleute saßen in Gelagen, geordnet nach ihren Fahrzielen, worauf die Wappen der Kompanien an den Enden der Sitzreihen hindeuten. Im Gotteskeller rechts neben dem Eingang konnten Obdachlose umsonst nächtigen. Heute befindet sich darin eine Bar.

Breite Str. 2. Infos zum Restaurant unter Essen und Trinken, S. 36.

Engelsgrube

Unter drei Schwibbögen hindurch geht es von der Breiten Straße in die Engelsgrube. Während der großen Seefahrerepoche stand dort alles im Zeichen der Schifffahrt: In Nr. 8, einem herrlichen weißen Haus mit Fachwerk, wohnten meist Seeleute, am Fuß der „Grube" warteten die Schiffe der Fernhandelskaufleute auf neue Ladung, und der **Schifferhof** (Nr. 1–17) mit seinem Backstein-Doppelgiebel wurde von Schifferwitwen genutzt. Mit **Sievers Thorweg** (Nr. 31) und

Bäcker-Gang (Nr. 43) sind außerdem zwei idyllische Gänge in der Engelsgrube zu finden. Auch hier gilt: Wenn Sie irgendwo das Schild „Privat" entdecken, bitte respektieren! Obwohl die typischen Hinterhöfe im Regelfall frei zugänglich und Fotos immer erlaubt sind, ist der Ansturm für die Bewohner manchmal anstrengend.

Haus Hansestadt Danzig

Das historische Haus zur polnischen Hansestadt führt in Lübeck ein Außenseiterdasein. Zu Recht? Nun ja, die kleine Ausstellung des Danziger Förderkreises e. V. schwankt zwischen Bieder- und Staubigkeit. Seit 1983, als die Heimatvertriebenen eine Sammlung privater und historischer Dinge zusammengetragen hatten, hat sich nicht viel verändert. Audioguides, Bildschirme zur Vertiefung oder gar museumspädagogische Konzepte finden woanders statt. Im dicken Gästebuch sind es selten mehr als fünf Einträge pro Monat und nicht einmal Günter Grass hat sich bislang hergewagt ...

Gleichwohl: Für alle, die einen Bezug zu Danzig haben, bietet das Museum durchaus Spannendes. In einer Diele, auf einer Galerie und in zwei Räumen sind in Schaukästen einige Dokumente und Bilder (u. a. Radierungen mit Danziger Stadtansichten) sowie Liebhaberstücke zur Beschwörung der Vergangenheit ausgestellt. Rührend ist der Kasten mit „heimatlichem Strandgut" und sehr schönem Naturbernstein. Außerdem sind die Räume mit prunkvollen Danziger Barockmöbeln ausgestattet. Ein Modell der dortigen Marienkirche aus 220.000 abgebrannten Streichhölzern steht im Erdgeschoss – Mikrokunst deluxe! Herausragend ist der Kreuzaltar aus Bernstein (um 1620, Danzig oder Königsberg) samt Originaletui am oberen Ende der Treppe.

Haus Hansestadt Danzig, Engelsgrube 66, ✆ 7020262, www.danzig-online.de/museum.html. Di–Fr 10–12 Uhr, Do 15–17 Uhr (einfach klingeln). Eintritt frei! Bei Fragen steht Ihnen der sehr sympathische Museumsleiter Hans Boike gern zur Verfügung; er kennt wunderbare Details zu Danzig.

Engelswisch und Untertrave

Nicht grundlos drehte Heinrich Breloer einige Szenen seines Buddenbrooks-Films im Engelswisch (siehe auch Große Petersgrube in Spaziergang 1).

Hierbei handelt es sich um einen dieser klein-engen Straßenzüge, deretwegen Lübeck jedes Jahr von Millionen von (Tages-)Touristen besucht wird. Die Fassaden leuchten in unterschiedlichen

Haus Hansestadt Danzig, ein Außenseiter-Museum der Stadt

Farben, man geht auf Kopfsteinpflaster und genießt die besondere Atmosphäre, die die renovierten und sanierten Häuser ausstrahlen.

Und dann gibt es da noch zwei Gänge – die vielleicht niedrigsten Lübecks. Geduckt und leicht in die Knie gegangen, läuft man zunächst durch Nr. 22, den **Dunkelgrünen Gang,** geht geradeaus weiter und gelangt zur Trave. Von hier hat man einen Blick auf die Media Docks. 2000/01 entstand auf der nördlichen Wallhalbinsel zwischen Stadtgraben und Stadttrave ein Medienzentrum von 13.000 m² Fläche.

An der Untertrave 34 steht man vor der sog. **Eiche,** dem Kornspeicher der Manns. Finanzsenator Thomas Johann Heinrich Mann, Vater der literarisch versierten Brüder, ließ ein kleines Haus an der Trave abreißen und den Getreidespeicher mit den grünen Fensterläden errichten. Da das Lagergebäude von 1873 nicht zu übersehen und von einem der einflussreichsten Männer der Stadt in Auftrag gegeben worden war, hofften die Lübecker, dass der 1870/71 zähneknirschend akzeptierte Beitritt zum Kaiserreich wenigstens einen finanziellen Aufschwung bringen würde – sie kannten den Ausgang des Romans nicht ... Später wohnten Getreidehändler, Weinhändler und Segelmacher hinter der Schaufassade. Erst 1996 machte „Die Eiche“ wieder von sich reden: Die Lübecker Kaufmannschaft prämierte das restaurierte Bauwerk, das von Hunderten von Eichenstämmen gestützt wird, mit dem Architekturpreis.

Der idyllische Engelswisch ...

Man könnte nun schnurstracks die Trave entlanggehen, um zum Oldtimerhafen zu gelangen, dem Startpunkt von Spaziergang 5. Ich schlage jedoch einen Abstecher vor: Neben dem Architekturbüro Voßgrag (An der Untertrave 25) biegt man in eine kleine Gasse ein. Hält man sich am Ende links, kommt man zu einem Baum mit einer Wäscheleine. Dahinter befindet sich der zweite, enge Gang, den ich Ihnen noch schuldig bin. Auch für den **Hellgrünen Gang** muss gesagt werden: Wer sich von seiner Platzangst kurieren will, ist hier genau richtig. Durch die höhlenartige Öffnung gelangt man zurück zum Engelswisch, wo wenig später das Haus mit der Nr. 65 auffällt. Es war jahrhundertelang ein Backhaus und danach ein Künstlerzentrum. Erhalten ist eine verwitterte Holztür, Gotik und Renaissance prägen das Gebäude.

Zum Museumshafen

Via Schwönekenquerstraße und Fischergrube geht's zurück zum Wasser! Der komplizierte Name des ersten Sträßleins geht auf die Witwe Sweneke zurück, der das Rokokohaus mit der Nr. 14 gehörte: Von 1350 bis 1585 war es ein **Badehaus,** die „Swenekenstove“.

Nach einem seltenen **Drei-Giebel-Haus** (Fischergrube 79) mit barockem Zwillingsgiebel ist man am Museumshafen angelangt.

… und der Kornspeicher der Manns

Im Sommer sind die meisten Oldtimer-Schiffe auf großer Fahrt

Spaziergang 5: Buddenbrookhaus, St. Marien und Niederegger

Wer den fünften Spaziergang nicht gegangen ist, der kennt Lübeck nicht. Vom alten Hafen, wo die Oldtimerschiffe liegen, geht es zu den Höhepunkten der Hansestadt: Marienkirche, Buddenbrookhaus und Marktplatz samt jenem berühmten Rathaus mit den zwei Windlöchern. Selbstverständlich wird dabei das „Haremskonfekt" von Marzipanien nicht vergessen. Wobei gesagt sein muss: Nicht nur Niederegger macht hervorragende Kreationen aus Mandeln, Zucker und Rosenwasser ...

Museumshafen/ Oldtimerhafen

Hier liegen sie: **12 Traditionssegler,** die im Sommer gerne auf großer Fahrt sind. Einige Eigner treibt es zur Travemünder Woche, andere zu privaten Segeltörns. An Wintertagen schaukeln die schmucken Master im Bereich zwischen der Fußgängerbrücke zur MuK und dem Beginn der Drehbrücke im Holstenhafen. Die Schiffe wurden zwischen 1881 (Fridthjof) und 1957 (Krikvig) gebaut, an manchen Rümpfen sind die Schiffsdaten angebracht. Den Museumshafen, auch Oldtimerhafen genannt, gibt es seit 1962.

Um die zwei prominentesten Boote aus der Nähe zu inspizieren, muss man die Drehbrücke überqueren und auf der Wallhalbinsel bis zum Ende der Media Docks laufen. Dann gelingen Fotos von zwei außergewöhnlichen Schiffen: Das stählerne Feuerschiff **Fehmarnbelt** fungierte bis 1984 als schwimmender Leuchtturm in Nord- und Ostsee. Die danebenliegende Kraweel **Lisa von Lübeck,** ein Schiffstyp, der im ausgehenden Mittelalter populär wurde, ist ein Nachbau, an dem

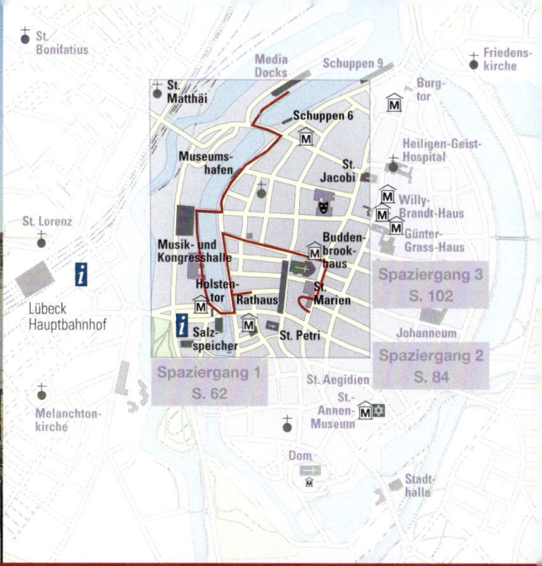

etwa 350 Menschen von 1999 bis 2004 arbeiteten. Ursprünglich befuhr man mit solchen Dreimastern im alten Ägypten die Wasserstraßen, wesentlich später lösten sie in Nordeuropa die kleineren Koggen ab. Unterwegs (und manchmal zum Trocknen) hat die 35,9 m lange und 200 t schwere Lisa mit den zwei „Krähennestern" (Seemannsprache für Ausguck) die Segel mit dem Lübecker Doppeladler gehisst.

Wer sich für das Innenleben von historischen Schiffen interessiert, kann auch die Passat in Travemünde besichtigen (→ Travemünde, S. 131). Und wer nach dem kleinen Umweg ein erstklassiges Fischbrötchen vertilgen will, macht mit der **Fisch-Hütte** (→ Essen und Trinken, S. 33), einem erweiterten Imbissstand vor der Drehbrücke, alles richtig.

Im Museumshafen stehen einige der historischen Segler maritim begeisterten Landratten für Charterfahrten ab 10 Pers. zur Verfügung. Termine und Preise (ca. 800 € inkl. Verpflegung) nach Absprache mit den Skippern (www.museumshafen-luebeck.org). Die **Fehmarnbelt** (www.fsfehmarnbelt.de/indexbes.html) kann jeden Mittwoch ab 17 Uhr besucht werden (Erw. 1,50 €, Kinder bis 12 J. 1 €). Eine Anmeldung (auch für einen abweichenden Termin) unter ✆ 76068 (Christoph Rüdiger) ist sinnvoll, da das Schiff nicht immer im Hafen liegt. Die **Lisa von Lübeck** ist noch häufiger auswärts; nicht selten mehr als 100 Tage im Jahr. Deshalb für eine Besichtigung ab 2 Pers. immer vorher die ✆ 7073445 anrufen. Klaus Völsen vereinbart einen Termin und führt für 2 € pro Pers. durch das Schiff. Im Drehbrückenhaus auf der Wallhalbinsel erhält man zudem einen Flyer zu einem stadtgeschichtlichen **Hafenspaziergang**.

Musik- und Kongreßhalle

Flaniert man von der Wallhalbinsel zurück und folgt der Untertrave Richtung Südwesten, erreicht man wieder die Fußgängerbrücke, die zur 1994 erbauten MuK führt. Von dort kann man das fest verankerte Theaterschiff (→ Kultur und Nachtleben, S. 42) und bisweilen einige Angler ausmachen. In der grauweißen Halle, die von manchem Einheimischen konsequent als Geschmacksverbrechen bezeichnet wird, trifft man sich zu public viewing und diversen

Shows. Außerdem dient sie als Spielstätte des beliebten **Schleswig-Holstein Musik Festivals** (→ S. 46). Der Konzertsaal fasst 1.900 Zuschauer, das Foyer 3.500.

Auf dem Dach erinnert die bunte Figurengruppe „Die Fremden" (1992), ein Documenta-Exponat von Thomas Schütte, an das Schicksal von Flüchtlingen – und konterkariert das Phänomen der „hochgestellten" Persönlichkeiten.

Willy-Brandt-Allee 10. Für Informationen zu Vorstellungen und Tickets → Kultur und Nachtleben, S. 43.

Alternative e. v. – die „Walli"

Das mag ich an Lübeck: Obgleich die Stadt manchmal sehr hanseatisch tut, ist vieles möglich und erlaubt. Die etwas heruntergekommenen und betexteten Gebäude direkt hinter der MuK gehören seit 1978 zu einer alternativen Wohnwagensiedlung (die selbstverständlich von der CDU geschlossen werden sollte). Man atmet freier oder angespannter – je nach eigener Einstellung –, wenn man durch die kleine, verwilderte Siedlung schlendert. Ungefährliche Hunde laufen hier frei herum und einige Jugendliche sind mit den Totenkopfpullis von St. Pauli unterwegs, während andere Bewohner ihre Heime mit frischer Farbe und selbstkreierten Kunstobjekten verschönern – oder, ganz profan, Wäsche aufhängen; dazwischen steht ein Gewächshaus und Kinder spielen. Eine kleine, authentische Revolution zum bürgerlich so eingetakteten Leben.

Willy-Brandt-Allee 9, www.walli-bleibt.de. Im angeschlossenen Treibsand (→ Kultur und Nachtleben, S. 46) kann man unkonventionelle Live-Mucke auf die Ohren bekommen. Am 1. Mai findet alljährlich ein sehr beliebtes und entspanntes Sommerfest statt, inzwischen eine kleine Institution in Norddeutschland. Nachmittags ist Kinderprogramm (Stockbrot, Schminken etc.), gegen Abend treten internationale (Punk-)Bands auf – und das (vegetarische) Multi-Kulti-Essen an den Ständen schmeckt spitze. In den letzten Jahren kamen jeweils knapp 5.000 Besucher zu dem sehr angenehmen „Familienfest".

Zurück zur Untertrave

Läuft man auf der Uferseite der MuK in Richtung Holstentor, hat man, besonders bei schöner Abenddämmerung, einen ziemlich perfekten Fotoblick. Die **„Skyline"** Lübecks zeichnet sich vor den Türmen von St. Marien und St. Petri ab. Nur der unschöne Radisson-Bau stelzt mit seinen zwölf Pfeilern etwas ungelenk ins Travewasser; gut, dass man fotografisch um ihn herumkommt. Man passiert das Holstentor (→ Spaziergang 1, S. 66) und überquert die gleichnamige Brücke, um wieder auf die Altstadtinsel zu gelangen.

Der **ehemalige Stadthafen** an der Untertrave reichte von der Braun- bis zur Mengstraße. Hier und an den anderen Anlegestellen bis zum Burgtor lebten Seeleute aller Couleur, aber auch

Friedliches, freies Leben wider der Bürgerlichkeit

Hering, Bier und Wirtschaftskrise – die Häfen Lübecks damals und heute

Von der Braunstraße bis zum Museumshafen zog sich vom 12. bis zum 19. Jh. der wichtigste Hafen Lübecks. Zwischen 800 und 2.800 Schiffe liefen Jahr für Jahr ein und aus. Man verlud Luxusgüter wie Tuche, Wachs und Pelze – Letztere waren im Mittelalter so begehrt, dass man mit stumpfem Pfeil und gespanntem Bogen auf Eichhörnchenjagd ging! –, aber v. a. auch Getreide, Hering und Bier: Die gehobene Schicht hatte 140 Fastentage zu überbrücken ... Der Reichtum Lübecks war einzig und allein den Wasserstraßen geschuldet, die zur Ostsee und ins Landesinnere führten. So erstaunt es nicht, dass die Stadt, die während der großen Hansezeit mit Venedig verglichen wurde und die zweitgrößte Handelsflotte nach Holland besaß, noch zu Beginn des 20. Jh. erstaunliche 24 Häfen und Werften hatte: vom Kanal- bzw. St.-Jürgen-Hafen südlich des Domviertels bis zum Priwall in Travemünde; vier dieser Häfen lagen zu beiden Seiten der Innenstadt. Vom 11. November bis zum 22. Dezember gab es ab 1502 eine Reisesperre; die Ostsee war häufig zugefroren. Eine Ausnahme wurde nur bei Bier- und, genau, Heringstransporten gemacht.

Früher legten solche Koggen an den Kaikanten der Altstadt an

Heute kämpft die Lübecker Hafen-Gesellschaft (LHG) gegen ganz andere Probleme. Optimistische Schätzungen müssen nach dem Bankrott der Lehman Brothers korrigiert werden. Statt eines Umschlags von 63.000.000 t, die für 2025 prognostiziert wurden, hat man einen Rückgang von ca. 25 % zu verkraften – und ist damit „Spitzenreiter" der deutschen Ostseehäfen ... Jetzt versucht man, sich nach den fetten Jahren wieder an die 30-Millionen-Grenze im Handel mit skandinavischen und anderen nordeuropäischen Ländern heranzupirschen. Verschifft werden Papier, Holz und Zellulose (Import), aber auch Obst, Gemüse, Fahrzeuge und chemische Erzeugnisse (Export). Der wichtigste Stützpunkt des größten deutschen Ostseehafens ist zweifelsohne der Skandinavienkai (→ Travemünde, S. 182), seines Zeichens sogar der größte RoRo- und Fährhafen Europas. Man kann es den ungefähr 7.000 Menschen, die mit den Hafenanlagen ihr Geld verdienen, nur wünschen, dass die Zahl der mehr als 400.000 Passagiere, die mit einer der großen Reedereien zur Schiffsreise in den Ostseeraum aufbrechen oder in Travemünde ankommen, weiter emporklettert – und auch die Umschläge der Frachter wieder ansteigen.

Tabak-, Wein- und Bierhändler sowie Krämer und Wirte. Es gab eine hölzerne Bude zur Zollerhebung, Kochstellen, öffentliche Toiletten und ab 1854 eine kleine Hafenbahn. Zum Anlegen der Schiffe waren Holzpfähle von gut 1 m Höhe über dem mittleren Wasserstand angebracht. Zahlreiche Träger, die die Koggen und Kraweele „löschten", sorgten für die typische Geräuschkulisse des alten Hafens. Sie waren u. a. für die Qualitätskontrolle, Wrackbergung, das Aufeisen eingefrorener Schiffe und das Feuerwehrwesen zuständig. Boote mit einer Tonnage von 200 t fuhren allerdings selten zur Altstadtinsel. Warum? Erst 1850/54 vertiefte man die Fahrrinne auf 4 m, 1906/12 auf 8 m.

Heute sind in diesem Abschnitt bis zur Mengstraße nur noch drei nebeneinanderliegende Häuser interessant; der Bombenangriff von 1942 war zu verheerend. Ein „Klotz" ist der Speicher von 1870 (Nr. 98), in dem das **Marzipanland** (→ Essen und Trinken, S. 34) seine köstlichen Kreationen anbietet. Am nachfolgenden Speicher mit neogotischer Backsteinfassade (Nr. 97) sind Ladeluken und eine Winde sehenswert. Die Nr. 96 darf als schöner Plattenbau der frühen Neuzeit gelten.

Übrigens: Derzeit kann man zwischen Braun- und Alfstraße ein **archäologisches Projekt** der Superlative mitverfolgen: Bis 31. Dezember 2013 ist das Gründungsviertel von Lübeck die größte archäologische Grabungsstätte der Bundesrepublik. Auf der Suche nach einer slawischen Siedlung – bisher konnte man eine solche Niederlassung nur für Alt-Lübeck ausmachen (→ S. 18) – wollen über 27.000 m^3 Erdreich mit wissenschaftlichem Feinbesteck bewegt werden. Die Forscher müssen 5 m in die Tiefe gehen: eine Sisyphusarbeit aus Leidenschaft. Denn selbst wenn man „nur" das älteste Haus Lübecks oder das Geburtshaus von Emanuel Geibel freilegt – Erfolge sind vorprogrammiert. Der ganze Altstadthügel ist voll von gut konservierten Relikten des Mittelalters, die seit den 1950er-Jahren aus den alten Kloaken geborgen werden. Knapp 10 Mio. € Etat stehen seit dem 1. Oktober 2009 zur Verfügung, 9,15 Mio. € davon aus dem Welterbetopf der BRD.

Am InfoPoint (Mo–Do 8–15.30 Uhr, Fr 8–18 Uhr, Sa/So 10–18 Uhr) in der Braunstr. 14 kann man sich über die Arbeiten der unermüdlichen Nachfolger von Indiana Jones schlau machen. Ab Juli/Aug. 2013 sollen auch die öffentlichen Führungen über das Areal wieder aufgenommen werden. Neueste Infos (u. a. zu den Grabungsfunden) erhält man unter www.AusgrabungGruendungsviertel.luebeck.de.

Mengstraße, erster Teil

Wer halbwegs die Ohren und Augen offen hält, kennt sie: Die Mengstraße ist eine der berühmtesten Straßen Deutschlands und längst in die Weltliteratur eingegangen. Sowohl der Lehrer John Möller, leiblicher Vater von Willy Brandt, als auch die Großeltern von Thomas Mann lebten hier.

Betritt man die Mengstraße von der Untertrave aus, wird man um Jahrhunderte zurück in die Vergangenheit versetzt, denn immerhin blieb dieser untere Abschnitt von den Bomben verschont: Von der Marienkirche standen nach dem Krieg nur noch die Grundmauern, vom Buddenbrookhaus war einzig und allein die Fassade übrig ...

Gleich zu Anfang macht das Spätrenaissanceportal mit der hängenden Traube auf sich aufmerksam (Nr. 66–70). Man erkennt dorische Halbsäulen mit Blütenranken und über dem Halbrund die Figuren „Krieg" und „Frieden". In Nr. 64, einem hohen Speicher in gotischem Stil, befindet sich die **älteste Weinhandlung Deutschlands.** Die 1678 gegründete Firma Carl Tesdorpf führt neben diversen Sorten selbstverständ-

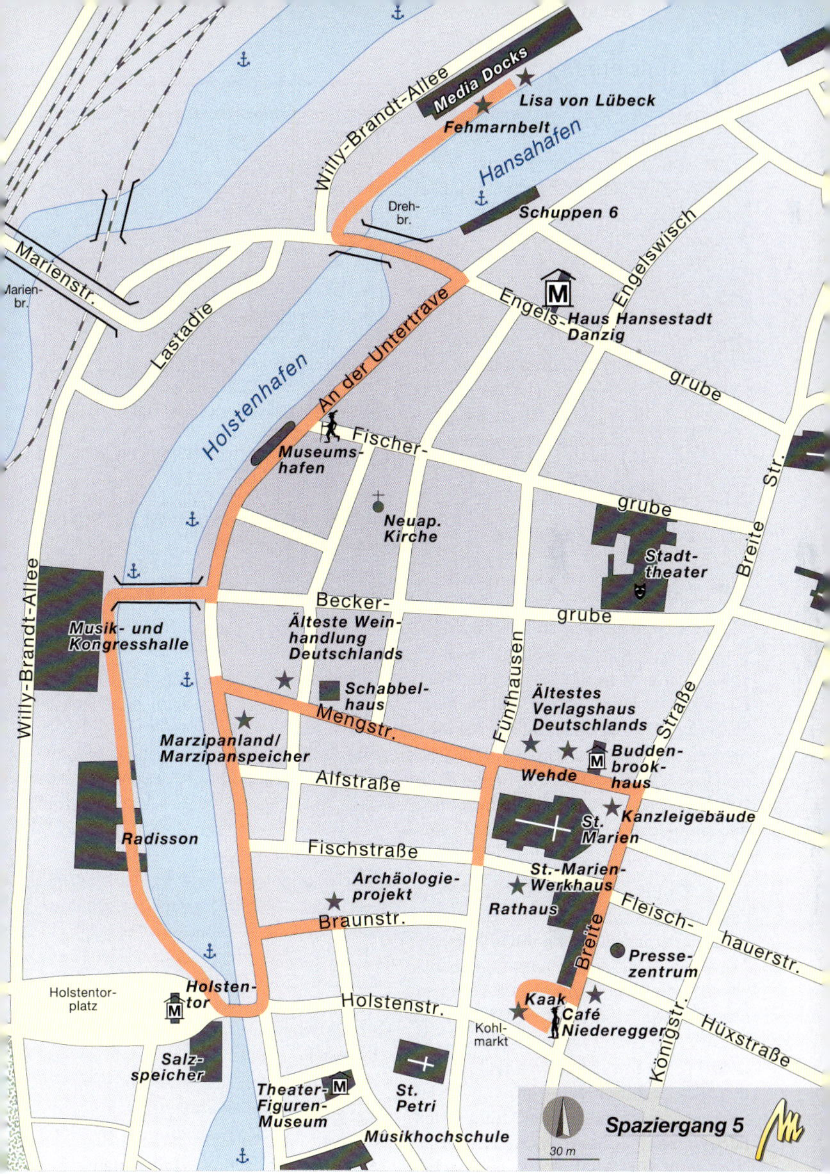

lich auch Lübecker Rotspon (→ Essen und Trinken, S. 35). Im Haus daneben (Nr. 62) lebte im 18. Jh. Bürgermeister Jürgen Blohm. Sein Vater vollzog den gewaltigen Schritt vom Handwerker zum Fernhandelskaufmann. Heute ist an der klassizistischen Fassade die Lübecker Babyklappe angebracht.

Gegenüber befindet sich das **Kommunale Kino** (Koki, Nr. 35, → Kultur und Nachtleben, S. 41), das für Filmkunst

Bedeutende Hochhäuser an der Untertrave

abseits des Mainstreams steht. Nach Nr. 56 führen drei Schwibbögen in die Siebente Querstraße. Solche Streben dienten der Stabilisierung der Wände; sie finden sich auch in vierfacher Folge bei Nr. 40 und an der Nordwand der berühmten Schiffergesellschaft (→ Spaziergang 4, S. 134).

Einen Einblick in die **Terrakottakunst** eines Statius von Düren erhält man über dem Eingang von Nr. 52. In der Mitte eines fünfscheibigen Ensembles ist ein schwertschwingender Drachentöter in vollem Harnisch zu sehen. Auch bei der Nr. 27 hat sich der Meister aus dem 16. Jh. mit Porträtmedaillons und Prophetenbildern verewigt; die Relieffolge ist dieselbe wie in der Fleischhauerstraße (→ Spaziergang 2, S. 97).

Schabbelhaus

Rechts des terrakottaverzierten Hauses hat sich das Schabbelhaus (siehe auch Essen und Trinken, S. 36) in zwei Gebäuden niedergelassen (Nr. 48–50). Man tafelt mit großem Genuss, aber muss seine Geldbörse ein wenig weiter öffnen. Oder wie das Stadtlexikon höflich schreibt: „Die stilvoll eingerichteten Räume gelten als Ort gehobener Gastlichkeit.“ Sogar ein Dadaist war angetan: Im New Yorker Museum of Modern Art hängt eine von Kurt Schwitters (1887–1948) verfremdete Speisekarte des Schabbelhauses ... Besondere Aufmerksamkeit verdient das gelbbraune Portal. Es gehörte ursprünglich zum Glandorp'schen Haus in der Fischstr. 34 und ist einmalig in seiner Art in Lübeck. Die Ursprungsidee zum Schabbelhaus, ehemals untergebracht in der Mengstr. 36, geht auf einen erfolgreichen Bäcker- und Konditormeister zurück: Heinrich Schabbel (→ Spaziergang 1, Große Petersgrube, S. 72). Als er 1904 starb, vermachte er der Stadt 125.000 Goldmark, mit der Auflage, ein Museum für Lübecker Altertümer zu gründen. Die Stadt kaufte das Gebäude, stattete es mit wertvollem Mobiliar aus und eröffnete ebenerdig – die Investition musste sich ja lohnen – eine Weinwirtschaft. Nachdem das Haus nach dem Bombenangriff unbewohnbar geworden war, stellte die

Kaufmannschaft nach Kriegsende 400.000 DM zur Verfügung, um das Erbe des Bäckermeisters aufrechtzuerhalten. Allerdings wählte man die besser erhaltenen neuen Gebäude in der unteren Mengstraße, in denen das exquisite Lokal seit 1955 seine zahlungsfreudige Klientel empfängt.

Mengstraße, zweiter Teil

Der folgende Abschnitt der Mengstraße ist mit öder Nachkriegsarchitektur bebaut. Einst war in Nr. 26 das erste Elektrizitätswerk untergebracht. Es versorgte 1887 einen Umkreis von 600 m mit Strom. Nach dem Polizeirevier der „Insel“ fällt an der Querstraße Fünfhausen/Schüsselbuden der Schriftzug von **Deutschlands ältestem Verlags- und Druckhaus** auf, das seit 1579 existiert. Der Verlag Schmidt-Römhild blickt auf eine über 425-jährige Geschichte zurück und steht damit ungeschlagen an erster Stelle der Literatur-Methusalixe. Lorenz Albrecht gründete die Firma, die 1787 von Georg Franz Justus Römhild und dessen Erben, später von Georg Christian Schmidt und schließlich von der Verlagsgruppe Beleke übernommen wurde. Schon früh verlegte sich das Traditionsunternehmen auf Adress- und Telefonbücher. Außerdem bringt man Regionalia zu Lübeck und Schleswig-Holstein auf den Markt.

In Nr. 8 a–d befindet sich die **Wehde,** das alte Pfarr- und Küsterhaus der Marienkirche. Das Renaissancegebäude stammt aus dem 17. Jh. und beherbergte 1807–30 die Ernestinenschule (→ Spaziergang 4, S. 130).

Das nächste Haus (Nr. 6) ist aufgrund seiner ausladenden Fassade nicht zu übersehen: Es wurde schließlich von einem Ratsherrn bewohnt. Heinrich Brockes trieb den Bau der Lübecker Wallanlagen voran, vertrat die Interessen der Hanse und ließ sich 1609 zum Bürgermeister wählen.

In Nr. 4 befindet sich das zweitbeliebteste Museum Lübecks:

Buddenbrookhaus

Damit keine Zweifel aufkommen: Thomas Mann hat im Buddenbrookhaus nie gelebt. Dafür seine Großeltern, die das weiße Gebäude 1842 erwarben. Das barocke Haus, das zwischenzeitlich eine Bibliothek führte, wurde im Krieg zerstört, Ende der 1950er-Jahre als Bankgebäude wieder hochgezogen und erst im Juni 2000 zum Literaturmuseum.

Bevor man den barocken Schweifgiebel und die Dachplastiken „Die Zeit“ (links) und „Das Glück“ (rechts) von Dietrich Jürgen Boy hinter sich lässt, stößt man

Altehrwürdiges Verlagshaus

auf einen **Stolperstein,** einen von 142 in Lübeck (www.stolpersteine-luebeck.de). Die Gedenkplakette von Gunter Demnig erinnert an Erich Mühsam (→ Kasten S. 101); die gleichnamige Gesellschaft sitzt mit gut sortiertem Archiv ebenfalls im Buddenbrookhaus.

Danach entfaltet sich auf zwei Stockwerken eine außergewöhnliche Dauerausstellung zur Familie Mann und zum Jahrhundertroman, für den der Schriftsteller als 54-Jähriger den Nobelpreis für Literatur erhielt.

Im Erdgeschoss wird in zugänglicher Sprache der Werdegang der Jahrhundertfamilie nacherzählt: von den ersten Schreibversuchen der begnadeten Brüder bis zu den Verfilmungen (s. u.). Auch Bilder und Tafeln illustrieren die Stationen eines ereignisreichen Lebens, z. B. Fotos aus dem Exil oder der Mann'sche Stammbaum von 1611 bis 2007. Die Geschäftstüchtigkeit Katias, die Drogenprobleme von Klaus, die Leben von Golo, Erika und der anderen Kinder können nachverfolgt werden. Lediglich die Homophilie des Hauptthel-

Buddenbrooks: Verfall einer (Lübecker Kaufmanns-)Familie

Den Durchbruch brachten die „Buddenbrooks“ (1901). Allerdings erst zwei Jahre nach der Erstauflage, als das mehrbändige Werk von Fischer in einer günstigen einbändigen Ausgabe auf den Markt kam. Bis 1930 verkauften sich 1.000.000 Exemplare, und es war explizit dieser Roman, der Thomas Mann im Jahre 1929 den Nobelpreis einbrachte. Insgeheim ärgerte sich Herr Mann, weil er nicht für den „Zauberberg“, an dem er 12 Jahre gearbeitet hatte, prämiert wurde ... Heute ist das international gefeierte Werk, das der gerade einmal 25-jährige Schriftsteller „nach etwa zweieinhalbjähriger, oft unterbrochener Arbeit“ (Thomas Mann) beendete, in über 30 Sprachen übersetzt und über 9 Mio. Mal verkauft worden. Samuel Lublinski, ein damaliger Reich-Ranicki, war der erste, der das herausragende Talent des jungen Manns erkannte: „Und darum eben, weil sich in den Buddenbrooks ein erlebtes und tief empfundenes Weltgefühl mit einer bewußten Kunst innig verbunden hat, deshalb bleibt dieser Roman ein unzerstörbares Buch. Er wird wachsen mit der Zeit und noch von vielen Generationen gelesen werden: eines jener Kunstwerke, die wirklich über den Tag und das Zeitalter erhaben sind, die nicht im Sturm mit sich fortreißen, aber mit sanfter Überredung allmählich und unwiderstehlich überwältigen.“

Worum geht es eigentlich? In den „Buddenbrooks“ wird eine Familiengeschichte des 19. Jh. über vier Generationen erzählt, der Niedergang einer Kaufmannsfamilie. Inspiriert ist der Gesellschafts- und Zeitroman von den Büchern der Brüder Goncourt – und einigen (nord-)europäischen Klassikern. Karikiert und kritisiert werden die Leistungsethik des erstarkenden, sich abgrenzenden Groß- und die opportunistischen, antikulturellen Zwänge des Kleinbürgertums. Anders gesagt: Thomas Mann fängt das soziale Gefüge Lübecks und das Fluidum der einstigen Großhandelsstadt in all seinen – auch verabscheuungswürdigen – Verästelungen mit enormer Sprachakrobatik ein. Und das, obgleich nirgends der Name der Stadt genannt wird. Trotz seines literarischen Kosmopolitismus hatte der große Autor auch große Zweifel. An Bruder Heinrich schrieb er am 8. Januar 1901: „Wenn nun niemand das Buch haben will? Ich glaube, ich würde Bankbeamter.“

den wird geflissentlich unter den Teppich gekehrt oder nur sehr am Rande notiert; Lübeck halt ...

Wer die Stimme des Ehrenbürgers hören will, hat die Möglichkeit, einigen O-Tönen zu lauschen. Manche Besucher sind fast erschrocken darüber, wie schwülstig und pastörlich der Herr Nobelpreisträger vorliest. Sehr schlau sind die Sätze von Golo, der es mit seinem Vater „allein [...] schrecklich" fand. Und Katia erzählt frei von der Leber weg, wie sie ihren späteren Gatten kennenlernte. Ein Schmankerl ist dann noch die groteske Liveübertragung aus Stockholm, die wie ein Fußballspiel kommentiert wird.

Zwei Räume des zweiten Stocks sind ein **begehbarer Roman** geworden. Mit einer Buddenbrooks-Ausgabe bewaffnet (Ausleihexemplare vorhanden, entsprechende Seitenzahlen werden angegeben), lässt sich das feudale Leben der gehobenen Bürgerschicht im 19. Jh. nachvollziehen und das Papiertheater des kleinen Hanno, Thomas Manns Alter Ego, mit neuen Augen sehen. Die Beletage wirkt nach heutigen Maßstäben übertrieben, aber nicht ganz so pompös, wie es im Buch beschrieben ist. Das mag an den weißen Laken liegen, die den Auszug der Familie symbolisieren sollen – und nur zur Weihnachtszeit abgehängt werden. Zwei Touchscreens (u. a. mit den berühmten Schlüssellisten) und zig Tafeln und Ziehkästen erlauben eine Vertiefung in Details, von denen selbst Literaturstudenten noch nie gehört haben. So schrieb z. B. Eduard Engel, ein aufgeblasener Literaturprofessor und Sprachpfleger über die „Buddenbrooks": „In den zwei dicken Bänden mit ihren mehr als tausend Seiten werden uns die wertlosen Geschicke wertloser Menschen in wertlosem Gerede vorgeführt. Thomas Mann kann rundheraus nicht deutsch, seine Muttersprache versagt ihm für die einfachsten Ausdrücke".

Weltliteratur made in Lübeck: Das Haus zum Jahrhundertroman

Ausschnitte der vier Buddenbrooksverfilmungen von 1923, 1959, 1978 und 2008 kann man neuerdings in einer winzigen Kammer unter dem Gemurmel der anderen Gäste miteinander vergleichen; spannend, wie unterschiedlich die Szenen umgesetzt sind!

Der erste Stock ist **literarischen Wechselausstellungen** (u. a. zu den zahlreichen Familienmitgliedern) vorbehalten. Im historischen Gewölbekeller findet sich direkt unter der Treppe das Modell des ausladend gebauten Kaufmannshauses.

Der Museumsshop bietet ein enormes Angebot an Büchern; nahezu alle Primärwerke sind vorhanden. Das vorletzte Wort hat selbstverständlich Herr Mann:

„Was ich selber sei, was ich wolle und nicht wolle [...]; wie ich mich zum Leben verhielte und zum Tode: ich erfuhr das alles, indem ich schrieb." Auch wer sich nur peripher für Literatur begeistern kann – das meistbesuchte Literaturmuseum Deutschlands, 2002 von der EU prämiert, sollten Sie nicht verpassen!

Buddenbrookhaus, Mengstr. 4, ✆ 1224190, www.buddenbrookhaus.de. Jan.–März tägl. 11–17 Uhr, April–Dez. tägl. 10–18 Uhr. Eintritt 6 €, erm. 3 €, Kinder (6–17 J.) 2,50 €. Jeden Samstag gibt es um 14 Uhr eine Führung für 10 €. Wer Glück hat, wird von Herrn Bovensiepen herumgeführt. Der Mann ist nicht nur ein wandelndes Thomas-Mann-Lexikon, er zitiert scheinbar mühelos Textstellen wie ein Schauspieler. Ferner findet jeden Mittwoch um 14 Uhr eine Kombiführung vom Buddenbrook- zum Günter-Grass-Haus für 10 € statt. Jeden Sonntag (außer im Jan./Febr./März) um 11 Uhr kann man einen literarischen Spaziergang durch Lübeck zu 10 € mitmachen. Führungen außerhalb der Zeiten kann man unter ✆ 1224243 klarmachen, Kostenpunkt 75 € plus Eintritt.

St. Marien

Die Marienkirche gegenüber ist ein Bauwerk der Superlative. Sie ist die „Mutterkirche" der Backsteingotik in Nordeuropa und besitzt das höchste Backsteingewölbe der Welt: 38,5 m sind es im Mittelschiff! Zu ihrer Zeit war sie mit ihren 125 m hohen Kirchtürmen die höchste Kirche, die je gebaut wurde. Heute gibt es auf der ganzen Welt nur 14 Gotteshäuser, die größer sind. St. Marien ist die drittgrößte Kirche Deutschlands und die bedeutendste Norddeutschlands. Auch die windschiefe Doppelturmfassade, unter der man sich ameisenhaft fühlt, ist beeindruckend – und die zweithöchste der Welt!

St. Marien ist eine der imposantesten Kirchen der Welt

Kreiert wurde die Kirche von Baumeistern aus Flandern und Straßburg zwischen 1260 und 1350. Dabei wurde das ursprünglich romanische Kirchlein zu einer westfälischen Hallenkirche und schließlich zu einer dreischiffigen, gotischen Basilika umgestaltet. Man ging so sehr in die Höhe, dass die Handwerker auf den schmalen Brettern übernachteten, um am nächsten Tag weiterzumauern – sofern sie der starke Wind nicht vom Gerüst wehte.

Geht man im Uhrzeigersinn durch die Basilika, stößt man hinter dem Gitter der zweiten Seitenkapelle nach dem Eingangsfoyer auf **drei Kirchenmodelle,** die die Bauphasen widerspiegeln. In der **Briefkapelle** am Ende der Südwand links arbeiteten die öffentlichen Schreiber. Die frühgotische Kapelle mit ihren schlanken Granitsäulen geht auf 1290 zurück und ist damit älter als das Langschiff. Von Januar bis März wird in diesem Raum der Gottesdienst abgehalten. Über der Tür zur Briefkapelle befinden sich die **Fabelfenster** (man sieht z. B. links oben einen Miniatur-Wolf, der seinen Opfern eine Predigt hält).

Am Boden des Süderturms liegen **zwei Kirchenglocken.** Links die ältere von 1508, die 434 Jahre im Einsatz war. Rechts die zerborstene von 1668 mit einem Gewicht von 7.134 kg. Sie stürzten während des Bombenangriffs 1942 aus 60 m Höhe durch das Gewölbe. Reichspropagandaminister Goebbels ordnete an, sie zur Stärkung der deutschen Kriegslust als Mahnmal zu konservieren. Heute dienen sie mit dem **Nagelkreuz von Coventry** als Mahnmal des Friedens. Zwischen den Türmen, wo sich die Bergenfahrer-Kapelle befand, sind Fotografien der von Phosphorbomben zerstörten Kirche und sechs Schautafeln zu den Organisten und berühmten „Lübecker Abendmusiken" zu sehen. Buxtehude, der später im Altarraum beigesetzt wurde, war so bekannt, dass der 19-jährige Händel und der 20-jährige Bach in Lübeck waren, um den Meister „zu behorchen" (→ Gedenksteine an den Pfeilern des Norder- und Süderturms). Ob der junge Bach 1705 die Stelle als Organist nur deshalb ausschlug, weil Buxtehudes Tochter, die man mit diesem Kontrakt zu ehelichen hatte, keine Schönheitskönigin war, bleibt ein Geheimnis des genialen Musikers. Die Tradition der Abendmusiken, die zum Zeitvertreib der (reichen) Bürgerschaft entstand, wird seit über 360 Jahren in den After-Work-Konzerten fortgeführt. Leider sind die berühmten Orgeln von den Flammen vernichtet worden. 1962–68 baute die Lübecker Firma E. Kemper die **Große Orgel,** die mit ihren 8.512 Pfeifen eine der größten mechanischen Orgeln der Welt ist. Die kleinere **Totentanzorgel,** die man z. B. für Konzerte im Chorraum einsetzt, entstand 1985/86.

Tipp: Wer die weltbekannten Gewölbe von oben sehen, das Glockenspiel im Süderturm sowie das Große Geläut im Norderturm erleben und einiges zur Baugeschichte der Basilika erfahren will, kann eine zweieinhalbstündige **Gewölbeführung** mitmachen. Man passiert einen Teil des Daches und steigt zum Abschluss auf den 60 m hohen Dachreiter der Kirche – geniale Aussicht! Die Motivation, einige Hundert enge Stufen zu ersteigen, und eine gewisse Schwindelfreiheit sollten vorhanden sein ... Erw. ca. 5 €, Schüler/Studenten ca. 3 €. Die Teilnahme ist auf 25 Pers. begrenzt, Karten im Kirchenshop (Vorverkauf). Führungen April–Dez. samstags um 15.15 Uhr und jeden letzten Samstag im Monat um 20.30 Uhr. Außerdem Juni–Sept. zusätzlich mittwochs um 15.15 Uhr. Führungen außerhalb dieser Zeiten für bis zu 12 Pers. auf Anfrage unter ✆ 77391.

Spaziergang 5 → Karte S. 143

In der Totentanzkapelle erinnert der berühmte **Lübecker Totentanz** an die eigene Sterblichkeit (→ Kasten).

Die **Astronomische Uhr** von 1566, die sich direkt daneben befindet, erlitt ein ähnliches Schicksal wie der Totentanz: Auch sie verbrannte 1942. Paul Behrens entwickelte 1960–67 eine vereinfachte Nachbildung. Um 12 Uhr mittags sieht man einen hölzernen Christus die Vertreter aller Rassen und Erdteile segnen. Besonders schön sind der „vorbeifahrende" Indianer und der (Lübecker) Fischer am Ende! Danach kann man während der Hauptsaison und um Weihnachten dem etwas moralischen „Wort zum Alltag" lauschen.

Unter der Totentanzorgel befindet sich eine kleine Gebetskapelle, in der ein Meisterwerk des Nazareners **Friedrich Overbeck** (1789–1869) aufgehängt ist: „Die Grablegung Christi" von 1845. Das Bild kann betrachtet werden, doch bitte verhalten Sie sich in der kleinen Alenkapelle, in die immer wieder Gläubige zum Beten kommen, sehr leise!

Betritt man den Chorraum, begibt man sich auf die Suche nach der **Maus.** Um 1200 hieß es, dass die Freiheit der Stadt so lange gewährleistet wäre, wie ein Rosenstock, der sich bis zum Kirchendach hinaufwand, blühen würde. Eines Morgens waren die Blätter welk, die Dänen eroberten Lübeck. Des Rätsels Lösung war eine Maus, die ihr Nest an den Wurzeln gebaut hatte. Wer den prominenten Nager selbst finden will, sollte den nächsten Satz überspringen!

Zwischen fein gearbeiteten Sandsteinreliefs im Chorumgang sieht man das niedliche Tier, das von den Berührungen der Besucher schon ganz schwarz ist. Am Ende trifft man auf die **Bürgermeisterkapelle** mit dem originalen Chorgestühl, an dem die Flammen vorüberzischten. Hier versammelten sich Rat und Senat vor ihren Sitzungen – ob es etwas gebracht hat? Wer zu spät kam, musste jedenfalls Strafe zahlen. Direkt darüber liegt die **Trese,** eine Kammer, in der Schätze und Urkunden aufbewahrt wurden. Unter anderem befand sich in diesem „Safe" die dänische Krone als

Lübecker Totentanz

Der junge Bernt Notke zeichnete 1463 24 Paare auf einer 26 m langen und ca. 2 m hohen Leinwand. Der Tod tritt als springlebendiger Geselle auf, während die Vertreter aller Stände mit Abwehrbewegungen dem Tanz entkommen wollen. Doch keine Chance – von Papst und Kaiser bis zu Bauer und Wiegenkind reißen die Gerippe die Lebenden mit sich fort. Damit sich die Lübecker angesprochen fühlten, malte Notke die Silhouette der Stadt und die Umgebung gleich mit.

Ursprünglich geht der weltbekannte Figurenfries auf szenische Aufführungen des „danse macabre" in Paris zurück – eine dramatische Dichtung, die auf die Pestwellen reagierte. Das spätmittelalterliche Lübecker Meisterwerk wurde 1701 von einem Kirchenmaler aufgefrischt, die niederdeutschen Verse ersetzte man durch barocke Alexandriner. Heute ist nur noch ein blasses Schwarz-Weiß-Panoramafoto erhalten. Dafür erinnern die Totentanzfenster von Alfred Mahlau seit 1955/56 an die wirkungsmächtige, farbenfrohe Malerei. Auch wenn der kriegszerstörte Totentanz um ein Vielfaches bedeutender war: Die Skelette von Mahlau sind mit höchst irdischen Tributen ausgestattet (u. a. mit Gitarre und Piratenmütze) – und erfüllen den einstigen Auftrag des Kunstwerkes in der Gegenwart: „Bedenke, dass du sterblich bist!"

Was hat es mit der Astronomischen Uhr …

… und dem kleinen Teufelchen auf sich?

Pfand, da der König einst Schulden bei Lübeck hatte. Die Schlüssel für den Raum waren an sieben Personen verteilt. Immer noch dient die Trese den alten Schriften, heute wegen des günstigen Klimas.

Im **Altarraum,** den man nach der Chorumrundung wieder erreicht, stehen ein kunstvolles, 9,50 m hohes und 3 t schweres **Sakramentshaus** von 1479 und ein **Taufbecken** (1337) von Johann Apengeter. Das Tauffass aus Bronze hat ein Fassungsvermögen von 408 l, genau wie ein Lübecker Bierfass. Allerdings darf man den Altar nur während einer Führung betreten!

Wer jetzt nach oben blickt, sieht die von **gotischer Ornamentik** verzierten Gewölbe und Säulenbögen, die an das himmlische Jerusalem erinnern sollen, besonders gut. Diese Re-Gotisierung ist dem Bombenangriff zu „verdanken", da die Kirche vorher zu einem etwas schwülstig-barocken Gotteshaus „verkommen" war. Vor der Reformation sollte in der Marienkirche schon allein wegen ihrer Größe ein Gefühl von Gottesnähe entstehen. Damals hatte St. Marien fast kein Gestühl, an über 40 Altären und Privatkapellen fanden zeitgleich (Toten-)Messen und Andachten, Hochzeiten und Taufen statt. Nach dem Krieg wurden alle Hebel in Bewegung gesetzt, um das Prachtexemplar der Lübecker Kirchen wieder hochzuziehen. Nach zwölf Jahren und 7 Mio. DM erblühte die „Bürgerkathedrale", die einst in Konkurrenz zu den Domherren so überaus hoch gebaut worden war (→ Spaziergang 1, Zum Domviertel, S. 75), am 4. Advent 1959 in neuem Glanz.

Noch ein kurzer Gang vor die Kirche: Rechts vom Eingang befindet sich ein zweifelnd dreinblickendes **Teufelchen aus Bronze** (Rolf Goerler, 1999), links vom Eingang am Ende eines Eisenzauns in einigen Metern Höhe ein zusammengekauertes **Männlein Steinalt,** ein zu Kalkstein gewordener Methusalem. Die Sage zum Teufelchen kann man an einer Wandtafel direkt daneben ablesen; die Story zum Männlein Steinalt wird von den VielMüheProductions auf youtube

Spaziergang 5 → Karte S. 143

(„Steinalt – Eine Sage aus Lübeck“) mit Legofiguren genial nachgespielt.

Fazit: Man war nicht in Lübeck, wenn man nicht wenigstens eine halbe Stunde in der Marienkirche gewesen ist!

Marienkirchhof, www.st-marien-luebeck.de. 1.04.–3.10. tägl. 10–18 Uhr, 4.10.–31.10. 10–17 Uhr, 1.11.–31.03. tägl. 10–16 Uhr. Eintritt 2 €, erm. 1,50 €, Kinder frei. Von Mai–Sept. finden Mo–Sa öffentliche Führungen um 12.15 Uhr und 15 Uhr statt, im Okt. und in der Adventszeit nur um 12.15 Uhr (Dauer: 1–

Die „Schein-Heiligen“ von St. Marien – Lothar Malskats geniale Kunstfälscherei

Der Brand in der Bombennacht ’42 war verheerend. Flammen von 1.200 Grad Celsius fegten durch St. Marien. Dieser Feuersturm sorgte dafür, dass die Kalktünche von den Wänden platzte – und Farbreste alter Bemalungen freigelegt wurden. 1948–54 wurden sie aufwendig restauriert. Einen Heiligenzyklus im Mittelschiff, der auf die erste Hälfte des 14. Jh. zurückgeht, ehrte man in einer Briefmarkenedition. Da man im Chorraum keine Malereien fand, entschlossen sich der Berliner Restaurator Dietrich Fey und sein Gehilfe, der relativ mittellose Künstler Lothar Malskat (1913–1988), zu einem beinahe genialen Coup. Er sollte als größter Fälscherskandal der Nachkriegszeit in die Annalen eingehen. Malskat, der bereits 1937 – ebenfalls im Verbund mit Fey – den Schleswiger Dom „verschönert“ hatte, imitierte den gotischen Stil perfekt und kreierte 21 Figuren. (Seinerzeit war ihm noch ein unangenehmer Fehler unterlaufen: Er hatte einen Truthahn in einen Tierfries gezeichnet, den die Nazis kurzerhand umdeuteten. An der Malerei könne man erkennen, dass der „Nordische Mensch“ schon 200 Jahre vor Kolumbus die Neue Welt entdeckt habe ...)

Diesmal lief alles glatt. „Der Schöpfer dieser Gemälde ist einer der Großen im Reiche der Kunst“, lautete das einstimmige Urteil der Koryphäen. Die scheinbar restaurierten Heiligen wurden als „größte Funde Europas“ gepriesen, Lübeck galt als „Kulturzentrum des Mittelalters“. Das „unerreichte mittelalterliche Meisterwerk von gewaltiger Zeugniskraft“ war sogar Thema einer Doktorarbeit. Vielleicht würden Sie noch heute von der „Leuchtkraft der Farben“ und der „selbstbewußten bürgerlichen und künstlerischen Gesinnung“ der Malereien in diesem Reiseführer lesen – wenn, tja, wenn es nicht den Künstlerneid und die Künstlereitelkeit geben würde. Als Fey während der 700-Jahr-Feier der Marienkirche von Bundeskanzler Adenauer gelobt und Malskat nur mit einigen Bier- und Schnapsmarken abgespeist wurde, wandte sich der Meisterfälscher an die Presse. Obwohl der SPIEGEL seinen „Amoklauf der Wahrheit“ (Malskat) abdruckte, wurde den Ausführungen des schmächtigen Königsbergers nicht geglaubt; erst die Selbstanzeige von 1952 wies ihn als Schöpfer der Chorgestalten aus. Am 25. Januar 1955 wurde Fey zu einer 20-monatigen, Malskat zu einer 18-monatigen Gefängnisstrafe verknackt. Unklar blieb, inwieweit die Kirchenleitung von allem gewusst und stillschweigend mitgemacht hatte. Kurzerhand beschloss der Bischof, die Gemälde abzuwaschen, zumal sie, laut den Richtern, „mit einem sittlichen Makel behaftet und völlig wertlos“ seien. Heute trauert man den verschwundenen, genialen Imitaten bei jeder Führung nach. „Der Fall Lothar Malskat“ wurde 1966 vom ZDF verfilmt, Günter Grass baute ihn in seinen Roman „Die Rättin“ (1986) ein.

1:30 Std.); Spenden erwünscht! Führungen außerhalb der Zeiten (z. B. zum Lübecker Totentanz) auf Anfrage unter ✆ 77391, Preis nach Vereinbarung. Den 30-minütigen After-Work-Konzerten kann man im Mai/Juni und Sept.–Nov. jeweils freitags um 19 Uhr lauschen, Eintritt ca. 5 €. Im Juli/Aug. wird während des Lübecker Orgelsommers an Donnerstagen um 19 Uhr einstündig aufgespielt, Kosten 10/6 €. Kleiner **Shop** im Kirchenraum mit zahlreichen Postkarten und vielen CDs zur Orgelmusik.

Durch die Breite Straße zum Rathaus

Die Breite Straße ist als Fußgängerzone die Shoppingmeile Lübecks. Hier tummeln sich die üblichen Verdächtigen von H & M bis Karstadt. Ungleich charmanter und kreativer sind die kleinen Läden in der Hüx- und Fleischhauerstraße (→ Spaziergang 2, S. 94/96).

Wer jetzt der Herkunft der Familie Mann nachspürt, wird leider auch enttäuscht werden. Die Nr. 38, 52 und 54, wo die Manns 1869–82 wohnten, sind funktionale Bauten der Nachkriegszeit.

Dafür fällt die **Renaissancefassade des Kanzleigebäudes** ins Auge. An der Westseite befindet sich ein etwa 50 m langer Arkadengang. Das Gebäude selbst war diverse Male erweitert worden, bis man das lang gestreckte Backsteinhaus 2005 komplett sanierte und prompt zwei Auszeichnungen erhielt: den Architekturpreis 2006 für Gewerbebauten und 2007 den renommierten Hauptpreis des Bundes Deutscher Architekten in Schleswig-Holstein. Schon im 14. Jh. gab es Stadt- und Ratschreiber in diesen Räumen, im Erdgeschoss boten Pelzer und Schuster ihre Waren feil. Später beherbergte das Kanzleigebäude u. a. das Staatsarchiv, das Katasteramt und das Polizeiamt mit einem kleinen Gefängnis, dem „Bullenstall". Heute haben sich das **Wiener Caféhaus** mit dem einstigen Archivsaal im ersten Stock (Ausmalungen von Asmus Jessen), der **Lübeck Laden** (geöffnet Mo–Fr

Die meist gut bevölkerte Fußgängerzone der alten Hansestadt

Spaziergang 5 → Karte S. 143

10–18.30 Uhr, Sa 10–18 Uhr) mit seinen mehr oder weniger typischen Souvenirs und das Lübecker **Teekontor** im Kanzleigebäude niedergelassen.

Auf dem Weg zum Rathaus passiert man den Abzweig zur Straße Schrangen. Wo heute die modernen Konsumtempel und einige Imbisswagen stehen, befand sich im Mittelalter die Fronerei. Im Holstentormuseum (→ Spaziergang 1, S. 68) stehen die alten Folterwerkzeuge der Scharfrichter.

Auch die Münzprägung fand früher im Herzen Lübecks statt: In der Breiten Str. 63/65 hatte der Rat 1329 ein Gebäude erworben, in dem die **Alte Münze** bis 1367 untergebracht war. Danach verlegte man die Prägestätte auf das Eckgrundstück Königstraße/ Fleischhauerstraße. Dort blieb die Neue Münze bis zum Ende der eigenständigen Münzprägung im Jahr 1801.

Rathaus

Noch heute wird das Rathaus von Bürgermeister und Senat „bewohnt". Es ist Sitz der Verwaltung und Tagungsort der Bürgerschaft und ihrer Ausschüsse. Nebenbei ist das Rathaus das historische Herzstück Lübecks und von außen anziehender als von innen, zumal die heruntergeratterte Führung etwas enttäuschend ausfiel. Auf jeden Fall lohnt es sich, das rechtwinklige Bauwerk, das in seinen ältesten Teilen auf 1230 zurückgeht, zu umrunden und die Architektur eines der größten und bedeutendsten Rathäuser Deutschlands kennenzulernen. Die freie Reichsstadt wollte schließlich zeigen, weshalb sie zum Haupt der Hanse erwählt worden war. 1356 fand der erste Hansetag in jenem Prachtbau statt.

Auf der Seite zur Breiten Straße sind der geschnitzte, farbig bemalte **Rathausbalkon** von 1586 und eine **Prunktreppe** von 1594 bedeutend. Sie führte zur Kriegsstube, dem ehemals schönsten und im Zweiten Weltkrieg zerstörten Raum. Ein Blick ins Innere des Rathauses zeigt das neugotische **Foyer** von 1887; schön sind die Ornamente an der Decke und die schwarz glasierten Ziegel. Das **Renaissanceportal** von Tönnies Evers d. Ä., das zum Audienzsaal führt, ist eine gekonnte Schnitzarbeit von 1573, in die eine Feinheit – oder sollte man Fiesheit sagen? – eingebaut wurde: Die Verurteilten des hansischen Obergerichts – es tagte im Audienzsaal – mussten durch die kleinere der zwei Türen ... Der Volksmund deutete die Symbolik schlagfertig um: „Kleine Tür für kleine Sünder, die große für große!" Um mehr vom Innenleben des Rathauses zu sehen, muss man sich einer Führung anschließen.

Diese führt u. a. in den **Rokokoaudienzsaal.** Die sich darin befindlichen zehn Gemälde (1759/61) von Stefano Torelli beschreiben die idealen Sinnbilder für eine Stadtregierung. Neun Tugenden werden von Frauen verkörpert; nur die Verschwiegenheit gemeinerweise durch einen Mann. Der Raum mit einem 2 t schweren, eisernen Ofen aus dem 18. Jh. wird heute bisweilen für Empfänge, Ehrungen oder Konzerte genutzt. Im Obergeschoss befindet sich mit dem **Bürgerschaftssaal** der attraktivste Raum. Dieser erlebte zwischen 1887 und 1891 eine Neugestaltung und wirkt in seinem neugotischen Stil fast schon ein wenig maurisch. Von den 60 historischen Sitzen besetzt derzeit 18 die SPD. Sie ist unter dem Vorsitz von Bürgermeister Bernd Saxe die stärkste Kraft; der Diplom-Sozialwirt ist seit 2000 der 228. Bürgermeister der Hansestadt. Wer Lokalpolitik ertragen mag, kann an jedem letzten Donnerstag des Monats das Stadtparlament im Bürgerschaftssaal belauschen. Kostenlose Tickets gibt es ab Montag davor an der Rezeption.

Doch besonders von außen und erst recht vom Markt aus entfaltet sich das Rathaus

Das Rathaus galt im Mittelalter als „steinernes Märchen"

in seiner vollen Pracht. Allen Reisenden fällt sofort die **Marktwand mit den zwei Windlöchern** auf. Diese Schneidearbeit entstand um 1435 und war ein Einfall von Stadtbaumeister Nikolaus Peck. Seither trotzen die Backsteine allen Stürmen.

Einige Generationen vorher zogen die Ratsherren von der Nordwestecke des Marktes in die jetzige und bauten zwischen 1288 und 1308 das **Lange Haus** an ihr Rathaus: Es wurde wegen seines Festsaales im Obergeschoss auch „Dan(t)zelhus" genannt. 1440/44 entschied sich der Rat für eine zweite Vergrößerung. In diese Zeit fällt die Errichtung der **Prachtfassade** mit ihren Zinnen und Wappen. Unter der Marktwand kam dann noch ein weißer **Renaissancebau** (1570/71) hinzu, der nach niederländischer Mode und aus Sandstein gestaltet ist.

Rathaus, Breite Str. 64, ✆ 1221005. Besichtigung nur im Rahmen einer Führung möglich, Kostenpunkt 4 €, erm. 3 €, Familienkarte 10 €. Mo–Fr 11, 12 und 15 Uhr oder Sa/So 13.30 Uhr, sofern keine Veranstaltungen stattfinden. Besichtigungen zu anderen Zeiten sind nur im Rahmen von Stadtführungen (→ S. 55) möglich.

Marktplatz

Mit dem Wiederaufbau nach dem Zweiten Weltkrieg wurde der Marktplatz kleiner – und, man muss es leider sagen, auch unästhetischer. Ideen des Denkmalschutzes waren angesichts der historischen und privaten Katastrophen nebensächlich. Anders als im Mittelalter ist der Kohlmarkt (wo übrigens kein

Die elegante Seite des Marktplatzes

Kraut, sondern Holzkohle verkauft wurde) heute durch eine Häuserreihe vom Platz getrennt. Doch auch die Verbindungen zur Schüsselbuden (westlich), zur Mengstraße (nördlich) und zur Breiten Straße (östlich) sind eingeschränkt. 1290 gab es auf dem großen Markt 1.072 Verkaufsflächen. Erst zum Ende des 13. Jh. wurde die Kaufs- und Verkaufsgerechtigkeit auf Orte außerhalb des Marktplatzes ausgedehnt. Lediglich Goldschmiede, Nädler, Bäcker und Fleischer waren weiterhin an den Marktzwang gebunden.

Der Markt war aber nicht nur für die Versorgung der Städter überlebenswichtig. Auch das Niedergericht fällte bis weit in die frühe Neuzeit seine Urteile unter der Rathauslaube des Renaissancebaus. Hier verlas der Rat außerdem ab 1297 die sog. **Bursprake.** Diese polizeiliche Anordnung (die viermal im Jahr stattfand) handelte z. B. davon, dass Bettler und Obdachlose bei der Getreideernte zu helfen hatten – sofern sie keine derben Schläge ertragen wollten. 1809 wurde die letzte Bursprake (deren Anordnungen sich wiederholten) vor den versammelten Bürgern (= Bur) vorgetragen.

Daneben liegt der **Ratskeller,** der zu den ältesten Teilen des Rathauses gehört und ursprünglich ein Lager für den Weinhandel der Ratsherren war. Heute kann man in einer Gaststätte gleichen Namens die traditionellen Lübecker Gerichte einnehmen (→ Essen und Trinken, S. 37). Neben dem Eingang sind die Gedenktafeln für die Lübecker Märtyrer (→ Kasten S. 77) angebracht.

Unter der Schauwand des Rathauses mit den Wappen befand sich die **Ratswaage**; unter der zweiten Arkade von links sieht man noch die eisernen Stangen, an denen diese öffentliche Waage befestigt war. Der Hintergrund: Jede mittelalterliche Stadt hatte andere Maße, Gewichte und Währungen – und auch in Lübeck änderten sich die Einheiten immer wieder.

Auf dem sog. **Kaak** waren die Delinquenten der Boshaftigkeit ihrer Mitmenschen ausgesetzt – Gefängnisstrafen gab es schlichtweg nicht. Der einstige Pranger (im Volksmund „Finkenbauer"), der sich heute wiederaufgebaut und restauriert auf der Südostseite des Marktplatzes befindet, stand im Spätmittelalter auf der Westseite über einer Butterbude – und geht bis ins 15. Jh. zurück.

Heute erstrahlt der Marktplatz, der sich auf dem topografisch höchsten Punkt des Altstadthügels befindet, v. a. während des **Weihnachtsmarktes** (→ S. 47) in edlem Glanz. Niemand kann sich dann vorstellen, dass an selbiger Stelle im Jahre 1363 ein Lübecker Bürgermeister enthauptet wurde: Johann

Spaziergang 5 → Karte S. 143

Wittenborg soll Wucherzinsen verlangt (35 statt 6 %) und sich am Kirchenvermögen vergriffen haben; außerdem war ihm das Kriegsglück gegen Dänenkönig Atterdag versagt geblieben.

Mo und Do findet ein Wochenmarkt auf dem Marktplatz statt.

Café Niederegger

Willkommen im Reich des Marzipans! Es gibt wohl nur wenige Lübecker, die nicht wenigstens einmal ihren heimischen „Haremskonfekt"-Vorrat in der Firmenzentrale am Marktplatz aufgefüllt haben. Dabei ist das Niederegger'sche nicht zwingend das beste Marzipan. Neben der Süßigkeit des weltberühmten Branchenprimus gibt es noch die Produkte der Firmen Marzipanland, Mest, Carstens und Lubeca (→ Lübeck in Stichworten/Marzipan).

Im Café Niederegger ist ein kleines Museum untergebracht. Der kostenlose **Marzipan-Salon** im zweiten Obergeschoss beeindruckt durch das größte Marzipankunstwerk der Welt – zwölf Figuren, die im weitesten Sinne mit Marzipan in Verbindung zu bringen sind – und gewitzte Zitate zur ehemals exklusiven Leckerei. So stellte z. B. Thomas von Aquin im 13. Jh. eindeutig fest: „Solche verzuckerten Gewürze brechen die Fasten nicht." Man kann einer Marzipankünstlerin beim Bau von Marzipanfiguren zusehen (Mo–Mi/Fr 13–18 Uhr) und zu klassischen (Cembalo-)

Lübecker Marzipan: das „Haremskonfekt" aus dem Orient

Thomas Mann wurde von der literarischen Satire seiner Zeit gerne als „Lübecker Marzipan-Bäcker" verspottet, worauf er, ein wenig eingeschnappt, reagierte: „Durch den Marzipan aber kann ich mich nun schon garnicht gekränkt fühlen, denn erstens ist er eine sehr wohlschmeckende Substanz und zweitens eine nichts weniger als triviale, sondern geradezu merkwürdige und [...] geheimnisvolle. Marci-pan, das heißt ja offenbar, oder wenigstens nach meiner Theorie, panis Marci, Brot des Marcus, des heiligen Marcus, der der Schutzheilige von Venedig ist. Und sieht man sich diese Süßigkeit genauer an, diese Mischung aus Mandeln und Rosenwasser und Zucker, so drängt sich die Vermutung auf, daß da der Orient im Spiele ist, daß man ein Haremskonfekt vor sich hat, und daß wahrscheinlich das Rezept zu dieser üppigen Magenbelastung aus dem Morgenlande über Venedig nach Lübeck an irgend einen alten Herrn Niederegger gekommen ist."

Dem ist wenig hinzuzufügen ... Außer dass des Nobelpreisträgers wortgeschichtliche, volksetymologisch populäre Herleitung heute umstritten ist. Wahrscheinlich basiert der ursprüngliche Name auf dem arabischen „maut(h)aban", was soviel wie „sitzender König" heißt und auf eine Münze zu Zeiten der Kreuzzüge zurückgeht. Zur Bezeichnung „mat(t)apan" kam es in Venedig um 1200, als eine Nachahmung dieses Geldstücks in Umlauf kam. Für den Gegenwert konnte man eine Kiste kaufen, in der – genau! – Marzipan gelagert wurde, um es per Schiff in den Handel zu bringen. Im 15. Jh. entstand schließlich die italienische Bezeichnung „marzapane". Unumstritten bleibt der vorzügliche Geschmack des „Mandelmußes" (mittelalterliche Bezeichnung für Marzipan), das, sofern es sich Lübecker Marzipan nennen will, in der Hansestadt hergestellt worden sein muss und einen Zuckeranteil von 30 % nicht überschreiten darf. Angenehmes Genießen!

Das größte Marzipankunstwerk der Welt

Klängen stilvoll durch den Raum wandeln. Nebenbei wird ein stummer Film zur maschinellen, modernen Herstellung gezeigt.

Neben der Historie des Hauses von Johann Georg Niederegger (1777–1856), einem Ulmer Konditorgesellen, erfährt man die Basics zur Geschichte des Marzipans. Seit Rhazes (ca. 865–925), ein persischer Forscher und Arzt, darüber geschrieben hatte, sprach man dem Naschwerk sogar eine Heilkraft zu. Bis ins 18. Jh. erhielt man es in Apotheken – Marzipan auf Rezept sozusagen – und, wenn man Glück hatte, als reicher Kaufmann: 1604 wurden bei einem Hansetag etwa 22 Pfund als Nachspeise im Wert von umgerechnet 2.300 € verputzt. Mit der ersten Rübenzucker-Fabrik im 19. Jh. etablierte sich das beliebte Konfekt – Ludwig XIV. schätzte es als Statussymbol, Niederegger belieferte später den russischen Zaren – zu einem Massenprodukt; 1926 gab es 35 Marzipanhersteller in Lübeck.

Inzwischen stellt Niederegger mit seinen 450 Beschäftigten von September bis März täglich bis zu 30 t her. Wer sich von der Qualität überzeugen mag, kann den Klassiker des Hauses in gediegener Atmosphäre einnehmen: eine Marzipan-Nuss-Sahne-Torte. Im Erdgeschoss findet sich eine reichhaltige Auswahl von Marzipanfrüchten bis zum Marzipanholstentor, von Torten zum Mitnehmen bis zu Konfektschachteln.

Biegt man links neben dem Stammhaus in die Hüxstraße, sieht man in den Schaufenstern rechter Hand einige saisonal wechselnde Kunstwerke aus Marzipan, u. a. die Büste des Firmengründers, der man am liebsten die sicherlich wohlschmeckende Nase abbeißen möchte.

Café Niederegger, Breite Str. 89. Zu den Öffnungszeiten → S. 40. Es ist kein Problem, einfach nur den Marzipan-Salon zu besuchen und nichts zu kaufen – sofern man das schafft ... Ab 10 Pers. können Genussführungen durch den Salon und/oder zur Modellierung von Marzipan gebucht werden. Es gibt fünf Varianten (z. B. „Cocktailstunde im Salon", „Do it yourself") zwischen 5 und 20 € pro Pers.

Spaziergang 5 → Karte S. 143

Das Pöppendorfer Großsteingrab ist in die Literatur eingegangen

Unbekanntes Lübeck

Wer an Lübeck denkt, meint die Altstadt und Travemünde. Was die wenigsten Besucher wahrnehmen: Die Hansestadt hat acht weitere Stadtteile, die früher bisweilen eigenständige Vorstädte waren. Die nach der Altstadt ältesten Bezirke sind St. Gertrud, St. Lorenz Nord, St. Lorenz Süd und St. Jürgen. Seit 1861 erwähnt, wurden sie erst rund 30 Jahre später ausgiebiger bebaut. Die Stadtteile Schlutup, Kücknitz, Moisling und Buntekuh sind noch seltener im Fokus von Urlaubern – teils zu Unrecht.

St. Gertrud

Der Stadtteil St. Gertrud nordöstlich des Burgtors ist eine der beliebtesten Wohngegenden der Hansestadt. Einfamilienhäuser, Reihenhäuser und Mietwohnungen in den Bezirken Israelsdorf, Marli, Brandenbaum und Eichholz prägen ihn ebenso wie die Villen an der Wakenitz und am 12 ha großen Stadtpark mit seinen 900 Bäumen, der um die vorletzte Jahrhundertwende angelegt wurde. Außerdem gehört das niedliche Dörfchen Gothmund dazu, wo es noch immer hauptberufliche Fischer gibt.

Der Name des Stadtteils geht auf eine abgerissene Kapelle zu Ehren der heiligen Gertrud zurück. Die belgische Äbtissin gilt als die Schutzpatronin der Reisenden und Armen. Das ihr geweihte, kleine Gotteshäuschen errichtete man während der Pestwellen im 14. Jh. vor dem Burgtor. Im 17. Jh. opferte man kurzerhand die Kapelle samt Friedhof, um die Verteidigungsanlagen der freien Reichsstadt auszubauen.

Die Sehenswürdigkeiten im Stadtteil St. Gertrud liegen – mit Ausnahme von Gothmund – nur 1–2 km vom Burgtor entfernt und sind gut zu Fuß zu erreichen.

Brahms-Institut: Lieben Sie Brahms? Falls ja, ist das sehr kleine, aber ziemlich feine Brahms-Institut in der Villa Eschenburg die richtige Anlaufstation für Sie. Der Bestand und die Wechselausstellungen bieten einen Einblick in das Schaffen und den Freundschaftskult des einflussreichen (bürgerlichen) Komponisten.

Johannes Brahms (1833–97) hatte in seinem Leben über 1.000 Briefpartner, darunter die von ihm so verehrte Clara Schumann. Neben Schreiben dieser Art finden sich im ersten der beiden Räume auch Musikhandschriften, Fotos und sogar eine Haarlocke des beleibten Bartträgers. Spannend und interessant sind die Hörstationen, die einen ersten Eindruck von Brahms' musikalischem Genie geben. Auch die skurrilen Eigenheiten des eigenbrötlerischen Junggesellen aus Hamburg werden nicht verschwiegen. Im zweiten Raum zeigt ein abfotografiertes, lebensgroß vergrößertes Aquarell die bildungsbürgerliche Ausstattung in der Wiener Wohnung.

Die Räumlichkeiten der Villa Eschenburg sind für sich schon sehenswert. Sie bilden immerhin die Keimzelle der Lübecker Musikhochschule (→ S. 43 und Spaziergang 1, S. 71). Nach einem Brand im Jahr 1998 wurde die Villa aufwendig saniert. Besonders schön sind der ovale, helle Wintergarten und der an die Sammlung grenzende Festsaal mit der Stuckdecke.

Fazit: Das klassizistische Landhaus von 1800 ist ein guter Ort, um Teile der Sammlung Hofmann – die weltweit größte private Brahms-Sammlung – sowie exklusive und originale Neuerwerbungen auszustellen. Ende April/Anfang

Unbekanntes Lübeck → Karte hinterer Umschlag

Mai findet in der Musikhochschule das alljährliche Brahms-Festival statt.

Jerusalemsberg 4, ✆ 1505402 (Herr Weymar), www.brahms-institut.de. Mi/Sa 14–18 Uhr. Eintritt frei. Am zweiten Samstag im Monat (außer Sept.) gibt es um 14 Uhr ein klassisches Konzert inkl. Kaffee, Kuchen und anschließender Führung durch die Ausstellung, Kostenpunkt: 5–8 €. Führungen (ab 2 Pers.) außerhalb der Öffnungszeit für 5 € pro Pers.; bitte melden Sie sich eine Woche vorher bei Herrn Weymar! Kleiner Shop mit einigen Büchern (z. B. „Brahms-Handbuch") und CDs zu Brahms und zur Ausstellung.

Lübecker Kreuzweg/Jerusalemsberg: Der Lübecker Ratsherr Hinrich Constin setzte auf die Erlösung im Paradies und vermachte der Stadt sein nicht unbeträchtliches Vermögen. Die einzige Auflage: Der Kreuzweg, den er nach einer Reise ins Gelobte Land angeregt hatte, solle vollendet werden. Zehn Jahre nach seinem Tod war es soweit. Noch heute befindet sich die letzte der Stationen des relativ bekannten Lübecker Kreuzweges von 1493 auf dem Jerusalemsberg (Ecke Konstinstraße). Die Kreuzigungsszene, aus gotländischem Kalkstein gefertigt, steht stilecht auf einem künstlichen Hügel – und wird während der Karfreitagsprozession alljährlich angesteuert. Leider sind von den sieben durchaus kunstvollen, verwitterten Reliefs nur noch das erste an der St.-Jakobi-Kirche (→ Spaziergang 4, S. 130) und eben das letzte auf dem Jerusalemsberg erhalten.

Die letzte Station des Lübecker Kreuzweges

Burgtorfriedhof: Eine schwere Cholera-Epidemie gab den entscheidenden Anstoß. Am 18. Juli 1832 wurde der „Allgemeine Gottesacker vor dem Burgthore" von den fünf Stadtkirchen in Betrieb genommen. Folgerichtig gliederte man den Friedhof in fünf Teile, welche St. Jakobi, dem Dom, St. Petri, St. Marien und St. Aegidien unterstellt waren. Etwa 8.000 Gräber sind es inzwischen geworden, darunter zahlreiche Grüfte und sogar zwei Mausoleen.

Bekannte Lübecker haben auf dem Burgtorfriedhof ihre letzte Ruhestätte gefunden: Christian Adolph Overbeck (1755–1821), Vater des Malers Friedrich Overbeck, der deutschnationale Bestsellerlyriker Emanuel Geibel, Thomas Johann Heinrich Mann (1840–1891), Vater von Thomas und Heinrich Mann, plus 17 Mitglieder der weltberühmten Familie, der Magnat Emil Possehl (1850–1919), Ida Boy-Ed (1852–1928), Schriftstellerin und Förderin junger Künstler, sowie der Kunstfälscher Lothar Malskat (1913–1988, → Kasten S. 152). Auch Marianne Bachmeier (1950–1996) sei noch erwähnt, die im Landgericht Lübeck den Mörder ihrer

Gustav Radbruch

Noch ein Weltbekannter, der aus Lübeck stammt! Zu Ehren von Gustav Radbruch (1878–1949) entschied man sich, das ehemalige Burgfeld umzutaufen. Die Umbenennung ist umso kecker, da wenige Hundert Meter entfernt die Todesstrafen der Stadt vollzogen wurden: bis 1794 an der heutigen Travemünder Allee (Ecke Adolfstraße), bis 1827 an der Rabenstraße. Radbruch, der u. a. als Reichsjustizminister gearbeitet hatte und mit dem Philosophen Karl Jaspers in Briefwechsel stand, war ein erklärter Gegner der Todesstrafe. Bereits während der Weimarer Republik setzte er sich für die Straflosigkeit der Abtreibung ein und dafür, dass Frauen zu allen juristischen Berufen zugelassen werden. Nach dem Zweiten Weltkrieg ging er noch einen Schritt weiter: „Wo Gerechtigkeit nicht einmal erstrebt wird", schreibt er, „können die so geschaffenen Anordnungen nur Machtansprüche sein, niemals Rechtssätze." Dieser Gedanke wirkt bis in unsere Zeit: Bei den Diskussionen um die Todesschützen am Grenzstreifen der ehemaligen DDR waren Radbruchs Überlegungen aktuell wie eh und je.

(Zugegeben, der Gustav-Radbruch-Platz selbst ist alles andere als eine Sehenswürdigkeit! Doch ein Hinweis auf den so bekannten Rechtsgelehrten, den ein Lehrverbot während der Nazidiktatur adelt, dessen Tochter bei einem Skiunfall starb und dessen Sohn in Stalingrad sterben musste, darf in einem Reisebuch über Lübeck nicht fehlen.)

Tochter Anna erschossen hatte und durch diese vielleicht radikalste Form der Selbstjustiz weltweit bekannt wurde; sie liegt im Grab ihrer Tochter.

Gothmund: Der Stadtbezirk Gothmund ist einer der Flecken, den man besuchen sollte – sofern man nicht nur eine Tagesreise nach Lübeck plant! Die kleine, nette Fischersiedlung mit ihren reetgedeckten Häusern aus dem 18. und 19. Jh. liegt nördlich von Israelsdorf an der Trave und wurde erstmals 1502 erwähnt. Die Anwohner nutzten ihre Fischrechte in Trave, Pötenitzer Wiek, Dassower See, Stepenitz und in der Lübecker Bucht. Der Ort selbst lag so versteckt, dass ihn die Franzosen während der Besetzung Lübecks (→ S. 24) nicht entdeckten. Erst das Sturmhochwasser der Ostsee am 13. November 1872 zerstörte fast die Hälfte der 18 Katen. 1893 wütete dann noch ein Feuer in Gothmund. Heute stehen die Häuser Fischerweg 10–18 unter Denkmalschutz. Wenn man den schmalen Fußweg entlangspaziert, kommt man neben den Reethäusern an Geräteschuppen und Bootsanlegern vorbei.

Freilich, die kurze Strecke zwischen den Häusern und Gärten ist man recht schnell gelaufen! Wer mag, kann jetzt dem kleinen Weg folgen, der am winzigen Hafen vorbeiführt, und befindet sich weiter westlich im Naturschutzgebiet Schellbruch. Seltene und gefährdete Enten, Wat- und Singvögel finden hier eine Brutstätte. Seit 1981 wurden über 200 verschiedene Vogelarten gezählt. Mögliche Wanderwege werden an einer Tafel angezeigt: Sie führen u. a. am alten Treidelweg vorbei und zu einem Waldspielplatz.

Gothmund kann man bequem mit der Buslinie 12 in rund 30 Min. erreichen (Haltestelle Normannenweg) oder mit dem Auto (8 km vom Zentrum in nordöstlicher Richtung der Travemünder Allee folgen). Auch mit dem Rad ist ein Besuch möglich; man fährt die meiste Zeit neben der Trave.

Unbekanntes Lübeck → Karte hinterer Umschlag

St. Lorenz Nord und Süd

Mit dem Bau des **Hauptbahnhofs** zu Beginn des 20. Jh. und den Gleistrassen zerfällt die ehemals zusammenhängende Arbeitervorstadt in das große St. Lorenz Nord (nordwestlich der Altstadt) und das kleine St. Lorenz Süd (südwestlich der Altstadt). Die offizielle Trennung der Stadtteile – bürokratische Mühlen mahlen langsam – dauerte noch bis 1972.

Einige Jahrhunderte zuvor hatte die Pest den Bau von mehreren Friedhöfen (1597/98) und der ersten Vorstadtkirche St. Lorenz (1661/64) beschleunigt. Doch auch die Reeperbahnen, die Ziegeleien der Petrikirche sowie des Rates lagen hier, und der Gartenbau wurde vom 14. bis zum ausgehenden 18. Jh. auf den Wiesen und dem lehmigen Land gern gepflegt.

Wichtige Söhne der Stadt stammen aus beiden Stadtteilen: Der Weltbürger und Friedensnobelpreisträger **Willy Brandt** wurde in der Meierstraße (St. Lorenz Süd) geboren und wuchs in der Trappenstraße (St. Lorenz Nord) auf. 1982 erhielt **Heinrich Dräger** (1898–1986) die Auszeichnung eines Ehrenbürgers. Das familiengeführte Drägerwerk als größter industrieller Arbeitgeber in Schleswig-Holstein hat seinen Stammsitz in St. Lorenz Süd. Zu den Erfindungen aus der Medizin- und Sicherheitstechnik gehörten neben Narkose- und Atemschutzgeräten auch der berühmte Alkomat, besser bekannt als Blasröhrchen für Alkoholsünder. Heinrich Dräger tat sich außerdem als Mäzen hervor, indem er u. a. das kulturell bedeutsame Museum Behnhaus Drägerhaus (→ Spaziergang 3, S. 118) förderte.

Noch erwähnenswert, aber kein Muss für einen Besuch, ist die neugotische **St.-Matthäi-Kirche** (Schwartauer Allee 38), in der Elisabeth Haseloff 1958 als erste offizielle Pastorin Deutschlands predigte. Mehr oder weniger ruhmreich sind dahingegen die Geschicke des VfB Lübeck, dessen **Stadion** an der Lohmühle mit seinen 17.869 Plätzen (4.400 überdacht) ebenfalls in St. Lorenz Nord liegt.

St. Jürgen

Mit fast 6.200 ha und knapp 42.000 Einwohnern ist St. Jürgen der größte Lübecker Stadtteil. Er befindet sich süd- und südöstlich der Altstadt und umfasst elf Stadtbezirke, die bisweilen ziemlich genial an der Wakenitz liegen, der natürlichen Grenze zu St. Gertrud.

Zu ihnen gehört z. B. Strecknitz, wo die **Universität** und die **Fachhochschule** beheimatet sind. Westlich davon entsteht seit April 2004 das neueste und modernste Bauprojekt der Stadt: der Hochschulstadtteil für knapp 5.000 Menschen mit dem größten Medizinzentrum Schleswig-Holsteins.

Der Name des Stadtteils geht auf das 1240 erbaute St.-Jürgen-Hospital für Leprakranke zurück. Damals ließen sich östlich und südlich der Altstadt einzelne Gewerbe wie Bleicher, Leimsieder und Gerber nieder; vor dem Mühlentor befand sich eine Kienräucherei zur Herstellung von Druckerschwärze. Vor dem Hüxtertor transportierten zwei Wasserkünste das nasse Gut der Wakenitz in einem komplexen System aus Pipen (Rohrleitungen aus Holzstämmen) zu den Brauern der Altstadt, das Travewasser war schlicht zu salzhaltig. Außerdem lagen in St. Jürgen die Sommerhäuser und Villen gut situierter Bürger. In der Linde'schen Villa z. B. entstand das weltberühmte Kinderporträt des genialen Edvard Munch (→ Spaziergang 3, S. 120).

Die nach dem Ersten Weltkrieg vorherrschende Wohnungsnot führte zur weiteren Besiedelung von St. Jürgen. Eine großflächige Bebauung der Vorstädte war in den Jahrhunderten zuvor aus militärischen Überlegungen nicht erlaubt.

Eine ehemalige Besitzung des Johannisklosters kennt man über die Grenzen Lübecks hinaus: Blankensee, wo heute der **Flughafen** liegt. 1916/17 nahm die kaiserliche Fliegerschule Lübeck den Flugplatz in Betrieb, 1933 wurde er ausgebaut. Von Juni 1948 bis Mai 1949 dienten die Landebahnen der Berliner Luftbrücke: 2.600 Einsätze flogen die Rosinenbomber der Royal Air Force von Lübeck aus. Heute verzeichnet der größte Airport des Bundeslandes knapp 22.000 Flüge und ca. 344.000 Passagiere jährlich. Doch die Zahlen trügen: Lübeck-Blankensee kostet die Stadt Millionen – und sollte für weitere Millionen abgewickelt werden. Die Lübecker entschieden anders: „Erstmals in der Geschichte der Hansestadt kippten die Wähler eine Entscheidung der Bürgerschaft – ein historisches Ergebnis", schrieben die Lübecker Nachrichten. Laut einer Studie verdankt man dem Flughafen jährlich immerhin 42.000 zusätzliche Übernachtungen.

Das **Hünengrab**, das in der Nähe des kleinen Airports entdeckt wurde, ist schwer zu finden (nicht ausgeschildert!) und nicht so überragend wie das Großsteingrab in Waldhusen bei Pöppendorf (→ Kücknitz, S. 170).

Schlutup

Wer heute Lübeck besucht, der vergisst eines gerne: Die Hansestadt war während der deutschen Teilung die nördlichste Grenzstadt zur DDR. Schlutup (auch Slut up) lag am gut bewachten Posten nach Mecklenburg – und wurde deshalb gerne mit „Schließ auf" fehlgedeutet. Die historischen Tatsachen sind profaner: Slucup, wie Schlutup als Fischerdorf 1225 erstmals erwähnt wird, bedeutet soviel wie „Schluck weg!" und lässt auf eine alte Kneipe schließen. Vielleicht war aber auch ein Fischlokal gemeint, denn über Jahrhunderte hinweg lebten die Bewohner Schlutups vom Fischfang. 1795 wohnen hier die meisten Lübecker Fischer, 60 an der Zahl, in Gothmund waren es im gleichen Zeitraum gerade mal 22. Richtig in Fahrt kommt Schlutup aber erst in der Mitte des 19. Jh. mit Fischräuchereien, Bratereien sowie Marinier- und Verpackungsbetrieben. Friedrich Ewers, einer der Pioniere der Lübecker Industrialisierung, entwickelte ein Patent für eine Maschine, die den Dosenfisch in großem Stil überhaupt erst möglich machte. Die Blechdosen konnten nach diesem neuen Verfahren relativ einfach geschlossen werden, umständliches Verlöten gehörte der Vergangenheit an.

Relikt aus alten Fischertagen

Firmen wie z. B. die 1909 gegründete Hawesta GmbH & Co. KG benötigten so viele Heringe, dass man diese aus Dänemark und Schweden importieren musste. Schon 1889 war ein Anleger für Fischkutter gebaut worden, 1902 sogar ein Eisenbahnanschluss. 1940 war Schlutup mit 40 Firmen endgültig zum Zentrum der fischverarbeitenden Industrie geworden. 75 % aller in Deutschland verzehrten Fischkonserven wurden hier verarbeitet. Dazu waren 35 Mio. kg Frischfisch nötig. Noch heute macht Hawesta – unlängst von der Rügen Fisch AG geschluckt – einen Umsatz von 28 Mio. €. Im Werk Lübeck-Schlutup werden in Spitzenzeiten bis zu 300.000 Fischkonserven täglich gefertigt.

Ein zweites Standbein des Stadtteils ist der Schlutupkai II, ein RoRo-Hafen für den Papierumschlag aus Skandinavien. Dabei ist der östlich von St. Gertrud gelegene Stadtteil mit etwas über 5.800 Einwohnern der bevölkerungsärmste.

Überholte Reiseführer

Die Schlutuper freilich lieben ihr von Wäldern umschlossenes Nest – und haben ihm sogar eine nett gemachte Internetseite gewidmet. Unter www.schlutup-online.de finden sich u. a. historische Ansichten des Stadtteils.

St. Andreas: Leider ist dieses eigentlich charmante Kirchlein von 1436 nur während der Gottesdienste geöffnet. Es liegt freundlich auf einem Hügel und hat die Form eines Schiffsrumpfs, der sich von West nach Ost verschmälert. Den Kirchturm der gotischen Kirche erbaute man erst um 1600. Wer das Gotteshäuschen von innen betrachtet, kommt z. B. in den Genuss einer aufwendig gestalteten Kanzel aus der Übergangszeit von Renaissance zu Barock und einer Taufe, deren Becken aus gotländischem Kalkstein wohl auf das 13. Jh. zurückgeht. Beeindruckend ist auch der hölzerne Taufdeckel, der einen sechsseitigen Tempel darstellt.

Seit 1988 steht auf dem kleinen Kirchhof ein Schlutuper Lüttkahn: das letzte der alten Holzboote, das ein Fischer bis 1986 (!) auf der Trave nutzte.

Wer sich für eine Kirchenführung interessiert, kann Di/Mi 9–12 Uhr im Gemeindebüro unter ✆ 691800 anfragen.

Grenzmuseum Schlutup: In einer grauweißen Baracke, dem ehemaligen Zollgebäude in Westdeutschland, befindet sich seit dem 9. November 2004 die Grenzdokumentations-Stätte Lübeck-Schlutup e. V., wie die zeitgeschichtliche, neugierig machende Ausstellung etwas ungelenk heißt. Die Besucher des kleinen, wichtigen Museums finden ausdrucksstarke, historische Fotos von Grenzbau bis Wiedervereinigung. Exponate von Privatleuten wie Orden und Pässe, aber auch ein Feldtelefon, ein Stahlhelm, Uniformen und das Modell des menschenverachtenden Grenzverlaufs an Dassower See, Pötenitzer Wiek und Priwall mit Wachposten, Zäunen, Minengürteln und Hundeläufen gehören zum Inventar.

Lübeck war die nördlichste Grenzstadt zur DDR

Eine Jubelwand mit Zeitungsausschnitten zur Vertiefung – u. a. gaben die Lübecker Nachrichten eine Sondernummer mit Hinweisen auf die Zahlstellen für das Begrüßungsgeld heraus –, eine Trabi-Ecke und Interessantes zum Kleinen Grenzverkehr werden präsentiert. Am Eingang kann man sogar einen Blick in zwei Reiseführer-Broschüren des einstigen Bundesministeriums für innerdeutsche Beziehungen werfen: „77 praktische Tipps“ und „Reisen in die DDR“. Die abhörsichere Arrestzelle am Ende der Ausstellung wurde mit wissenswerten, gut gestalteten Postern zur Geschichte des Mauerfalls ausgestattet. Und im Keller zeigt ein 15-Min.-Film die Stimmungsbilder vom November 1989, als 1.000 Menschen aus Hamburg, Kiel und Lübeck nach Schlutup kamen, um die ausreisenden DDR-Bürger zu begrüßen. Zu guter Letzt werden vom sehr freundlichen, ehrenamtlichen Personal gerne und engagiert Fragen beantwortet. Auch eine kleine, kostenlose Führung ist auf Nachfrage immer möglich (wobei sich der Verein natürlich über Spenden freut).

Außerdem gibt es etwa zwei Sonderausstellungen pro Jahr (z. B. „Die letzten Tage der DDR“). Am 2./3. Oktober und 9. November finden Feierlichkeiten mit Vorträgen von Betroffenen und Referenten zu DDR-Themen statt. Ein kleiner Buchshop ist angeschlossen.

Mecklenburger Str. 12, ✆ 6933990, www.grenze-luebeck.de. Fr/Sa 14–17 Uhr, So 11–17 Uhr. Eintritt 2 €, Kinder (6–16 J.) 1,50 €, Gruppen ab 8 Pers. (nach Anmeldung, auch außerhalb der Öffnungszeiten, mit Führung) 1,50 € pro Pers. Alle 20 Min. fahren Busse der Linie 11 vom ZOB bis zum Marktplatz Schlutup und zurück. Etwas länger braucht die Linie 12, die vom ZOB bis zum Travepark fährt. Für Autofahrer sind Parkplätze vorhanden.

Kücknitz

Der südlich von Travemünde gelegene Stadtteil ist einer der interessantesten Lübecks. Denn Kücknitz hat eine bewegte Historie und bietet mit dem Dummersdorfer Ufer ein wunderbares Naturschutzgebiet. Hinterlassenschaften sind u. a. ein jungsteinzeitliches Hünengrab und ein slawischer Ringwall.

Unbekanntes Lübeck → Karte hinterer Umschlag

Außerdem war Kücknitz für die Industrie der Hansestadt von Bedeutung: Großbetriebe wie Villeroy & Boch, die Asmus-Ölmühle, das Hochofenwerk in Herrenwyk – der Name stammt ursprünglich von „Heringsbucht" – und die Flender Werft in Siems ernährten die Arbeiter. Vom stolzen Industriestandort, der 1913 eingemeindet wurde, sind nur noch ein Outlet des Keramikherstellers in Dänischburg übrig geblieben – und ein Museum in Herrenwyk. Dabei stand z. B. das Hochofenwerk bis zur Stahlkrise in den 1970er-Jahren hoch im Kurs, und die Flender Werft war nach dem Zweiten Weltkrieg eine der größten Werften Deutschlands. 2002 ging diese letzte Großwerft im Lübecker Raum in Konkurs.

Der direkte Übergang von St. Gertrud nach Kücknitz ist nur durch den mautpflichtigen Herrentunnel möglich. Wer die ca. 1,50 € sparen will, muss über die etwas umständlichere A 1 und die sich anschließende A 226 fahren.

Industriemuseum Geschichtswerkstatt Herrenwyk: Inmitten der immer noch bewohnten Werkskolonie von 1906/07 hat sich in den Räumen des alten Werkskaufhauses ein aufschlussreiches Museum niedergelassen. Präsentiert werden „Leben und Arbeit in Herrenwyk", jener Metallhütte, die im August 1981 pleiteging. Zuvor hatte sie die Silhouette am Traveufer geprägt und das Überleben von 1.000 Arbeitern gesichert. Was zu Zeiten des Raubtierkapitalismus nicht mehr gefragt ist, hatte in den 1920/30er-Jahren und später in der Wirtschaftswunderzeit seine Licht- und Schattenseiten. Zum einen kümmerte sich die Werksführung um ihre Angestellten, förderte kulturelle Veranstaltungen, organisierte Ausflüge, schuf Vereine und Wohnraum, versorgte die Arbeiter medizinisch und mit Konsumgütern. Zum anderen muss von einer patriarchalischen Führung durch Generaldirektor Dr. Neumann gesprochen werden, der die Siedlung autark machte und das alltägliche Leben zumindest mitkontrollierte.

Ausgestellt werden z. B. eine typische Arbeiterküche, der Projektor der Hoch-

Das Industriemuseum im Arbeiterviertel

Aufgang zum drögen Ringwall

ofenlichtspiele, das Büro eines höheren Angestellten sowie eine nachgebildete Arbeitsstätte mit Schmiede und Dampfhammer aus den Anfängen des 20. Jh. Von besonderem Interesse sind die Zeitzeugenzitate, die ein lebendiges Bild entstehen lassen. Zwei 20 Jahre alte, grieselige Filme werden auf Anfrage eingelegt. Doch auch Themen wie die Arisierung des Hochofenwerks und v. a. das Schicksal der Zwangsarbeiter werden angesprochen. Zwei gut gemachte Plastikordner mit Dokumenten („Wer plündert wird erschossen!"), Fotos und Briefen basieren auf Christian Rathmers Werk „Ich erinnere mich nur an Tränen und Trauer ... Zwangsarbeit in Lübeck 1939 bis 1945", das auch im relativ gut sortierten Buchshop für 7,70 € zu haben ist.

Kokerstr. 1–3, ✆ 301152, www.die-luebecker-museen.de. Fr 14–17 Uhr, Sa/So 10–17 Uhr. Eintritt 2,50 €, erm. 1 €, Kinder (6–17 J.) 1 €. Drei Sonderausstellungen jährlich zu Industrie-, Sozial-, Technik- und Zeitgeschichte. Buslinie 32 vom ZOB bis Haltestelle Herrenwyk (Fahrtdauer rund 30 Min.), Mo–Fr alle 30 Min., Sa/So alle 60 Min.

Pöppendorfer Ringwall und Großsteingrab: In Pöppendorf, dem nördlichsten Stadtbezirk von Kücknitz, befindet sich eine archäologische Besonderheit, die alles andere als spektakulär daherkommt: Eine steile Treppe mit Holzgeländer führt auf den Rand des teilweise 12 m hohen **Pöppendorfer Ringwalls.** Von dort sieht man Bäume, eine Wiese und manchmal weidende Kühe, im Frühjahr knackt es im Geäst und die Vögel zwitschern – das war's. Im 7. Jh. errichtet und um ca. 1000 wieder aufgegeben, gilt der Ringwall mit seinem Durchmesser von 100 m als eine der besterhaltenen Wehranlagen des slawischen Stammes der Wagrier in Ostholstein. „Nähere Erkenntnisse über den Wallaufbau müssen zukünftig archäologische Untersuchungen ergeben" heißt es auf einer zerkratzten Infotafel. Immerhin erfährt man relativ interessant, wie die Slawen ihre Wälle gebaut und befestigt haben. Um wirklich begeistert zu sein, muss man aber seine Fantasie spielen lassen und sich z. B. vorstellen, wie die Menschen dort

Unbekanntes Lübeck → Karte hinterer Umschlag

gelebt haben. Es ist möglich, den Ringwall zu umrunden und im Nordosten durch das ehemalige Tor den Innenraum zu betreten. Falls Sie das vorhaben, bitte unbedingt im anliegenden Gehöft Bescheid geben! Sonst erscheint ein Bauer mit einem Hund und schimpft.

Weitaus faszinierender, weil geheimnisumwittert und gar nicht so häufig in Deutschland, ist das im Westen wenige Hundert Meter entfernte **Pöppendorfer Großsteingrab** (auch Hünengrab Waldhusen). Eingefasst von kleineren Steinen, wurde es 1844 unter einem 4 m hohen Erdhügel freigelegt und diente Emanuel Geibel für einige seiner eher unbedeutenden Verse. Heinrich Mann bezieht sich auf die Beschädigung des Denkmals im Jahr 1898 durch drei Gymnasiasten und einen Kaufmannslehrling literarisch in „Professor Unrat". Leider gibt es an dem ungewöhnlichen Denkmal nicht einmal eine zerkratzte Infotafel. „Das Sippengrab einer großbäuerlichen Familie [...] ist [...] das älteste Beispiel behördlicher Maßnahmen zur Erhaltung vor- und frühgeschichtlicher Denkmäler in Lübeck", weiß zumindest das Stadtlexikon. Die Megalithanlage hat eine Länge von 6 m und besteht aus sechzehn Findlingen, zwölf Tragsteinen und vier Decksteinen. Bis heute ist nicht restlos geklärt, wie die Menschen der jüngeren Steinzeit (ca. 4000–2000 v. Chr.) die riesigen Steine transportiert haben.

Beide Sehenswürdigkeiten gehören zu einem 5,5 km langen archäologisch-naturkundlichen Wanderweg durch den Waldhusener Forst, der an einigen Hügelgräbern der jüngeren Bronze- und frühen Eisenzeit vorbeiführt; außerdem am ehemaligen Lager Pöppendorf, einem Kriegsgefangenenlager der Alliierten (→ S. 28).

Pöppendorf ist 17 km vom Zentrum entfernt und mit dem Auto einfach zu erreichen. Mit öffentlichen Verkehrsmitteln ist es kompliziert und umständlich: am besten, man informiert sich am ZOB an der Hansestraße.

Dummersdorfer Ufer und Stülper Huk: Wer es sich irgendwie einrichten kann, sollte diesen Ausflug in seine Lübeck-Reise einplanen! Am **Dummersdorfer Ufer**, direkt an der breiten Trave gelegen, finden sich erstklassige Fotomotive, und ich kann sagen, dass es sich um das schönste Naturschutzgebiet der Stadt handelt. Fünf Rundwege, zwischen 5 und 10 km lang, sind auf einer öffentlichen Karte eingezeichnet. Man findet sie am Parkplatz 600 m vor dem nicht (!) mit dem Auto zu befahrenden Dummersdorfer Ufer.

Im Naturschutzgebiet kann man sich zunächst einen Überblick am **Stülper Huk** auf dem 16 m hohen Hirtenberg verschaffen. Ein Gedenkstein erinnert an eine Festung von 1147/49, die Adolf II. von Schauenburg, der Stadt-

Dummersdorfer Ufer – das angenehmste Naturschutzgebiet der Stadt

gründer Lübecks, zum Schutz der Travemündung errichten ließ. Die Burg des Grafen zerstörten bereits 1181 die Slawen.

Vom Stülper Huk blickt man auf die Pötenitzer Wiek und nach Mecklenburg-Vorpommern. In der Ferne erkennt man das eher unschöne Maritim-Hotel von Travemünde. Durch die Nähe zum Skandinavienkai sieht man immer wieder die dicken Pötte der Reedereien vorbeiziehen. Die ökologische Vielfalt des Dummersdorfer Ufers (z. B. Niederwald, Heidereste) lässt sich durch die Mischung des süßen Fluss- mit dem salzigen Meerwasser erklären. Außerdem ist diese Ecke Lübecks, die 1958 (!) zum Naturschutzgebiet erklärt wurde und inzwischen 340 ha umfasst, eine der letzten großen Endmoränen dieser Region.

Obwohl die Strände verführerisch aussehen, ist Baden strengstens verboten. Um die Brutpflege geschützter Vogelarten zu gewährleisten, bitte nur die ausgewiesenen Pfade betreten!

Das Dummersdorfer Ufer erreicht man am besten mit dem Auto über den Hirtenbergweg (18 km vom Zentrum entfernt). Außerdem möglich: Buslinie 32 vom ZOB bis Haltestelle Hirtenbergweg (ca. 30 Min.), von dort sind es noch ca. 2,5 km Fußmarsch in östlicher Richtung. Die letzte Fahrt zurück ist um 19 Uhr.

Moisling

Das einstige Gut und Dorf Moisling findet sich erstmals 1265 im Lübecker Urkundenbuch. Es gehörte mal zu Lübeck und mal zu Dänemark. Erst 1802 wurde Moisling offiziell der Stadt überschrieben, 1913 dann eingemeindet. Der Stadtteil, der heute neben Buntekuh zu einem sozialen Brennpunkt geworden ist – rund 60 % der Wohnungen werden öffentlich gefördert –, ist unauslöschlich mit der Geschichte der Lübecker Juden verknüpft (siehe auch Synagoge im Spaziergang 2, S. 89).

Bereits Mitte des 17. Jh. ließen sich Juden in Moisling nieder, da sie nur hier (und nicht etwa in der Altstadt) geduldet waren und eine orthodoxe Gemeinde in Selbstverwaltung gründen konnten. 1727 stand in Moisling die erste Lübecker Synagoge.

Noch heute liegt in der Niendorfer Str. 43–45 der größte **jüdische Friedhof** von Schleswig-Holstein. Er fasst über 1.000 Grabsteine, der älteste geht auf das Jahr 1724 zurück. Bekannte Persönlichkeiten sind in diesem „Haus der Ewigkeit" begraben: von den Mitgliedern der Carlebach-Dynastie (→ Kasten S. 91) bis zu den Eltern von Erich Mühsam (→ Kasten S. 101), Rosalie und Siegfried Mühsam. Seit 1990 wird der Friedhof nach einer längeren Ruhephase wieder genutzt. Nicht nur Lübecker, auch Juden aus Mecklenburg, Holstein, Polen und Russland finden hier ihre letzte Ruhestätte.

Der **jüdische Friedhof** in Moisling kann von April bis Nov. jeweils an einem Sonntag im Monat während einer öffentlichen Führung besichtigt werden, Treffpunkt: 11.30 Uhr vor der Friedhofshalle in der Niendorfer Straße. Die eineinhalbstündigen kostenlosen Begehungen (Spenden erwünscht!) handeln u. a. von der jüdischen Geschichte in Moisling und Lübeck und jüdischer Philosophie. Nachfragen unter ✆ 7982182 oder museum@jg-luebeck.de. Siehe auch www.braeger.de/judenfri/judenfri.htm.

Buntekuh

Um einer Falschmeldung vorzugreifen: Der Name des Stadtteils, der wie Moisling eng mit sozialem Wohnungsbau verbunden ist, hat nichts mit der Hamburger Hansekogge „Bunte Kuh" zu tun, die Klaus Störtebeker jagte. Die Bezeichnung geht auf einen Hof und eine ländliche Gaststätte zurück. Seit 1972 gehört der Stadtteil zu Lübeck, der – entgegen seines freundlichen Namens – leider eine traurige Trias aufweist: hohe Arbeitslosigkeit, hoher Migrantenanteil, hohe Kriminalitätsrate.

Unbekanntes Lübeck → Karte hinterer Umschlag

Die Passat ist eines der Wahrzeichen von Travemünde

Ausflug nach Travemünde

Mastenmeer im Meer

Travemünde

Travemünde empfängt einen mit Möwengeschrei und Meer. Wer an warmen Sommer- oder klirrkalten Wintertagen am Strand entlangläuft, kann auch heute noch nachempfinden, weshalb Thomas Mann immer von seinem „Kindheitsparadies" gesprochen hat, in dem er die „unzweifelhaft glücklichsten Tage [s]eines Lebens" genießen durfte.

Einen Besuch in Travemünde sollte man tatsächlich nicht verpassen. Zum einen kann man an der Lübecker Bucht endlich das Meer sehen, nicht nur die Trave. Zum anderen sind ein Besuch des supermodernen Seebadmuseums und der pfiffigen Ostseestation Priwall, eine Besichtigung der Passat und ein Spaziergang am Brodtener Steilufer mit wunderschönem Panoramablick auf die Ostsee echte Erlebnisse. Ganz zu schweigen von den riesigen Hotelschiffen der großen Reedereien, die immer wieder vorüberziehen. Und wer auf der Suche nach dem besten Fischbrötchen ist, sich einfach im Strandkorb entspannen oder auf dem naturbelassenen Priwallstrand bis Mecklenburg-Vorpommern wandern will, macht ebenfalls alles richtig. Zumal eine Zugfahrt vom Lübecker Hauptbahnhof nach Travemünde gerade mal 3 € kostet.

Was hat das „fast wie Karlsbad an der Küste erbaute (...) niedliche (...) Städtchen" (Eichendorff) noch zu bieten? Zum Beispiel den ehemals dienstältesteten Leuchtturm Deutschlands. Von hier hat man einen wunderbaren Blick auf das Wasser und den schlichten, mittelalterlichen Grundriss der kleinen Stadt in der Stadt. Lediglich das klobige Maritim-Hotel versperrt an einigen Stellen die Sicht ...

Heute lässt es sich im zehnten und am weitesten vom Zentrum entfernten Stadtteil (ca. 13.500 Einwohner) wunderbar promenieren, v. a. in der Vorderreihe, der Einkaufsmeile des Stadtteils. In Vor-Mann'schen Zeiten standen in diesem Abschnitt die Fischerkaten, die sich mit dem Travemünde-Boom im letzten Viertel des 19. Jh. in zweigeschossige Häuser mit großen Glasveranden verwandelten. Darin fanden die zahlreichen, monetär gut gestellten Persönlichkeiten eine entsprechende Unterkunft. Leider sind nur noch wenige dieser alten Häuser in Bäderarchitektur erhalten. Das älteste Fischerhaus, ein Ziegelbau mit schwarzem Fachwerk, stammt aus der zweiten Hälfte des 16. Jh. und befindet sich in der Jahrmarktstr. 13 in der Nähe des Seebadmuseums.

Vor der Nordermole beginnt die 1,7 km lange und angenehm breite Strandpromenade mit einem Abenteuerspielplatz. Von hier sieht man auch das 5-Sterne-Hotel COLUMBIA, in dem einst das Casino beheimatet war. Im Sommer ist der feinsandige, breite Hauptstrand davor freilich gut bevölkert und bisweilen mit Strandkörben zugestellt. Als Kontrastprogramm kann man an der Flaniermeile kuchenessenderweise aufs Meer blicken. Oder man begutachtet die Villen und Ferienwohnungen, bis man den FKK- und Hunde-Strand im Norden am Fuße des Brodtener Steilufers erreicht. Dabei kommt man linker Hand an einer Wiese vorbei, auf der sich weitere Sonnenhungrige auf Liegen und Strandmatten aalen. Ja, in der Hochsaison ist der Ort belebt, und ich verstehe die Urlauber, die gerne im Winter kommen. Allerdings geht es auch in den Sommermonaten insgesamt hanseatischer zu als an vielen Seaside-Spots dieser Erde.

Übrigens: Parallel zur frisch renovierten Strandpromenade befindet sich

Travemünde → S. 178/179

Zum Ausspannen ideal: Lübecks Seebad

die Kaiserallee, die für ihre 605 Linden bekannt ist. Manche der kastenförmig geschnittenen Laubbäume sind rund 120 Jahre alt. In dieser Allee kann man weitere der letzten Zeugnisse jener berühmten Bäderarchitektur bestaunen.

Und sonst? In Travemünde kredenzen zwei Sterneköche; in der Lübecker Innenstadt gibt es nur einen ... Ferner findet seit 1891 alljährlich die Travemünder Woche statt, die zweitgrößte Segelregatta der Welt. Ist man zu Silvester in Travemünde und scheut keine Menschenmassen, erstrahlt der Hauptstrand im Lichterreigen eines faszinierenden Neujahrsfeuerwerks. Und der Skandinavienkai ist der größte Fährhafen Europas, perfekt für Reisen nach Skandinavien oder in die Baltischen Länder. Travemünde kann also auch ein idealer Ausgangspunkt für einen längeren Urlaub in Nordeuropa sein.

Geschichte eines Seebads

Travemünde war jahrhundertelang ein Fischerort. 24 Fluss- und ca. 22 Straßenkilometer vom Altstadthügel entfernt, sollte er zu einem Vorposten der Hansestadt werden. Die erste Burg errichtete 1187 Graf Adolf III., Sohn des ersten Lübecker Stadtgründers (→ S. 19). Mit dem von Barbarossa unterzeichneten Reichsfreiheitsbrief von 1226 bekam das Dörfchen den Priwall übereignet. Trotzdem drohte immer Gefahr aus dem westlichen Holstein und dem östlichen Mecklenburg, außerdem durch die Dänen und Schweden. Sperrte einer der Herrscher die Trave, war Lübeck wirtschaftlich kastriert. Kurzerhand kaufte man 1329 den strategisch bedeutsamen Ort, der, von einigen Stadtbränden und Scharmützeln unterbrochen, jahrhundertelang ein ärmliches, ja, unterprivilegiertes Dasein führte. Mit den Waren der ankommenden Schiffe durfte nur in der Altstadt gehandelt werden ...

Erst zu Beginn des 19. Jh. begann die Blütezeit des „Städtgens“, wie Travemünde liebevoll von seinen Einheimischen genannt wird. Eine 1625–32 erbaute Festungsanlage und eine Zitadelle aus der Lübecker Franzosenzeit (→ S. 24) wurden abgerissen. Auf den alten Befestigungen trieb man bis 1882 den Bau des sog. Hafenbahnhofs voran; 1898 führten die Schienen dann bis zum Strand. Einflussreiche Bürger hatten den ehemals unspektakulären Fleck 1802 zum dritten deutschen Seebad gemacht. Im Gegensatz zu Heiligendamm (1794) und Norderney (1797), die adlige Gründungen waren, ging das neue Kurbad auf die Eigeninitiative einer bürgerlichen Aktiengesellschaft zurück. Typisch lübsch eben!

Nördlich des Leuchtturms entstanden nach Entwürfen von Joseph Christian Lillie ein Warmbadehaus (1802) am Strand und ein Gesellschaftshaus (1816/17). Badekarren zur keuschen Bedeckung des in Badegewänder gekleideten Leibes wurden nach englischem Vorbild gebaut: „Jeder dieser Karren besteht aus einem kleinen niedlichen Stübchen, mit Stühlen, Stiefelknecht und allen Bequemlichkeiten, das auf zwei Rädern steht und auf der See-Seite ganz offen ist. Hat sich nun der zu badende in die kleine Wohnung einlogiert, so wird sie einige Schritt weit ins Meer hineingeschoben, und er kann sich nun auf einer vornangebrachten Strickleiter ohne alle Gefahr so tief in die See herablassen, als er Lust hat“ (Eichendorff). Trotz dieser „Lust“ ging es äußerst prüde zu, auch noch zur nächsten Jahrhundertwende: Man saß z. B. in voller Montur im Strandkorb. Die Herren trugen einen Zylinder, die Damen hatten ein Schirmchen gegen die Sonne aufgespannt. Lediglich die Kinder durften Hosen tragen, die unterhalb des Knies bis zum Saum der Strümpfe tatsächlich Schienbein zeigten. Franz Kafka ist noch 1914, wie er am 27. Juli in seinem Tagebuch schreibt, „durch die nackten

Travemündes ältestes (Fischer-)Haus

Füße als unanständig aufgefallen“. Erst Mitte der 1920er-Jahre wird das sog. „Freie Baden am Strand“ von offizieller Seite genehmigt.

Weniger prüde zockte man im Casino. Dank der Dampfschiffverbindungen nach Kopenhagen (1824), St. Petersburg (1828) und Riga (1830) sowie der Tatsache, dass Travemünde weltbekannt und en vogue geworden war, erreichten neben dem spielsüchtigen Dostojewski (er war auf der Flucht vor Gläubigern) auch Munch, Gogol, Turgenjew (er erlitt Schiffbruch vor Travemünde), der schon zitierte Eichendorff, Matthias Claudius, Wilhelm Raabe und Richard Wagner den neureichen Kurort – nicht zuletzt wegen der Spielbank, die von 1825 bis 1872 brummte. Seit 1949 brummt sie wieder. Klugerweise gemeindete Lübeck das Seebad 1913 ein und verdient sich mit dem Casino (das sich inzwischen in Altstadtnähe befindet) immer noch eine goldene Nase. Etwa 1,8 Mio. Euro spült es jährlich in die sehr leeren Kassen der Hansestadt.

Travemünde → S. 178/179

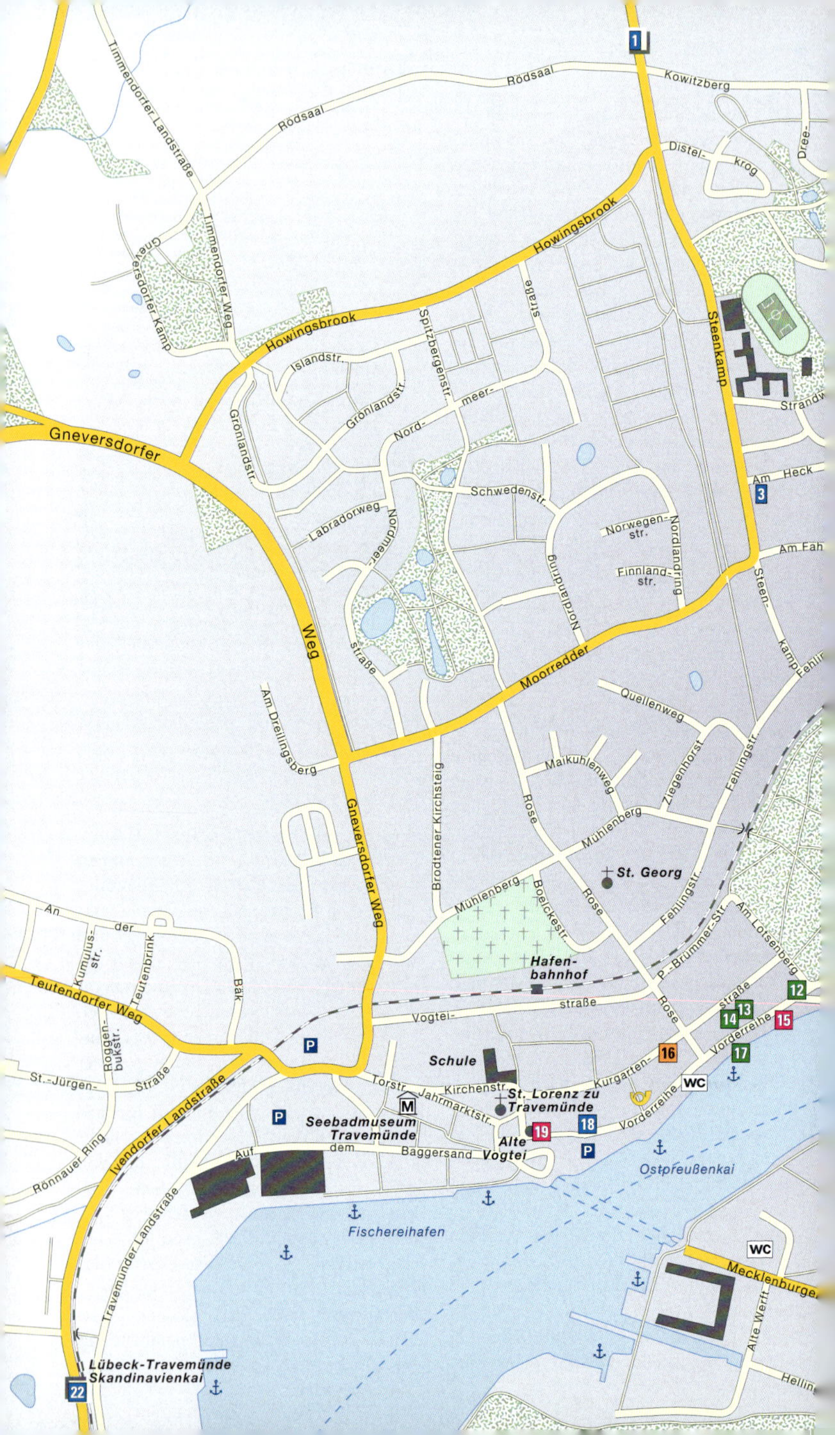
Rödsaal
Kowitzberg
Timmendorfer Landstraße
Timmendorfer Weg
Gneversdorfer Kamp
Distel-
krog
Dree-
Howingsbrook
Steenkamp
Strandw
Islandstr.
Spitzbergenstr.
straße
Grönlandstr.
Nord-
meer-
Gneversdorfer
Grönlandstr.
Schwedenstr.
Am Heck
Labradorweg
Nordmeer-
straße
Norwegen-
str.
Nordlandring
Am Fah
Finnland-
str.
Nordlandring
Steen-
kamp
Fehling
Weg
Moorredder
Quellenweg
Am Dreilingsberg
Maikuhlenweg
Ziegenhorst
Fehlingstr.
Rose
Mühlenberg
Gneversdorfer Weg
Brodtener Kirchsteig
St. Georg
Mühlenberg
Boeckestr.
Rose
Fehlingstr.
Am Lotsenberg
P.-Brummer-Str.
An
der
Kumulus-
str.
Teutenbrink
Bäk
Hafen-
bahnhof
Teutendorfer Weg
Vogtei-
straße
Rose
straße
Vorderreihe
Roggen-
bukstr.
Schule
Kurgarten-
St.-Jürgen-
Straße
Torstr.
Kirchenstr.
Jahrmarktstr.
St. Lorenz zu
Travemünde
Vorderreihe
WC
Seebadmuseum
Travemünde
Alte
Vogtei
Auf
dem
Baggersand
Rönnauer Ring
Ivendorfer Landstraße
Ostpreußenkai
Fischereihafen
WC
Travemünder Landstraße
Mecklenburger
Alte Werft
Lübeck-Travemünde
Skandinavienkai
Hellin
1
3
12
13
14
15
16
17
18
19
22

Übernachten
1 Theodor-Schwartz-Haus
3 Lateit
4 Pension Strandhaus
6 Strandschlösschen
7 Villa Charlott
8 COLUMBIA
10 A-ROSA
11 Maritim
18 Altes Brauhaus
20 Strandcamping Priwall
21 Naturfreundehaus Priwall
22 Campingplatz Ivendorf
Nachtleben
16 Smokys
Essen & Trinken
2 Hermannshöhe
8 La Belle Epoque und Holstein's
9 Bellavista
10 Buddenbrooks und Weinwirtschaft
15 Fisherman's
19 Savoir Vivre
Cafés
5 Strandperle
11 Café über den Wolken
12 Café Marleen
13 Eiscafé Campion
14 Eiscafé Venezia
17 Trave-Blick
18 Kaffeebar Lichtblick
Brodtener Steilufer
Kowitzberg
Alfred-Hagelstein-Str.
Pamirweg
Lembkestr.
Niobestr.
Heili-dahl
redder
Strand-
Kaiserallee
Strandpromenade
Strandweg
Backbord
Mittschiffs
Steuerbord
Fallreep
Gode
Strand-bahnhof
Bertlingstr.
Außenallee
Am Brügmanngarten
Alter Leuchtturm
Am Leuchtenfeld
Trelleborgallee
Travepromenade
Personenfähre (Sommer)
Lübecker Bucht
Nordermole
Südermole
Helsinki, St. Petersburg, Malmö, Trelleborg
Viermastbark Passat
Passat-Hafen
Priwallhafen
Ostseestation Priwall
Dünenweg
Seeweg
Priwall
Meeresrauschen
Strandblick
Frische Brise
Sana-Klinikum
Mecklenburger Landstraße
100 m
Travemünde

Thomas Mann und Travemünde

Am 10. Juni 1953 ist es soweit. Nach einer langen, bewussten Abstinenz von Deutschland, die der „sehr korrekt wirkende Herr“ mit dem „grauen Ulster, grauem Hut und Schirmstock“ (Lübecker Nachrichten) in den Vereinigten Staaten und in der Schweiz verbracht hatte, reiste der 78-jährige Schriftsteller mit seiner Frau Katia, „einer gut aussehenden Dame mit kurzgeschnittenem Silberschopf“, nach Lübeck, vielmehr: schnurstracks nach Travemünde. „Oh ja, ich gestehe – ich bin recht, recht ergriffen! Richtige Seeluft, die hier, wo ich zu Hause war, rauher ist als drüben am Strand des Pazifik!“ Hans Schrem, der Chefredakteur der Lübecker Nachrichten, darf mit dem Ehepaar Mann zu Mittag essen – und berichtet.

Schon 1930 schrieb Thomas Mann über Travemünde in einem kurzen „Lebensabriß“: „Die lichtesten Zeiten meiner Jugend aber waren die alljährlichen Sommerferienwochen in Travemünde mit ihren Badevormittagen am Strande der Ostseebucht und ihren Nachmittagen zu Füßen des fast ebenso leidenschaftlich geliebten Kurmusiktempels gegenüber der Hotelanlage. Die gepflegte, geschützte und unbildenlose Idyllik dieses Aufenthalts mit vielgängigen Table d'hôte-Mahlzeiten sagte mir unbeschreiblich zu; sie leistete meiner natürlichen, viel später erst leidlich korrigierten Neigung zu träumerischer Trägheit Vorschub, und wenn die anfangs unabsehbaren vier Wochen zu Ende waren und es nach Haus in den Alltag ging, so war meine Brust von dem weichlichen Schmerz der Selbstbemitleidung zerrissen.“

Noch früher, 1901, liest man in den „Buddenbrooks“ aus der Sicht des Hanno, jenes kleinen, verträumten Kaufmannsjungen, der im Fluidum der Geldgesellschaft nicht überleben kann: „[W]elch ein Erwachen, am ersten Morgen, nachdem Tags zuvor das Vorzeigen des Zeugnisses wohl oder übel überstanden und die Fahrt in der bepackten Droschke zurückgelegt war! Ein unbestimmtes Glücksgefühl, das in seinem Körper emporstieg und sein Herz sich zusammenziehen ließ, schreckte ihn auf ... er öffnete die Augen und umfaßte mit einem gierigen und seligen Blick die altfränkischen Möbel des reinlichen kleinen Zimmers ... Eine Sekunde schlaftrunkener, wonniger Verwirrung – und dann begriff er, daß er in Travemünde war, für vier unermeßliche Wochen in Travemünde!“

Wer mehr wissen will: Volker Hage hat ein wunderbares Buch über Thomas Manns Travemünde geschrieben, „Eine Liebe fürs Leben“ (S. Fischer).

Historisch relevant ist dann noch der **Priwall**. Eine Fähre, die auf die kleine, etwa 3 km lange Halbinsel schippert, wird erstmals 1247 erwähnt. Zur Unterhaltung der Seebadbesucher gab es seit 1883 eine Pferderennbahn: für die gehobene Bürgerschicht. Nach dem Ersten Weltkrieg machte der größte deutsche Land- und Seeflughafen von sich reden. Das mondäne und gesellschaftlich hippe Treiben des Seebads fand spätestens mit dem Ausbruch des Zweiten Weltkrieges ein vorübergehendes Ende. 1940–44 verwandelte sich der jetzige Yachthafen vor der Viermastbark Passat in eine Anlegestelle für U-Boote. Beim Ausbaggern des Hafenbeckens versank geradezu sinnbildlich die Pferderennbahn im Wasser ... Während des Kalten Krieges verlief auf der schmucken Halbinsel die Zonengrenze zur DDR: Zwei Erdbunker und ein

„Führungspunkt zur Grenzüberwachung“ zeugten von der deutschen Teilung. 1987 musste dann noch die Schlichting-Werft wegen Konkurs geschlossen werden: Der wichtigste Arbeitgeber brach plötzlich weg. Auf dem Gelände hat sich heute die feudale Seniorenresidenz Rosenhof niedergelassen (das Apartment kostet monatlich bis zu 3.739 €). Zwanzig Jahre nach der Wiedervereinigung kann man an der Waterkant kilometerlange Spaziergänge unternehmen – und nach einem Unwetter sogar Bernsteinsplitter finden.

Sehenswertes

Drei Bahnhöfe

Wenn man Travemünde mit der Bahn erreicht, ist es am sinnvollsten, bei der zweiten der drei Stationen auszusteigen: dem **Hafenbahnhof.** So gelangt man über den Hirtengang und die St.-Lorenz-Straße flugs zum Ostpreußenkai. Von dort kann man rechter Hand zum Fischereihafen (Fischbrötchen!) und linker Hand an Trave und Meer entlang bis zum Brodtener Steilufer spazieren. Das alte, nicht überragend spektakuläre Bahnhofsgebäude ist ein Backsteinbau mit Sandsteinsäulen (1913). Die Bahnlinie von Lübeck nach Travemünde gibt es seit August 1882.

1898 entstand der **Strandbahnhof,** die Endstation. Vor allem der Uhrenturm mit der ungewöhnlich großen Anzeige – angegeben wird die jeweils nächste Verbindung nach Lübeck – ist beliebt und ein Hingucker. Das Backsteingebäude von 1911/12, das noch heute der bedeutendste (!) Bahnhof eines deutschen Seebades ist, erbaute man genau wie den Hafenbahnhof und den Lübecker Hauptbahnhof nach Entwürfen von Fritz Klingholz. Für Reisende, die ohne charmante Umwege unverzüglich

Telefonvorwahl Travemünde 04502

Der Strandbahnhof gilt als bedeutendster Bahnhof eines deutschen Seebades

Travemünde → S. 178/179

ins Travemünder Touristenbüro (Welcome Center) oder – wie der Name schon sagt – sofort an den Strand wollen, ist dieser Ausstieg perfekt geeignet. Alle anderen können ja für die Rückfahrt in die Lübecker Altstadt den inzwischen 100-jährigen Strandbahnhof (der seit 2011 auch behindertengerecht ausgestattet ist) ansteuern. Täglich pendeln ungefähr 30 Züge zwischen Lübeck und Travemünde und bringen rund 1.600 Reisende ans jeweilige Ziel.

Nutzen Sie Travemünde hingegen als Sprungbrett, um auf eine der Fähren nach Skandinavien oder in die Baltischen Länder zu gelangen, empfiehlt sich der Ausstieg am modernen **Bahnhof beim Skandinavienkai.**

Skandinavienkai

Der Skandinavienkai darf in diesem Reiseführer nicht fehlen, doch eines sei gleich gesagt: Man muss nicht extra dorthin laufen. Unkomplizierter beobachtet man die „schwimmenden Hotels" von der Flaniermeile zwischen Fischereihafen und Ostpreußenkai. Allerdings hat die Wirtschaftskrise auch an den Kaikanten in Travemünde zugeschlagen. „Wo sonst beim Beladen der Fährschiffe Hochbetrieb herrschte, geht es jetzt beschaulich zu", schrieben die Lübecker Nachrichten – und reagierten journalistisch auf den Abwärtstrend. Doch keine Sorge: Man sieht sie immer noch oft genug, die gewaltigen Schiffe der Reedereien Finnlines, Scandlines und TT-Line (Travemünde – Trelleborg). Und es ist immer wieder ein Schauspiel, wenn sie wie selbstverständlich durch die ziemlich enge Fahrrinne „schweben". Trotz eines empfindlichen Umsatzrückganges ist der Skandinavienkai nach wie vor der größte Umschlag- und Fährhafen Europas. Geschätzte 412.000 Passagiere werden alljährlich abgewickelt (in den 1980ern waren es fast konstant 2 Mio.). Von Travemünde geht es nach Schweden, Finnland, Russland oder in die Baltischen Länder.

Dabei hat die Karriere des größten deutschen Ostseehafens bescheiden angefangen. Auf dem Gelände einer Bootswerft mit Yachthafen und einer Fischersiedlung entstand mit Senatsbeschluss von 1960 der Skandinavienkai. Am 28. März 1962 weihte die frisch gegründete TT-Line mit der „Nils Holgersson" die Strecke zwischen Deutschland und Schweden ein; heute verkehrt zwischen den beiden Städten die „Nils Holgersson VI". Bereits 1980 begrüßte

Der beste Frischfisch in Travemünde

Während sich das Fischbrötchenangebot in der Altstadt mit gerade einmal einer „Fisch-Hütte" (→ Essen und Trinken, S. 39) und dem Delikatessengeschäft Krützfeld (Hüxstr. 23) äußerst rar macht, ist man im **Fischereihafen** zu Travemünde im Paradies. Matjes, Bismarck- und Brathering, Seelachs, Makrelen etc. dürfen zu Preisen von 2,50–5 € an zahlreichen Ständen verkostet werden – angenehmes Wassergeplätscher und engagiertes Möwengeschrei inklusive! Auch schmackhafte Hauptgerichte (ca. 10–12 ,50 €) mit frischem Fisch und den üblichen Beilagen lassen sich in einigen der windig installierten Hütten und Zelte des Fischereihafens einnehmen.

Außerdem verkaufen Fischer ihren Frischfang direkt aus dem Boot. Es gibt keine offiziellen Marktzeiten, doch das Welcome Center (Touristeninformation) empfiehlt, generell am Vormittag vorbeizuschauen, auch am Wochenende. Von einem der Fischer weiß ich, dass er Mo–Do 9–15 Uhr und Fr 9–12 Uhr seine der Ostsee entrissenen Waren anbietet. Je nach Saison werden vorwiegend Dorsch, Steinbutt, Hering, Barsch, Zander, Aal oder Sprotten verkauft.

Kreuzfahrt gefällig?

man den 25.000.000. Passagier am berühmtesten Kai der Hansestadt. Bis zum 50.000.000. wird es in wirtschaftlich unsicheren Zeiten aber wahrscheinlich noch etwas dauern …

Die Ankünfte der bekannten internationalen Kreuzfahrtschiffe in Travemünde kann man über www.luebeck-cruise.de (unter Arrivals) herausfinden; u. a. werden Aufenthaltsdauer und Schiffslängen angegeben. Zwischen 15 und 20 solcher Ozeanriesen erreichen jährlich, v. a. zwischen Juni und Aug., die Hansestadt. Falls Sie sich für die leider nicht ganz günstigen Überfahrten mit den Schiffen einer der drei Reedereien interessieren: www.finnlines.com/schiffsreise, www.scandlines.de und www.ttline.de.

Seebadmuseum Travemünde

Seit Juli 2007 gibt es ein spannendes Museum in Travemünde. Es ist vergleichbar mit dem grandiosen Willy-Brandt-Haus (→ Spaziergang 3, S. 117) – wenn auch wesentlich kleiner. Dank der Unterstützung einiger Stiftungen konnte der Heimatverein auf ein modernes Konzept setzen. Auf gerade einmal 160 m^2 lernt man auf unterhaltsame Weise eine Menge über den kleinen, aber mondänen Ostseeort. Oder wussten Sie, dass es im Casino ein Roulette mit einer „0" und einer „00" gab, damit die Bank auch wirklich genug kassierte?

Von den Anfängen um 1802 – noch 1800 hatte Travemünde nicht mehr als drei Straßen und 1.000 Einwohner – bis in die Gegenwart mit seinen mehr als 500.000 touristischen Übernachtungen jährlich werden Themen wie Bademoden und Strandleben, Schifffahrt und Werften, Fischerei und Handel, Gesellschaft und Tourismus, Hotelleben und Casino sowie Luftfahrt und Verkehr erlebbar gemacht. Hörstationen, diverse Schubladen und Gucklöcher sowie sehr gute Filme lassen ein differenziertes Bild entstehen. (Klappstühle, um die Filme entspannt zu gucken, gibt es neben dem Strandkorb!) Private Filmaufnahmen zur Grenzöffnung am 3. Februar 1990 oder hochinteressante Impressionen zur Schlichting-Werft und

Travemünde → S. 178/179

zum Bootsbau tragen zur Vertiefung bei. Und wer mag, darf in besagtem Strandkorb den Geschichten des Travemünder Originals Otto Timmermann lauschen. Ob man freilich der Travemünder Liedertafel, dem, zugegeben, ältesten und gesellschaftlich relevanten Gesangsverein, unbedingt eine ganze Wand hätte einräumen müssen, sei dahingestellt ... Trotzdem: Wer dieses Museum besucht hat, sieht Travemünde mit wissenden Augen.

Seebadmuseum Travemünde, Torstr. 1, gegenüber von Kirche und Marktplatz, ✆ 9998094, www.heimatverein-travemuende.de. März–Dez. Di–So 11–17 Uhr. Eintritt 5 €, erm. 2,50–4 €, Kinder bis 14 J. in Begleitung Erwachsener frei.

St. Lorenz zu Travemünde

An den unterschiedlichen Steinen des Hauptportals erkennt man schön, dass das Gotteshaus zum heiligen Laurentius verschiedene Stilepochen durchlebt hat. Das erste romanische Kirchlein stammte aus dem 13. Jh. und wurde während einer lübeckisch-holsteinischen Fehde im Jahr 1534 ein Opfer der Flammen. Von dieser ersten Kirche ist nur noch der untere Teil des Chores bis in ca. 2 m Höhe erhalten. Der nachgotische Neubau von 1558 gab St. Lorenz seine jetzige Gestalt. Der Turm mit seinem achteckigen Obergeschoss und dem spitzen Helm kam 1605–21 dazu und zählt zum Frühbarock. Danach ging es mit dem Gotteshaus steil bergab. Der strategisch wichtige Fischerort Travemünde, der immer wieder angegriffen, gebrandschatzt, geplündert und – zu allem Überfluss – auch noch vom Meer überschwemmt wurde, verarmte zusehends, was nicht zuletzt die Geistlichkeit spüren musste. Noch 1837, als das Seebad bereits florierte, berichtete ein anonymer Zeitzeuge: „Wen der Weg über den von Wohnhäusern begränzten Kirchhof führt, der hat täglich und stündlich Gelegenheit, die Gebeine seiner Ahnen, Verwandten oder Bekannten aus den schlecht verwahrten Gräbern hervorragen zu sehen.“ Keine Bange, im 21. Jh. geht es gesittet und sehr hygienisch zu; nicht einmal „des Vogtes Ziegen weiden auf dem Kirchhof“ (1777). 1903 kam die Kirche schließlich zu großen Ehren, als sie der schon bekannte Edvard Munch während einer seiner nervlich bedingten Kuraufenthalte in Travemünde zeichnete. Das Gemälde des Expressionisten hängt im Museum Behnhaus Drägerhaus (→ Spaziergang 3, S. 118).

Im Inneren der schlichten Kirche beeindruckt die bemalte, frühbarocke Balkendecke (1602); sie wurde erst 1990 während einer Renovierung entdeckt. Ornamentale Wandmalereien (z. B. am Chorfenster rechts) zogen sich ursprünglich durch den ganzen Raum. Bedeutend sind außerdem ein Triumphkreuz aus dem 15. Jh., der barocke Altar (1723) von Hieronymus Jakob Hassenberg und die barocke Kanzel (1735). Da das Geld wieder einmal sehr knapp war, ist der Altar aus Holz; lediglich die Figuren und Verzierungen leistete man sich in Marmor. Hassenberg hat auch den Barockaltar in St. Jakobi kreiert (→ Spaziergang 4, S. 130).

Im Kirchenraum sind einige Epitaphe aus Renaissance, Barock, Rokoko und Klassizismus mit religiösen Motiven oder frommen Darstellungen der Stifter aufgehängt. Das zweitälteste und interessanteste Epitaph befindet sich links neben der Kanzel. Es zeigt u. a. das Stifterpaar und dessen 15 Kinder, von denen einige schon verstorben waren. Kleine Kreuze, die über drei Säuglingen prangen, weisen auf diesen Umstand hin. Die Orgel ist ein Nachbau aus den 1990er-Jahren, der sich am originalen Barockprospekt orientiert. Am Holzgestühl von 1935 sind Travemünder Hausmarken – mit Wappen vergleichbare Familienzeichen – angebracht. Das älteste Exponat der Kirche ist das Frag-

Auch im Winter bleibt sich Travemünde treu

ment eines spätromanischen Taufsteins, links in der Eingangshalle neben einer Holzskulptur von St. Jürgen (um 1520), dem Drachentöter.

Auf dem alten **Marktplatz** einige Meter vor der Kirche wurde ein Brunnen für ein Travemünder Original errichtet: Otto Timmermann (1916–2008), den (Mundart-)Erzähler des Ostseebades. Neben dem regional bekannten, ehemaligen Küster der Kirche ist ein anderer Kreativer sogar bundesweit populär geworden: Rötger Feldmann (geb. 17. März 1950), besser bekannt als Brösel und Erfinder der genial-anarchischen Werner-Comics, stammt aus Travemünde.

St. Lorenz zu Travemünde, Jahrmarktstr. 14, ✆ 88800, www.kirche-travemuende.de. April–Okt. Di–Fr 9–12 und 13–16 Uhr, Sa/So nur 9–12 Uhr, Nov.–März Di–So 9–12 Uhr. Für die kunstgeschichtliche Vertiefung kann ein kleiner Kirchenführer erstanden werden. In den Sommermonaten (Juni–Sept.) findet donnerstags um 10.30 Uhr eine kostenlose, halbstündige Orgelmusik („Marktkonzerte") statt. Im Anschluss kann man eine ebenfalls halbstündige, kostenfreie Kirchenführung mitmachen.

Alte Vogtei

Gegenüber den Priwallfähren, in der Vorderreihe 7, liegt der einstige Sitz des Stadtvogtes. Seit dem Mittelalter überwachten die Vögte die Travemündung und schützten die Hansestadt vor feindlichen Streifzügen und Eroberungsschiffen; sie erhoben Zölle, waren befugt, die niedere Gerichtsbarkeit zu leiten und hatten die Schankgerechtigkeit inne – nicht unwichtig für den Landgang der Seeleute.

Das **Backsteinhaus** stammt in seiner jetzigen Form aus der Mitte des 16. Jh. (Renaissance). Vermutlich war der gotische Vorgängerbau dem Stadtbrand von 1522 zum Opfer gefallen. 1599 kam das kleine Nebengebäude dazu, das sog. **Audienzhaus,** in dem 2006 ein sensationeller Fund gemacht wurde. Während der Sanierung stieß man auf eine Kassettendecke – und damit auf die Porträts elf römischer Kaiser und Politiker (u. a. Tiberius und Augustus). Die vollständig renovierte, bemalte Holzdecke ist einmalig in ganz Norddeutschland.

Travemünde → S. 178/179

Zur Freude der Kunstgeschichtler war sogar eine Jahreszahl angegeben: 1623. Damit gehört die Alte Vogtei, die von 1938 bis 2002 das 6. Polizeirevier (!) beherbergte, zu den historisch wichtigsten Häusern Lübecks, ähnlich dem Museum Behnhaus Drägerhaus in der Altstadt (→ Spaziergang 3, S. 118).

Steht man vor dem zweigeschossigen Gebäude, fallen einem an der rechten Ecke des Audienzhauses zwei Wasserstandsmarken auf. Die eine aus Sandstein verweist auf das Hochwasser von 1625, die andere auf die katastrophale Sturmflut vom 13. November 1872. Auch am alten Leuchtturm (rechts neben dem Eingang) findet sich eine solche Marke. Während an jenem schwarzen Mittwoch im ganzen Ostseeraum 271 Menschen starben, gab es in Travemünde nur erhebliche Sachschäden. Das letzte stärkere Hochwasser datiert auf den 20./21. Februar 2002. Doch erneut hatten die Anwohner und Kurgäste Glück: Das Wasser stieg bis an die Kanten der Haustüren – und zog sich in den frühen Morgenstunden zurück.

Durch die schmucke Rokokohaustür gelangt man ins Innere der Vogtei, wo es angenehm entspannt zugeht. Das Lübecker Teekontor mit seiner Weinabteilung (dort befindet sich die Kassettendecke), das Restaurant und Künstlercafé Alte Vogtei und die „Kunstwerkerin" Ninette Mathiessen haben das Haus für lukullische und künstlerische Zwecke angemietet.

Vorderreihe 7.

Alter (und neuer) Leuchtturm

Seit 1974 ist das Leuchtfeuer für Schiffe im 36. Stock des **Maritim-Hotels** in 114,7 m Höhe befestigt und damit eines der höchsten Europas. Wer eine kleine Nachtwanderung am Hauptstrand unternimmt, kann die grellroten Lichtsignale des neuen Leuchtturms deutlich sehen. Für Schiffe über 55 m Länge und 8 m Breite besteht auch heute noch Lotsenpflicht.

Weitaus stilvoller ist der **alte Leuchtturm,** der bis zum 7. April 1972 um 18.15 Uhr ungewöhnliche 433 Jahre im Einsatz war. Er ist der älteste Leuchtturm Deutschlands und das älteste erhaltene Seezeichen an der deutschen Ostseeküste. 1539 erbauten holländische Festungsmaurer den Backsteinturm; sein Licht wurde zunächst von offenem Holzfeuer und später von elektrischen Bogen- und Glühlampen über die See geworfen. Zu Beginn des 19. Jh. besaß das Leuchtfeuer bereits eine Sichtweite von vier Seemeilen (etwa 7,4 km). Das Signal auf dem Maritim-Hotel strahlt heute 33,5 km weit.

Höchstwahrscheinlich geht ein allererstes Seezeichen an der Travemündung im 13. Jh. auf König Waldemar II. von Dänemark zurück. Spätestens seit 1316 gab es einen Leuchtturmwärter in Travemünde. Im 18. Jh. wurde dieser von einem Lotsenkommandeur abgelöst, dem drei Oberlotsen und neun Lotsen zugeteilt waren. 1827 erweiterte man den oberen Teil des Leuchtturmes nach einem Brand auf eine Höhe von 31,1 m. Erst 2002–04 wurde der Turm saniert. Dafür zog man 12.000 Steine heraus und ersetzte sie. Und noch etwas: Auf dem Leuchtenfeld vor dem Leuchtturm (das früher gänzlich unbebaut war) spielt eine der schwächsten Erzählungen Thomas Manns: „Wie Jappe und Do Escobar sich prügelten" (1911).

Inzwischen ist der alte Leuchtturm ein Wahrzeichen der „schönsten Tochter" Lübecks, wie Travemünde etwas altbacken in allen Reiseführern genannt wird, außerdem ein Aussichtsturm und nicht zuletzt ein Museum. Via Laptop werden im Erdgeschoss die Ankunftszeiten von großen und kleinen Schiffen an die Wand projiziert. In der achten Etage kann man dann das Einlaufen jener Ozeanriesen in luftiger Höhe mitverfolgen.

Zwei Leuchttürme oder
Backstein meets Moderne

Auf jeder Etage befinden sich nett gemachte Mini-Ausstellungen zur Geschichte der maritimen Leuchtfeuertechnik. Im obersten Stockwerk ist die noch funktionsfähige Leuchtanlage mit ihren 1.000-Watt-Glühbirnen ausgestellt. Doch nicht (nur) deswegen nimmt man die 142 teilweise recht steilen und engen Holzstufen auf sich. Der faszinierende Rundblick reicht vom Skandinavienkai über die Travemünder Altstadt und die Lübecker Bucht bis Grömitz und die mecklenburg-vorpommerische Ostseeküste. Nur Menschen mit Höhenangst werden leiden! Die Brüstung der Galerie (die sicher der Norm entspricht) ist nicht gerade hoch. Eine Alternative dazu ist, zwischen 15 und 17.30 Uhr mit dem Fahrstuhl in die 35. Etage des Maritim-Hotels zu fahren und das grandiose Panorama hinter dicken Glasscheiben zu genießen. Das freilich kostet Sie mindestens einen Cappuccino in jenem nicht ganz so modern eingerichteten Café über den Wolken (→ Cafés/Eiscafés).

Neuerdings finden während der Öffnungszeiten ca. 5- bis 10-minütige Kurzvorträge statt, denen man um 13 Uhr (Sehenswürdigkeiten in Travemünde), 14 Uhr (Schiffe in Travemünde) und 15 Uhr (Geschichte des Leuchtturms) lauschen kann.

Am Leuchtenfeld 1, ✆ 889180, www.leuchtturm-travemuende.de. Ende März/Anfang April–Anfang Nov. tägl. 13–16 Uhr, Juli/Aug. tägl. ab 11 Uhr. Eintritt 2 €, Kinder bis 13 J. 1 €. Drei öffentliche Führungen kann man zu 7 € pro Nase mitmachen, Kinder bis 13 J. zahlen 3 €. Von Mai bis Okt. geht es freitags zwischen 20 und 22 Uhr mit dem Nachtwächter durch den Stadtteil (plus Weinprobe!). Sonntags zwischen 11 und 13 Uhr wird ein maritimer Rundgang mit dem Leuchtturmwärter angeboten. Dienstags zur selben Zeit führt ein Fischer durch die Altstadt und zum Fischereihafen (Fischverkostung!). Treffpunkt ist der Leuchtturm; nur die Dienstagsführung startet an Ecke Vorderreihe/Rose.

Casino

Auch wenn es moralinsaure Zeitgenossen verteufelten: Das Casino war einer der Anziehungspunkte von Travemünde und gehörte zum Seebad wie Meer und Strandkörbe. Schon nach der Eröffnung im Jahr 1825 zeigte sich der Spielbetrieb rege und wurde 1833 gegen eine jährliche Pachtzahlung vom Rat genehmigt (vorher hatte man das monetäre Treiben stillschweigend geduldet). Künstler aller Couleur (z. B. Dostojewski, Turgenjew, Gogol) kamen gerade deshalb nach Travemünde. Man spielte im chinesischen Pavillon des Kurhauses, in dem heute das A-ROSA-Hotel untergebracht ist. Nach einem Gesetz der Frankfurter Nationalversammlung wurde das Glücksspiel 1849 verboten. Keiner der deutschen Badeorte hielt sich daran, auch Travemünde nicht. Erst ein Reichsgesetz von 1872 machte dem Glücksspiel bis nach dem Zweiten Weltkrieg den Garaus: Die selbst ernannten Moralapostel hatten gewonnen. Zwischenzeitlich erbaute man ein Konversationshaus (1913/14) mit Kursaal – ein Jugendstilbau, der zunächst als Kriegslazarett und zum Unterstellen der Strandkörbe diente ... Das Casino wurde in diesem Neubau schließlich am 5. Juni 1949 wiedereröffnet.

In den Wirtschaftswunderjahren kehrte das gesellschaftliche Leben nach Travemünde zurück – nicht zuletzt wegen der Spielbank. Es wurde gezockt, was das Zeug hielt, Travemünde bisweilen „Travemonte“ genannt (in Anspielung auf Monte Carlo). Zu den prominentesten Gästen gehörten die Schauspieler Curd Jürgens und Kirk Douglas, der milliardenschwere griechische Reeder Aristoteles Onassis, das italienische Sexsymbol Sophia Loren, Kaiserin Soraya von Persien und – man höre und staune – der biedere Konrad Adenauer. Im Nachtclub La Belle Epoque, in dem

In diesem 5-Sterne-Hotel befand sich das so legendäre Casino

inzwischen ein Drei-Sternerestaurant beheimatet ist (→ Essen & Trinken, S. 197), traten Josephine Baker und Lale Andersen auf.

Seit 2005 ist in dem Gebäude das COLUMBIA Hotel Casino Travemünde untergebracht – und beherbergte bis Herbst 2012 eine der ältesten Spielbanken Deutschlands.

Das einstige Casino befand sich im Südflügel des COLUMBIA-Hotels in der Kaiserallee 2. Ende 2012 eröffnete es im tendenziell schmucklosen Lübecker Park Inn Hotel neu (Willy-Brandt-Allee 1–5.). Währenddessen werden die freien Gebäudeteile mit Luxus-Suiten (die einen grandiosen Meerblick haben sollen) wiederbelebt – schade, dass ein authentisches Stück Travemünde damit in sich zusammenfällt!

Brodtener Steilufer

Man erreicht den höchsten Punkt über eine 1,5 km lange Piste bequem mit dem Auto. Einfach kurz vor dem Ort Brodten rechts abbiegen! Schöner ist es, wenn man nach dem Parkplatz Möwenstein am Ende der Strandpromenade direkt vor dem wilden Nordstrand die Hermannshöhe „erklimmt". Das gleichnamige Oma-Café hat sich allerdings in eine moderne Selbstbedienungsgastronomie verwandelt (→ Essen und Trinken, S. 198). Daneben sind Stände für Snacks auf die Hand aufgebaut. In fernerer Zeit lockten Piraten unbedarfte Schiffer von dieser Ebene aus durch irritierende Leuchtfeuer auf die vorgelagerten Sandbänke, um sie kurzerhand auszurauben.

Früher gab es außerdem einen Holzpavillon: Vom sog. Seetempel spähten die gediegen gekleideten Damen und Herren in die Ferne – und fürchteten sich gelegentlich vor der Ungeheuerlichkeit des Meeres ... „In schwindlichter Weite verfloß die Riesen-Wasserfläche mit den Wolken, und Himmel und Wasser schienen ein unendliches Ganzes zu bilden. Im Hintergrunde ruhten ungeheuere Schiffe, wie an den Wolken aufgehangen" (Eichendorff). Einen der großen Ozeanriesen sieht man auch 200 Jahre später fast immer am Horizont. Was der Dichter vergessen hat: Manchmal

Travemünde → S. 178/179

ziehen Schwäne majestätisch über die weite Ebene. Im Winter beobachtet man Angler und Wasservögel, im Sommer Badende – wobei viele Möglichkeiten zu guten Fotomotiven gegeben sind und man die verschiedenen Blautöne der Ostsee erkennen kann.

Heute muss man am Rand des 4 km langen **Höhenweges,** der schnurstracks nach Niendorf führt und sich auch mit dem Fahrrad meistern lässt, allerdings aufpassen, v. a. auf (kleine) Kinder. Der Lehm am Rand der Steilküste ist brüchig, Bäume klammern sich nach (starken) Stürmen wie verunfallte Kletterer an den Abhang. Jährlich büßt das Kliff im Norden ungefähr 30 cm bis 1 m aufgrund der rauen Witterungsverhältnisse ein; 40.000 Euro werden in die Wiederherstellung des Weges gesteckt. Trotzdem (oder gerade deswegen) ist diese kleine Wanderung ein Genuss – auch außerhalb der Saison, wenn nur Einheimische unterwegs sind. Und wer bei Niedrigwasser den unterhalb gelegenen Strandweg nimmt, kann die über 2.500 Brutröhren der Uferschwalben sehen – die größte Uferschwalbenkolonie Schleswig-Holsteins. Nach einem Unwetter rate ich von diesem Vergnügen allerdings dringend ab, da Bäume, Betonteile oder Erdmassen herabstürzen können!

Priwall

Der Priwall ist ein kleiner, geographischer Zipfel von Travemünde, an dessen schmalster Stelle die Grenze zur DDR verlief (→ S. 166f.). Im Westen und Süden liegt ein Naturschutzgebiet. Es grenzt an den Pötenitzer Wiek, ein Küstengewässer und Lebensraum vieler Wasservögel. Seit der Jahrtausendwende steht es unter dem besonderen Schutz der EU. Im Norden reicht die Halbinsel an die Ostsee, weswegen sich dort wunderbare Meerspaziergänge bis Mecklenburg-Vorpommern, aber auch Fahrradtouren ins Hinterland unternehmen lassen. Je weiter östlich man kommt, desto naturbelassener wird es. Selbst die sechs Feriendörfer mit ihren 110 Häusern, die bis 2015 fertig sein sollen und ein wenig an dänische Urlaubersiedlungen erinnern, fügen sich authentisch ins Bild. Oder um es mit den Worten eines Nobelpreisträgers zu sagen: „Wir gehen, gehen auf leicht federndem, mit Tang und kleinen Muscheln bestreutem Grunde, die Ohren eingehüllt vom Wind, von diesem großen, weiten und milden Winde, der frei und ungehemmt und ohne Tücke den Raum durchfährt und eine sanfte Betäubung in unserem Kopfe erzeugt“ (Thomas Mann, Der Zauberberg).

Um den Priwall zu erreichen, besteigt man gegenüber der Alten Vogtei (Vorderreihe 7) eine der beiden kleinen Autofähren (10-Min.-Takt). Dann ist man einer von 4 Mio. Besuchern, die diese Priwallfähren (→ S. 203) jährlich nutzen. Die Ticketpreise fürs Übersetzen sind bezahlbar, wenngleich eine Pkw-Mitnahme überraschend teuer ist.

Ostseestation Priwall

Die Idee war so simpel wie attraktiv: Um heimische Meeresbewohner sollte es gehen, um Tiere, die in der Ostsee vorkommen, dem größten Brackwassersystem der Welt. So eröffneten die zwei Meeresbiologen Sandra Piepiorka und Thorsten Walter im Mai 2007 die Ostseestation Priwall. Diese Kombination aus Aquarium und Umweltzentrum besteht gerade mal aus zwei Räumen: einem Saal mit ca. 20 Schauaquarien und einem Vortragsraum.

Nach einer kurzen Einführung in die Quallenkunde dürfen die Kleinen z. B. Plattfische wie den Steinbutt oder Flundern füttern. Aber Vorsicht, die expressionistischen Picassofische mit ihrem schiefen Mund und den seltsam auseinanderstehenden Augen schnappen sehr schnell zu! In den anderen Aquarien lernt man Seeanemonen, Seenadeln, Stichlinge, das giftige Petermännchen oder Katzenhaie kennen, die einzigen Haie der Ostsee. Übrigens: Das Petermännchen zählt zu den gefährlichsten europäischen Gifttieren, weswegen es nur mit einer Zange gefüttert wird. Wer sich jetzt noch traut, darf Strandkrabben in die Hand nehmen; außerdem wird nach den Augen eines Seesterns gesucht.

Danach geht es in den Vortragsraum, wo Becher mit Meeresproben an die Wand projiziert und die winzigen Bewohner unter einem Elektronenmikroskop beäugt werden. Begleitet werden die Aktionen von den kindgerechten, unterhaltsamen Erklärungen des jeweiligen Führers.

Angenehmes Plus der Ostseestation: Die Führungen (bis 30 Pers.) laufen in einer Endlosschleife. Man stößt dazu, wann man mag, und kann jederzeit unterbrechen. Kein Wunder, dass sich jährlich 12.000 Gäste einfinden und die privat finanzierte Ostseestation gut bestehen kann. Fazit: Gehobene Eintrittspreise, aber eine packende Angelegenheit für Kinder! Zumal auch die Erwachsenen mit hoher Wahrscheinlichkeit einige Dinge über die Ostsee erfahren, die sie so weder gewusst noch erwartet hätten.

Am Priwallhafen 10, ✆ 308705, www.ostseestation-priwall.de. April–Okt. Di–So 10–17 Uhr, Nov.–März Do–So 10–17 Uhr. Eintritt 6 €, Kinder (in Begleitung Erwachsener) 4 €. Führungen außerhalb der Öffnungszeiten oder Strandwanderungen/Kescherkurse (10–20 Pers.) kosten ca. 5 € pro Pers. und sind nach Absprache möglich. Diverse Plakate (von Muscheln über Garnelen bis zu Haien und Walen) können für 4–15 € erworben werden.

Viermastbark Passat

„Ich sah die Passat unter vollen Segeln im Kanal vorbeiziehn, und kein Zweifel, sie war das grandioseste Schiff, das jemals gebaut wurde, und wundervoll zu sehen, wie das großartige Gebilde durch das Wasser glitt, man erwartete geradezu, dass es sich heraushob und zu fliegen begann.“ Nein, kein Lübecker hat diese enthusiastischen Worte gefunden! Sie entstammen der Feder des britischen Seemanns John Masefield (1878–1967), der mit seinen Saltwater

Einer der letzten Viermaster

Travemünde → S. 178/179

Ballads (1902) berühmt wurde. Was hat es mit der Passat nun auf sich? Ist sie wirklich so grandios? Sie ist zunächst einmal unübersehbar und neben dem alten Leuchtturm das zweite Wahrzeichen Travemündes.

Am Heiligabend des Jahres 1911 stach der 115 m lange Viermaster mit einer Segelfläche von 3.600 m² das erste Mal von Hamburg aus in See und umrundete während der Jungfernfahrt das Kap Hoorn. Das Schiff gehörte zur Flotte der legendären 84 Flying-P-Liners, die es dank einer Höchstgeschwindigkeit von knapp 18 Knoten (ca. 33 km/h) mit den großen Dampfschiffen aufnehmen konnten. Im November 1957, zwei Monate nach der Pamir-Katastrophe (→ Jakobikirche in Spaziergang 4, S. 130), lief die Passat mit Schlagseite in Lissabon ein. Sie war auf der Heimreise von Buenos Aires nach Hamburg in einen schweren Sturm geraten, doch im Gegensatz zur Pamir nicht gekentert. Zwei Jahre später bewahrte die Hansestadt Lübeck das unbeugsame Schiff mit den 56 m hohen Masten vor dem Abwracken. Seit dem 8. Januar 1960 liegt die Passat in Travemünde und steht seit 1978 unter Denkmalschutz. Den Bug Richtung offenes Meer gereckt, wirkt sie manchmal, als möchte sie wieder lossegeln.

Seinerzeit hat sie die Hamburger Reederei F. Laeisz umgerechnet 3,4 Mio. (!) € gekostet. Die enormen Ausgaben amortisierten sich nach vier bis sechs Reisen, von denen eine meistens sechs Monate dauerte. Eingeführt wurden damals v. a. Salpeter und Guano; die Ladekapazität betrug mehr als 4.000 t! Erst in den 30er-Jahren mit der Erfindung des Kunstdüngers in Europa war das lukrative Geschäft zu Ende, weswegen man sich kurzzeitig auf Weizentransporte aus Australien spezialisierte.

Bei einem Rundgang erhält man Einblicke in einen der letzten Großsegler. Man schaut in den Kapitänssalon mit seinen blauen Polstern, in Kajüten, die Kombüse, ins Kapitänshäuschen und den Funkraum, der mit den alten Geräten an James-Bond-Filme aus den 1960ern erinnert. Ein Blick in die kleine Plastikbroschüre „100 Jahre Seefunk" informiert leidlich gut. Schade, dass darüber hinaus keine genaueren Beschriftungen vor den Kammern hängen!

Dafür befindet sich ein kleiner Ausstellungsraum in Ladeluke 1. Wer will, kann dort die Geschichte der Passat verfolgen, die nach dem Ersten Weltkrieg als Reparationszahlung an Frankreich abgetreten werden musste. Später wurde sie durch die eigene Reederei wieder zurückgekauft. Ferner kollidierten zwei englische Dampfer mit ihr. Die beiden Kapitäne hatten jeweils die Geschwindigkeit der schnellen Windjammer unterschätzt ... Aufschlussreich ist auch die Windstärketafel im Plastikordner „Seemotive Sturm" und die Weltkarte mit den Routen der Passat, die es nach Südamerika, Australien und Südafrika verschlug. 31 Reisen hat sie auf dem Buckel, die kürzeste dauerte vier Monate und sechs Tage, die längste acht Jahre und 38 Tage.

Von Ladeluke 1 geht es tief in den Schiffsbauch (steile Treppen!), wo es gleich kühler wird. Hier sieht man ein 2,5 m langes Modell der Passat, das der Travemünder Horst Wandrey in leidenschaftlicher Kleinstarbeit und 2.000 Arbeitsstunden gebastelt hat. Als 21-jähriger Schiffsjunge war er mit der Passat auf Reisen.

Wieder an Deck, unter einem Gewirr aus Schnüren, hat man im Vorderschiff einen schönen Ausblick auf die offene See – und auf Fiete, den letzten Matrosen aus Holz, der noch immer am Kai nach Schiffen Ausschau hält. Vom Heck aus eröffnet sich ein Panoramablick über Travemünde.

Ein Besuch ist unbedingt zu empfehlen, denn die Passat, unlängst 100 geworden, ist eine Legende deutscher

Seefahrtsgeschichte und einer der letzten originalen Zeugen des Segelschiffzeitalters.

Am Priwallhafen 16, ✆ 0451/1225202, www.ss-passat.com. April bis Mitte Mai und Okt. 11–16.30 Uhr, Mitte Mai bis Sept. 10–17 Uhr. Eintritt 4 €, Kinder (6–17 J.) 2 €. Ermäßigungen mit Ostseecard und Lübecker Seniorenfreizeitpass (Erw. 3,20 €, Kinder 1,60 €), Lübeck-Pass (50 %) und Lübecker Ferienpass (freier Eintritt). Die Familienkarte kostet 5 € (1 Erw. plus Kinder) oder 9 € (2 Erw. plus Kinder). Bedarfsführungen werden von Mitte Mai bis Sept. tägl. um 14 Uhr gegeben. Man zahlt 5 € plus Eintritt. Sonderführungen (bis 25 Pers.) während des gesamten Jahres für 40–45 €, obendrauf kommt der Ticketpreis. Es wird gebeten, sich spätestens eine Woche vorher anzumelden! An der Kasse kann die 24-seitige Broschüre „Passat im Novembersturm. Bilder von der letzten großen Fahrt" (Hellmut Jebens) erstanden werden, außerdem ein Buddelschiff und ein Kalender.

Praktische Infos

(→ Karte S. 178/179)

Auf einen Blick

Apotheken

Die drei Apotheken befinden sich alle in der Nähe der Promenade. Nordland-Apotheke (Vorderreihe 39), Anker-Apotheke (Vorderreihe 45), Kur-Apotheke (Kaiserallee 3 a).

Banken

Alle fünf Banken liegen dicht gedrängt in Strandnähe. Raiffeisenbank (Torstr. 1), Volksbank (Vorderreihe 8–9), Commerzbank (Vorderreihe 50), Sparkasse zu Lübeck (Vorderreihe 51), Deutsche Bank (Vorderreihe 62).

Fundbüro

Das Fundbüro liegt im Stadtteilbüro Travemünde, Parkallee 1, ✆ 862710.

Internetcafés

Play Off in der Kurgartenstr. 74. Zutritt ab 18 J., da gleichzeitig Spielhalle. Sechs Terminals, 2,50 € pro Std. plus Kaffee, soviel man möchte. Etwas spelunkig. Tägl. 10–5 Uhr geöffnet. Außerdem kann man im **Playpoint** (Rose 10–12, Mo–So 10–5 Uhr) online gehen. Ebenfalls 2,50 € pro Std. plus ein Freigetränk nach Wahl.

Internetseite

www.travemuende.de.

Kurtaxe und Ostseecard

Übernachtungsgäste zahlen pro Tag eine Kurtaxe (Hauptsaison 2,80 €, Nebensaison 1,40 €, Kinder frei). Damit sind Sie automatisch Inhaber einer Ostseecard, die Vergünstigungen im Busverkehr, in Museen (z. B. Passat), bei Aktivitäten (z. B. Hochseilgarten) etc. im ganzen Ostseeraum ermöglicht. Infos unter www.ostseecard.de.

Notfall

Ärztlicher Notdienst Schleswig-Holstein, ✆ 01805-119292. DLRG (Wasserrettung), ✆ 74777. Wasserschutzpolizei/Seenot, ✆ 862830. Praxisklinik Travemünde, Am Dreilingsberg 7, ✆ 800-0.

Travemünde → S. 178/179

Eines der eher ungeliebten Wahrzeichen ...

Polizei

Eine Polizeistation befindet sich im Moorredder 1, ✆ 863430.

Post

Die Post befindet sich im Schreibwarenladen Papierträume, Vorderreihe 56/57. Mo–Fr 8.30–18 Uhr, Sa 8.30–13 Uhr.

Strände/Strandgebühren

In Travemünde gibt es drei Strände, den breiten Hauptstrand an der Strandpromenade vor dem Maritim, den Priwallstrand (mit FKK- und Hundestrand) und den Strand am Brodtener Steilufer (mit FKK- und Hundestrand). Übernachtungsgäste baden generell kostenlos, Tagesbesucher zahlen in der Hauptsaison für den Hauptstrand pro Tag 2,60 €, für den Priwall 1 €. Gebührenfrei ist der Strand am Brodtener Ufer. Das Strandticket erhält man über Automaten oder von Strandkorbverleihern. Vorsicht, es wird kontrolliert! Über den Strand zu laufen, ist natürlich kostenlos.

Strandkörbe

Sieben Strandkorbverleiher buhlen am Hauptstrand um die Gunst der Badegäste, auf dem Priwall ist es nur einer. Die Preise differieren, wenn überhaupt, nur gering: ca. 8 € pro Tag. Bei Bühring-Pegel gibt es Mo–Fr ab 15 Uhr eine Happy Hour: 5 €. Bei Seipels darf man sich für 3 Std. zum selben Preis zu jeder Tageszeit einmieten, außerdem existieren extrabreite Familienkörbe zu 7 € und kostenlose Strandrollstühle. Bei Paulsen (Priwall) erhält man zusätzlich eine Strandliege mit Schirm für 5 €. Am Mittwoch ist bei einigen Verleihern Familientag mit Sonderpreisen. Insgesamt stehen 1.200 Strandkörbe zur Verfügung – und ja, es ist angenehm, „die schützenden Seitenwände des Strandkorbes, dieses von jung auf vertrauten und eigentümlich bergenden Sitzgehäuses" (Thomas Mann) zu genießen. Wer nichts dem Zufall überlassen will, kann sogar im Internet reservieren, z. B. unter www.seipels-koerbe.de oder unter www.knollskoerbe.de.

Tankstellen

Aral (Gneversdorfer Weg 12–14), Esso (Moorredder 1 f).

Telefonieren

Alle in diesem Kapitel angegebenen Telefonnummern liegen – wenn nicht gesondert angegeben – im Vorwahlbereich Travemünde (04502).

Touristeninformation

Welcome Center im Strandbahnhof (Berlingstr. 21), ✆ 0451/8899700 (0,14 €/Min.), Mo–Fr 9.30–18 Uhr, von Ostern bis Okt. ist samstags und sonntags auch geöffnet, manchmal nur zwischen 11 und 14 Uhr. Zwei Internetterminals zu 3 € pro Std. (Minimum 10 Cent).

Anreise

Am einfachsten erreichen Sie Travemünde mit der **Bahn**. Vom Hbf. Lübeck ist man in etwa 20 Min. am Meer. Die Züge fahren ab 7.03 Uhr stündl. bis 23.03 Uhr. Der letzte Zug zurück fährt pünktlich um 23.34 Uhr. Erw. 3 €, Kinder (6–14 J.) 1,80 €.

Mit den **Bussen** der Linien 30 und 40 ist man etwa 45 Min. unterwegs; die letzte Fahrt macht Linie 30 um 23 Uhr. Startpunkt ist der ZOB nahe Hbf. Lübeck. Erw. 3 €, Kinder (6–14 J.) 1,80 €, unter 6 J. frei (siehe auch Busse und Bahnen, S. 49).

Falls man mit dem eigenen **Auto** anreist, gibt es 850 kostenfreie (!) Parkplätze (auch für Wohnmobile) auf dem Kowitzberg in der Nähe des Brodtener Ufers. Die m. E. geschicktesten Parkmöglichkeiten sind kostenpflichtig und finden sich in der Nähe des Fischereihafens (ca. 450) und auf dem Leuchtenfeld beim alten Leuchtturm (ca. 750), 1 € pro Std., Tagesticket 3 €. Sein **Wohnmobil** kann man für 6 €/Tag ebenfalls am Fischereihafen (Auf dem Baggersand 13) parken. Ca. 90 Stellplätze gibt es dort, wo die großen Schiffe ein- und ausfahren und die Fischbrötchen warten.

Mit den **Ausflugsfähren** von Könemann gelangt man in 90 Min. von Lübeck (an der Drehbrücke) nach Travemünde. Der Vorteil: Man wird angenehm über die Trave geschippert und kann dazu einen Kaffee oder ein Bierchen schlürfen. April bis Mitte Okt. 9.30 und 14 Uhr, Juli–Sept. zusätzlich 18.15 Uhr. Erwachsene zahlen ca. 12 €, Kinder bis 14 J. ca. 6 €, Familien ca. 26 €. Geburtstagskinder jeden Alters fahren frei (Ausweis!). Für den 18.15-Uhr-Termin sind mind. 10 Pers. notwendig, was fast immer klappt. Wer gleich die Rückfahrt klarmachen will, zahlt 1,50 € pro Pers. mehr und erwirbt das Trave-Ticket (retour geht es dann mit den Buslinien 30 oder 40). ✆ 0451/2801635, www.koenemannschiffahrt.de.

Ein **Taxi** (✆ 81122) braucht vom Hbf. Lübeck nach Travemünde ca. 25 Min. und kostet ca. 25 €.

Übernachten (→ Karte S. 178/179)

Das Übernachten in Travemünde ist etwas teurer als in der Innenstadt. Falls die unten vorgestellten Unterkünfte nicht das richtige oder ausgebucht sind, kann man über die Touristeninformation Welcome Center (Lübeck und Travemünde Marketing GmbH, www.travemuende-tourismus.de), Iske (www.ferienwohnungen-iske.de), Dzulko (www.dzulko.de) oder den Lübecker Verkehrsverein (www.luebecker-verkehrsverein.de) fündig werden.

Grand SPA Resort A-ROSA Travemünde 10 Feudal und edel, die Nummer eins unter den Luxushotels in Travemünde! Sehr netter Service, der schon allein die fünf Sterne, Kategorie Superior, verdient. Zimmer in warmen Farben mit teilweise herrlichem Blick aufs Meer. Das alles hat seinen Preis: DZ ab wenigstens 218 € zur Parkseite. Besonders schön sind die Junior-Suiten zwischen 448 und 578 € inkl. HP. Die beste Suite zur Meerseite kostet in der Hochsaison stolze 598 €. Ein 4.500 m² großer Spa-Bereich verführt auf zwei Etagen mit einer Meerwasserpipeline. Für die Kleinen gibt es einen Kinder- und Jugendclub ab 3 J. Man wohnt im Neubau (fünf Etagen) oder Altbau mit den hohen Decken (drei Etagen). Im Erdgeschoss des alten Kurhauses liegt eine schmucke Piano-Lounge. Außenallee 10, ✆ 3070632, www.a-rosa.de.

COLUMBIA Hotel Casino Travemünde 8 Ebenfalls ein 5-Sterne-Superior-Hotel, aber mit kleinerem Wellnessbereich als im A-ROSA; auch der Service war nicht ganz so betont selbstverständlich. Dafür punktet das Frühstück mit herrlichem Seeblick. Außerdem gibt es einen wunderschönen Jugendstilballsaal, der aber nur für geschlossene Gesellschaften oder „Travemünde tanzt" (→ Veranstaltungen, S. 200) genutzt wird. Vier Etagen mit 72 selbstverständlich sehr schönen Zimmern und Suiten. Ein Fünftel des Hauses nahm das Casino ein. DZ ohne/mit Balkon, ohne/mit Meerblick ca. 200–300 €, Juniorsuiten 345–460 €, für die COLUMBIA-Suite kann man in der Hauptsaison stolze 575 € hinlegen. Kaiserallee 2, ✆ 3080, www.columbia-hotels.de.

Maritim Strandhotel Travemünde 11 Ein Riesenkasten, der an ein Schiff erinnern soll ... Moderner 70er-Jahre-Style mit allem Komfort, den ein 4-Sterne-Hotel bietet. Die schönsten der 240 Zimmer haben einen

Travemünde → S. 178/179

wunderbaren Blick auf die Passat und die Stadt. DZ ca. 125–350 €. Trelleborgallee 2, ✆ 890, www.maritim.de.

Strandschlösschen 6 Das 3-Sterne-Hotel punktet v. a. durch seine Lage direkt am Meer. Der klasse Ausblick hat seinen Preis: DZ 130–167 €. Es gibt aber auch DZ zu ca. 80 € und EZ zu ca. 50 € (Nebensaison, seitlicher Meerblick). Am schönsten ist die sehr geräumige Nr. 10, u. a. sogar mit Badewanne. Insgesamt 33 ganz nett eingerichtete Zimmer auf vier Stockwerken, allerdings kein Aufzug. Frühstück 7.30–11 Uhr. Strandpromenade 7, ✆ 75035, www.hotel-strandschloesschen.de.

Villa Charlott 7 Das Hotel garni wurde mir als Mittelklassehaus sehr ans Herz gelegt. 25 angenehme Zimmer im 1898 erbauten Jugend- und Bäderstilhaus mit gutem Frühstück. Familiäre Atmosphäre dank der netten Inhaberin Martina Koop. Nur der Ausblick ist woanders schöner. Dafür liegt das Hotel zentral in der Nähe vom Hauptstrand. DZ 60–120 €, EZ 45–70 €, auch Familienzimmer (mit Aufpreis) und Arrangements wie 5 Nächte in der Nebensaison zu 300 €/DZ. Sogar Hunde sind willkommen und kosten 4 € extra. Jan./Febr. geschlossen. Kaiserallee 5, ✆ 86110, www.villa-charlott.de.

››› Mein Tipp: **Pension Strandhaus 4** Eine wunderbare Pension im Landhausstil mit heller, freundlicher Atmosphäre und Holzdielen. Die engagierte Hauswirtin Renate Schmidt zaubert ein Frühstück mit sieben verschiedenen Marmeladensorten, teilweise selbst gekocht, und dem üblichen Aufschnitt sowie Fleischsalat auf die Teller. Sie serviert auf Wunsch auch Rühr- oder Spiegeleier – und sonntags gibt's selbst gebackenen Kuchen! DZ ca. 70–100 €, EZ ca. 60 €. Bei einer Woche wird es pro Tag 10 € günstiger. Alles in allem: famos. Nur die Bäder sind leider etwas klein geraten und lange nicht so schön wie der Rest. Außerdem haben lediglich zwei Zimmer Seeblick, dafür liegt die Pension äußerst strandnah. Kaiserallee 33, ✆ 71818, www.pensionstrandhaus.de. ‹‹‹

Theodor-Schwartz-Haus 1 Von der AWO geführte Familienunterkunft, etwas außerhalb auf dem Weg nach Brodten gegenüber dem Abzweig zum Brodtener Steilufer. Die 33 DZ, 19 EZ und zwei Familienapartments sind schlicht, aber absolut okay und einen Ticken schöner als das Naturfreundehaus auf dem Priwall. Sie befinden sich abseits des Haupthauses in kleinen Häuschen und kosten ca. 30–45 € pro Pers., Kinder ca. 13–25 €, EZ-Zuschlag ca. 13 €. Achtung: Die meisten Zimmer wurden 2010 frisch renoviert, aber eben nicht alle. VP/HP möglich. Auch für Schwerbehinderte und Senioren ist das Anwesen geeignet, da ebenerdig. Außerdem großer Spielplatz, Bolzplatz, Fahrradverleih (5 € pro Tag), Go-Kart (7 € pro Tag), angeschlossene Hauskneipe (günstige Getränke!) und Sauna (25 € für vier Pers.). Die Unterkunft hat nur einen Haken: Im Juli/Aug. wird nur wochenweise vermietet; dafür gibt es in diesen Monaten ein Animationsprogramm für die Kiddies … Wedenberg 2–4, ✆ 86220, www.theodor-schwartz-haus.de.

Naturfreundehaus Priwall 21 Sehr einfach, aber sauber und wesentlich angenehmer als die Jugendherberge der Lübecker Innenstadt. Schöner Frühstücksraum, der auf eine Terrasse und zu einem Spielplatz direkt am Pötenitzer Wiek führt. Diverse Doppel- und Familienzimmer mit Seeblick. Vorsicht: Fünf Zimmer haben keine Dusche! Man bucht mit Voll- oder Halbpension zu relativ moderaten Preisen (DZ ca. 75 €/HP, bei EZ 8 € mehr, Rabatte bei Familien im Vierbettzimmer). Naturfreunde (Mitglieder) zahlen 4 € weniger, auch Kinder und Jugendliche kommen günstiger weg. Von Mai bis Sept. gut ausgebucht, früh reservieren. Der angeschlossene Campingplatz kann nur in den bundesweiten Sommerferien genutzt werden. Mecklenburger Landstr. 128, ✆ 2838, www.naturfreunde haus-priwall.de.

Altes Brauhaus 18 Sechs nett eingerichtete Apartments, teilweise mit Balkon und gutem Blick auf die Trave. DZ 39–79 € (je nach Größe und Saison). Gut gefallen hat mir das Apartment Nr. 6 unter dem Dach. Es gibt auch ein Apartment mit Himmelbett. Wer fünf Nächte bleibt, muss keine Endreinigung bezahlen; sonst werden 40 € fällig. Da kein Frühstück serviert wird, ist eine Küchenzeile integriert. Oder man frühstückt in der sich im Erdgeschoss befindenden Kaffeebar Lichtblick (→ Essen und Trinken, S. 199), Vorderreihe 23, ✆ 77604.

Lateit 3 Einige Privatzimmer, auch Familienzimmer, die einfach, aber in Ordnung sind. Jedes Zimmer hat ein eigenes Bad/Dusche. Nur der Ausblick ist mau. Dafür gibt es ein beliebtes Frühstücksbüfett, u. a.

mit zehn Marmeladensorten, Müsli; auf Wunsch wird sogar aufs Zimmer serviert. DZ zwischen 60 und 65 €, EZ 30 bis 35 €. Kinder bis 2 J. frei, 3–12 J. 50 % Ermäßigung. Die sehr freundliche, polnische Vermieterin lebt und vermietet Am Heck 4, ✆ 71339, www.gaestehaus-travemuende.de.

Strandcamping Priwall 20 Seit über 50 Jahren existiert dieser 27.000 m² große, familienfreundliche 3-Sterne-Platz auf dem Priwall. Auto 3,50 €, Zelt/Wohnmobil 8,50 €, Erw. 6 €, Kinder (2–14 J.) 2,50 €. 200 Stellplätze, davon 90 Dauercamper. Kein direkter Zugang zum Strand, der dafür gerade einmal 300 m entfernt ist. Von April bis 20. Juni und im Sept. Ermäßigung ab drei Nächten. Geöffnet April–Sept. Dünenweg 3, ✆ 2835, www.strandcamping-priwall.de.

Campingplatz Ivendorf 22 3 km von Travemünde entfernt, betreut Familie Beythien-Peters ca. 190 Stellplätze (davon 100 Dauercamper) auf einer Fläche von etwa 5 ha. Zwei Erw. mit Zelt/Auto 18 €, mit Wohnmobil 25 €, mit zwei Kindern bis 14. J. 23 € bzw. 30 €. Okt.–April 15 % Ermäßigung. Außerdem im Angebot: ein Blockhaus (30 €) und drei Backpackerhütten (20/25 €). Neuerdings gibt es einen Naturbadeteich zum Abkühlen an heißen Sommertagen. Ganzjährig geöffnet. Frankenkrogweg 2–4, ✆ 4865, www.camping-travemuende.de.

Essen & Trinken (→ Karte S. 178/179)

Restaurants

La Belle Epoque 8 Im Michelin von 2010 als heißer Anwärter auf einen zweiten Stern gehandelt, hat Chefkoch Kevin Fehling dieses Ziel 2011 erreicht, 2012 bestätigt – und 2013 sogar einen dritten Stern eingeheimst. Er ist damit die derzeitige Nummer eins unter den fünf Spitzenköchen der Region. Fazit: astreiner Gaumensex, allerdings ganz schön teuer! Ein Mehr-Gänge-Menü fängt bei 95 € pro Pers. an, es sind freilich auch 170 € möglich. Die jeweiligen Speisen (z. B. Taubenbrust an der Karkasse gegart oder Japanisches Unterholz) gibt es für Sparsamere einzeln. Im ersten Stock des COLUMBIA-Hotels mit Blick auf die Ostsee und die vorbeifahrenden Hotelschiffe. 22 Plätze, besser reservieren. Mi–So 18.30–23 Uhr, Küche bis 21 Uhr, Ende Jan.–Ende Febr. geschlossen. Kaiserallee 2, ✆ 3080.

Buddenbrooks 10 Der zweite Gourmettempel in Travemünde. Christian Scharrer ist Chef de Cuisine und nennt – genau wie Fehling – 17 von 20 möglichen Gault-Millau-Punkten sein Eigen, dafür nur zwei der begehrten Michelin-Sterne. Menüs 105–145 € pro Pers., 35 Plätze, auch hier besser reservieren! Bestellung einzelner Speisen möglich. Man sitzt in angenehm-vornehmer

Travemünde → S. 178/179

Atmosphäre und lässt es sich gut gehen. Di–Sa 18.30–22 Uhr, Mitte Jan. bis Mitte Febr. geschlossen. Außenallee 10 im A-ROSA-Komplex, ✆ 3070835.

Holstein's **8** Wie das La Belle Epoque im COLUMBIA-Hotel untergebracht und edel mit Polstersesseln und weiß gewandeten Tischen bestückt. Besonders die Spezialitäten-Karte hat es in sich und bietet Speisen wie rosa gebratenen Spanferkelrücken oder Filet vom Reeser Saibling – auf die Regionalität der Zutaten wird geachtet! Dafür legt man allerdings zwischen 20 und 25 € hin. Lediglich das „Lübecker 7-Türme-Gericht" (Brust vom Bauerngockel) macht sich mit 17,50 € angenehmer für die Geldbörse. Fazit: Wer ein wenig mehr ausgeben mag, wird es nicht bereuen. Mo–So 7–23 Uhr. Kaiserallee 2, ✆ 3080. ■

Weinwirtschaft **10** Wie das Buddenbrooks im A-ROSA-Komplex gelegen – und dem Holstein's preislich ähnlich, wobei man hier auch snacken kann: z. B. cremiges Rauchlachstatar mit Apfel auf Pumpernickel oder Ziegenkäse an Zitrusfrüchte-Ragout zu je ca. 4 €. Hauptspeisen wie ein Filet vom Seeteufel oder Rücken vom Neuseeland-Lamm gibt es ebenfalls. Angenehm modern eingerichtet im Bistro-Stil, im Hintergrund liegen und stehen die Weine, die man trinken und kaufen kann. Empfohlen bei Michelin und Der Feinschmecker. Mo–Fr 17–22 Uhr, Sa/So ab 12 Uhr (Okt.–April Di geschlossen). Außenallee 10, ✆ 3070747.

»» **Mein Tipp:** **Savoir Vivre** **19** Restaurant und Künstlercafé mit modernen Kunstwerken an den Wänden und verwinkelten, stilvoll eingerichteten, höchst unterschiedlichen Räumen. Angenehme, individuelle Musikauswahl! Mit Innenhof und kunstvollem Kachelofen im letzten Raum. Beliebt sind die Elsässer Flammkuchen (10–15 €), die tatsächlich auch richtig gut geschmeckt haben und reichlich waren. Selbst der Service hat bei einer Beschwerde einwandfrei reagiert. Daneben gibt es Fisch- und Fleischgerichte, von denen die günstigsten ca. 12–14 € kosten. Tägl. 10–22 Uhr, warme Küche ab 11.30 Uhr. Vorderreihe 7 in der Alten Vogtei, ✆ 770868, www.restaurant-travemuende.de. ««

Fisherman's **15** Gerne besucht, auch von Einheimischen – vielleicht weil man das m. E. beste Preis-Leistungs-Verhältnis des Stadtteils bekommt! Empfehlenswert ist der Strandteller zu 13,50 € mit zwei Fischfilets (je nach Fang) und Beilagen. Reichliche Portionen, gute Fischgerichte, aber auch Fleisch. Man sitzt u. a. im netten, hellen Wintergarten mit Blick auf die Trave, um die Ein- und Ausfahrten der „dicken Pötte" zu beobachten. Allerdings: Zuletzt kam Leserkritik an der Küchenleistung; allen voran die Languste und der Steinbutt seien nicht gut gewesen. Fortsetzung folgt! Tägl. 11.30–22 Uhr, Nov.–April unter der Woche nur bis 16 Uhr. Vorderreihe 64 a, ✆ 880202, www.fishermans-travemuende.de.

Hermannshöhe **2** Das neue, 2012 im skandinavischen Stil eröffnete „Erlebnis-Café" hat leider etwas von einer besseren Autobahnraststätte mit fulminantem Ausblick über die Lübecker Bucht. Noch ehrlicher ausgedrückt: Das Selbstbedienungskantinenessen zwischen 5 und 15 € hat mich nicht beeindruckt. Für die Toiletten muss man löhnen, kann die 50 Cent dann aber wieder (nach dem Essen, wenn man keinen Hunger mehr hat) für neue Kauferlebnisse einsetzen … Ganz gut sind die Kuchen und Torten zu ca. 3 €, der angeschlossene Piraten-

spielplatz ist ein Hit für die Kids! Fazit: durch und durch durchkommerzialisiert, aber einen genialeren Meerblick gibt's nirgends. Tägl. 11–21 Uhr, Hermannshöhe 1, ✆ 8885425, www.die-hermannshoehe.de.

Bellavista **9** Grundsolider Italiener mit enormer Auswahl an Klassikern. Pizzen zu 8 bis 10 €, Einrichtung ohne viel Schnickschnack, große Außenterrasse. Im Herbst und Winter immer wieder Gerichte mit weißem Trüffel (siehe Wochenkarte!). Nett: Man darf kostenlos die Toilette benutzen, nicht nur als Gast. April–Nov. tägl. 12–24 Uhr, in der Nebensaison etwas eingeschränkte Öffnungszeiten am Nachmittag. Kaiserallee 1, ✆ 71323, www.bellavista-travemuende.de.

Cafés/Eiscafés

Kaffeebar Lichtblick **18** Sieht von außen aus wie ein illuminierter kleiner Lampenladen. Und wirklich, man kann die Lampen mit den Schirmen aus eigener Herstellung auch kaufen. Davon abgesehen, sind die hausgemachten Blechkuchen (Frucht, Streusel) zu ca. 2 € die Spezialität des Hauses. Kaffee gibt es für 1,70 €. Fazit: Eigenwillig und nett, man kann hier außerdem gut frühstücken. Tägl. 8.30–19 Uhr. Vorderreihe 23, ✆ 753038. Oben finden sich günstige Ferienwohnungen (→ Übernachten/ Altes Brauhaus, S. 196).

Trave-Blick **17** Ein ebenfalls gutes Frühstück für 6 bis 10 € bestellen Sie auf diesem Restaurantschiff direkt an der Fahrrinne – und zwar für Langschläfer bis 12 Uhr! Außerdem ist man nirgends näher an den riesigen Kreuzfahrtschiffen und Fähren. Zwei Stockwerke, oben gemütlich mit Korbstühlen, unten sitzen die Raucher. Die einen sagen: „Es wackelt so schön, wenn ein Schiff vorbeifährt." Andere werden seekrank. Tägl. 10–23 Uhr, Dez.–März 10/11–21/22 Uhr. Vorderreihe 148 (gegenüber Zweigstelle Niederegger), ✆ 2645. Übrigens: Könemann startet hier die Fahrten nach Lübeck (→ Anreise, S. 195).

Café Marleen **12** Nettes Café, teilweise mit Blick auf die Trave, deren neue Betreiber im März 2011 von Timmendorf nach Travemünde übergesiedelt sind. Bei schönem Wetter kann man außen in Strandkörben sitzen und die Seeluft riechen. Etwa zwölf bis 20 Kuchen und Torten stehen zur Auswahl. Tägl. 8–21 Uhr, Okt.–März. 9–18 Uhr.

Entlang der neuen Strandpromenade

Travemünde → S. 178/179

Vorderreihe 65, ✆ 888399, http://cafe-marleen.uws.ie.

Café über den Wolken 11 Im 35. Stock des Maritim-Hotels in über 110 m Höhe liegt dieses Café, das man v. a. wegen des grandiosen Rundblicks auf Meer und Stadt besucht. Man ist erstaunt, wie groß Travemünde wirklich ist. Kännchen Kaffee oder Tee ca. 4,50 €, Kuchen ca. 2,50 €, Torte ca. 3,50 €. Die Fensterrahmen könnten gestrichen werden, etwas verjährter (70er-Jahre-) Stil, sehr einfach gehaltene, aber saubere (Kantinen-)Toiletten. Tägl. 15–17.30 Uhr. Trelleborgallee 2, ✆ 89203035.

››› Mein Tipp: **Strandperle** 5 Atmosphärisches Café-Restaurant mit Dielen, ein wenig Stuck, schwarzen Ledersesseln, alten Schwarz-Weiß-Fotos des Seebades und wirklich tollem Blick auf die Ostsee. Angenehm unaufgeregte Musik, nettes Personal. Kaffee ab 2,50 €, Kuchen ab 3 €, fangfrischer Fisch und Fleischgerichte für 15–18 € und ein Tagesgericht (12–18 Uhr) zu 9,90 €. Nur: Woanders ist die Kuchen- und Tortenauswahl viel größer. Mai–Okt. ab 10 Uhr, open end, Nebensaison am Wochenende ab 11 Uhr, unter der Woche ab 12 Uhr. Kaiserallee 10, ✆ 3086995, www.strandperle-travemuende.com. ‹‹‹

Eiscafé Campion 13 Hausgemachtes original italienisches Eis, besondere Sorten wie Pina Colada oder Schoko-Chili. Vorderreihe 59, ✆ 2677.

Eiscafé Venezia 14 Zehn Hausnummern entfernt gelegen, ebenfalls gutes Eis. Vorderreihe 49, ✆ 3950.

Nachtleben (→ Karte S. 178/179)

Das wilde Nachtleben – wie z. B. während der Wirtschaftswunderzeit – gehört zur stolzen Vergangenheit des einst so überaus populären Seebades. Trotzdem hat sich eine angesagte Location herauskristallisiert. Wer anderes sucht, sollte besser nach Lübeck reinfahren (→ Kultur und Nachtleben, S. 41)!

Smokys 16 Ein guter Partytreffpunkt, bisweilen für die jüngere Generation zwischen 18 und 25 J. Aber auch reifere Semester werden immer wieder gesichtet. Diverse Partys (z. B. Beauty Angel) in stylisch-loungeartiger Atmosphäre. Mutige schauen hinterher ihre Partyshots auf der Webseite an … Die Cocktails sind dank diverser Spezial-Angebote (z. B. während der Travemünder Woche) bezahlbar. Di–So ab 14 Uhr, Mo ab 19 Uhr. Kurgartenstr. 90, ✆ 0172-4904666, www.smokys-travemuende.de.

Veranstaltungen

Mai

Travemünde jazzt (Mitte oder Ende Mai): Musikalisch wird vom klassischen New-Orleans-Jazz über modernen Dixieland bis hin zu Swing einiges aufgefahren. Die kostenlosen (!) Konzerte finden an vier Tagen auf der Bühne im Brügmanngarten sowie in Restaurants und Hotels statt. Meist treten Bands aus Norddeutschland, Dänemark und den Niederlanden auf. Über 25.000 mitsingende und mitwippende Besucher zieht das Festival jährlich an.

Juni

Travemünder Beach Cup (Ende Juni): Nicht von schlechten Eltern, da es sich immerhin um das zweitgrößte Beachhandball-Turnier Deutschlands handelt. Am Strand an der Nordermole spielen rund 100 Mannschaften um die Pokale. Wer Handball liebt, sollte das nicht verpassen – und alle anderen erfreuen sich vielleicht am Partyprogramm, das den Cup umrahmt. www.travemuende-beach-cup.de.

Juli

»» Mein Tipp: Travemünder Woche (Ende Juli): Nach der Kieler Woche ist die Travemünder Woche die zweitgrößte Segelregatta der Welt. Etwa 1.000 bis 2.500 aktive Segler ringen auf bis zu 1.000 Booten in ca. 30 Bootsklassen um den Sieg. Rund 1 Mio. Zuschauer lockt das Top-Event in den kleinen Kurort. Während der zehn Tage befindet sich Travemünde im Ausnahmezustand, ähnlich wie die Lübecker Innenstadt während des Weihnachtsmarktes. Ein wahrer Besucherstrom bricht dann über den Stadtteil herein, und es versteht sich von selbst, dass die Flaniermeilen von Fress- und Verkaufsbuden gesäumt sind. Selbstverständlich sind auch musikalische Einlagen im Brügmanngarten und im Sand an der Nordermole sowie ein Kinderprogramm mit Riesenrad und Hüpfburg eingeplant. www.travemuender-woche.com. «««

August

Holstentor Boule-Turnier (Anfang Aug.): Ein Außenseiter dagegen ist das alljährlich stattfindende Match mit den stählernen Kugeln, die mit elefantöser Armbewegung auf eine Sandbahn geschleudert werden. Dabei handelt es sich um die größte Sportveranstaltung dieser Art in Deutschland: Über 2.000 Boule-Verrückte aus ganz Europa nehmen daran teil, darunter internationale Spitzenspieler, die schon bei Weltmeisterschaften gesehen wurden. Man kann das zweitägige Spielgeschehen und die Endausscheidungen im Brügmanngarten und an der Strandpromenade mitverfolgen. Warum im Titel des Turniers seit Jahren hartnäckig vom Holstentor die Rede ist, weiß eigentlich niemand …

Oktober

Travemündetanzt (Ende Okt.): Sehr beliebt ist dieses Tanzwochenende an der Ostsee. Man kann Workshops besuchen und seinen Stil verfeinern, oder einfach an einem der drei Top-Events – Tanznächte im Luzifer (Auf dem Baggersand 3), im A-ROSA oder im Jugendstilballsaal des COLUMBIA-Hotels – mitschwofen. Die letztgenannte, sehr glamouröse Veranstaltung (mit Showeinlagen der Profis) ist freilich sehr schnell ausverkauft, trotz des nicht gerade günstigen Eintrittspreises: 50–70 €. Die anderen Locations sind preiswerter: ca. 15 €. www.travemuende-tanzt.de.

Einkaufen

Die wichtigsten Boutiquen befinden sich in der Vorderreihe, der Einkaufsmeile des Seebades, einige auch in der parallelen Kurgartenstraße.

Bernstein

Kleiner Laden in der Vorderreihe 53. Die angenehme Besitzerin Manuela Pütz erklärt, dass der Naturbernstein aus den Baltischen Ländern stammt, da man im Travemünde nur noch kleine Splitter findet. Bernsteinschmuck und kleine Gläschen zu kleinem Preis, gefüllt mit jenen goldenen Kostbarkeiten.

Die Anfänge der Travemünder Woche

1889 war das Ganze noch höchst bescheiden: Hermann Wentzel, Vorsitzender des Norddeutschen Regattavereins, der schon die Kieler Woche organisiert hatte, segelte mit seinem Schwager um die Wette. Die Siegprämie war eine Flasche Lübecker Rotspon. Ein Jahr darauf stachen acht Segelboote in See, um vor der relativ überschaubaren Menge von 400 Schaulustigen den Sieg untereinander auszumachen. Erst 1894 kam die Travemünder Woche in Schwung: Kaiser Wilhelm II. nahm an der Regatta mit seiner Yacht „Meteor“ teil, siegte – manche meinen, weil sich die Konkurrenten aus Höflichkeit zurückfallen ließen – und eröffnete bis zum Ausbruch des Ersten Weltkrieges dieses bedeutende Segelsportereignis. In der Folgezeit begeisterte der Blaublütige auch seinen Bruder Heinrich dafür, weswegen die beiden Adeligen regelmäßig an den Wettkämpfen teilnahmen – und beste Werbung für das Wasserspektakel machten.

Travemünde → S. 178/179

Buchhandlungen

Falls Sie Ihren Lesestoff schon verbraucht oder noch keinen passenden gefunden haben, sind zwei Buchhandlungen in Travemünde greifbar: Elatus Buch (Vorderreihe 30, im Regelfall auch So geöffnet) und Buchhandlung Nitz (Rose 2). Außerdem gibt es eine Bücherstube des Gemeinnützigen Vereins, in der gebrauchte Bücher aller Couleur verkauft werden (Haus des Seebadmuseums, Torstr. 1, Di–Fr 15–18 Uhr, Nov.–März 15–17 Uhr).

Frischer Fisch

Fisch von Aal bis Stremellachs erhält man bei Oldörp in Rose 16. Außerdem bei Fisch Wöbke in der Kurgartenstr./Ecke Rose; hier hat man von Ostern bis Ende Okt. auch sonn- und feiertags geöffnet. Im Fischereihafen verkaufen die Fischer direkt vom Kutter!

Kunst

Im Obergeschoss der Alten Vogtei, Vorderreihe 7, befindet sich das stimmungsvolle Atelier der Künstlerin Ninette Mathiessen. In der sehr schönen Galerie mit den alten Dielen und Decken finden sich (maritime) Werke der Niedersächsin und Wechselausstellungen anderer Kreativer. Die Werke beginnen in Schreibtischgröße, können aber auch eine ganze Wand füllen. Di–Fr 11–17 Uhr, Sa/So 12–18 Uhr; außer samstags ist die Künstlerin vor Ort. www.diekunstwerkerin.de.

Schmuck

Erlesenen, selbst gemachten Schmuck im Wert von 50–300 € findet man in der Kurgartenstr. 17. Andrea und Hans Böbs führen das Unternehmen im schönen Fachwerkziegelhaus – und bauen seebezogene Motive in ihre silbernen Schmuckstücke ein. Daher auch der Name: Mare Schmuck. Mo–Fr 11–13/14–18 Uhr, Sa 10–13 Uhr. www.mareschmuck.de.

Souvenirs

Liebhaber von handgefertigten Miniaturschiffen werden in der Classic Ship Collection glücklich. Besichtigung und Verkauf nur nach telefonischer Anmeldung. Ein Modell der Passat im Maßstab 1:1.250 kostet knapp 90 €. Strandweg 5, ✆ 5578, www.classic-ship.de.

Gegenwart kreuzt Historie

Spezialitäten

Das Lübecker Teekontor in der Alten Vogtei (Vorderreihe 7, Mo–Sa 9–19 Uhr) bietet erlesene Sorten aus den bekannten Anbaugebieten Darjeeling, Ceylon und Assam – und selbstverständlich auch den berühmten Lübecker Marzipantee. Gleich daneben befindet sich eine kleine Weinabteilung mit von Melles Lübecker Rotspon: 5,95–9,95 €.

Supermärkte/Bioladen

In Travemünde gibt es die üblichen Supermärkte: Aldi (Nordmeerstr. 100), Edeka (Nordmeerstr. 98), Lidl (Gneversdorfer Weg 28), Netto (Am Dreilingsberg 4). Außerdem einen Bioladen: Haferkorn (Jahrmarktstr. 1, Mo–Fr 9–18 Uhr, Sa 9–13 Uhr).

Wochenmarkt/Altstadtmarkt

Einen Wochenmarkt gibt es Mo und Do 8–13 Uhr in der Vorderreihe vor den Priwallfähren. Außerdem findet am Wochenende nach der Travemünder Woche der St.-Lorenz-Altstadtmarkt rund um die Kirche statt.

Aktivitäten

Angeln/Hochseeangeln

Ein Fischereischein und ein in Lübeck erstandener Erlaubnisschein sind Voraussetzung. Dann ist es möglich, in Trave und Ostsee Fische zu fangen. Die Trave darf von der Brücke in Hamberge bis Travemünde mit jener Erlaubniskarte beangelt werden. In der Ostsee ist das Angeln frei, Ausnahme Brodtener Steilufer. Unter www.angeln-in-luebeck.de/angelgewaesser wird verraten, wo man diesen Erlaubnisschein bekommt, u. a. bei der Touristeninformation im Strandbahnhof. Ein 40-Tages-Ticket für Urlauber kostet 8 €.

Mit dem Eisenbahner-Hochsee-Sportfischer-Verein kann man jeden Donnerstag (sofern es die Windstärke erlaubt) 7–14 Uhr zum Hochseeangeln. Treffpunkt ist der Fischereihafen. Anmeldung bis Mittwochnachmittag bei Jürgen Schmidt, ✆ 0172-4240744. Bei Bedarf finden auch jeden ersten Dienstag im Monat um 12 Uhr Angelfahrten statt. Teilnahme kostenlos, Spenden erlaubt! www.ehsfv.de.

Fahrradverleih

Radhaus Beitsch (Kurgartenstr. 67, ✆ 6622, Mo–Sa 9–13 und 14–18 Uhr, Tagespreis pro Pers. und Rad 6 €, keine Kinderräder und Zubehör), **Iske** (Kurgartenstr. 86, ✆ 777990, Mo–Fr 10–17 Uhr, Sa/So 10–15 Uhr, Tagespreis pro Pers. und Rad 6 €, Kinderräder auch 6 €) und **Das Fahrrad** (Moorredder 15, ✆ 3550, Mo–Fr 9–18 Uhr, Sa 9–13 Uhr, So 11–14 Uhr, Tagespreis 6 €, Kinderräder 4 €). Auch auf dem Priwall kann man Räder leihen: **Fahrradverleih Bruders** (Mecklenburger Landstr. 14, ✆ 5340, tägl. 9–18 Uhr, Tagespreis pro Erw. und Rad 6 €, Kinderräder 3 €). Wer mag, kann einen Teil des Ostseeküsten-Radweges fahren. Das Beste daran: Sie radeln die meiste Zeit mit Meerblick!

Golf

Am Brodtener Steilufer, etwas nach hinten gerückt, liegt die 27-Loch-Anlage auf einem Areal von 130 ha. Ein Schnupperkurs für 2–10 Pers. kostet 110 € pro Std. Kowitzberg 41, ✆ 74018, www.ltgk.de.

Hochseilgarten

Für Kinder ab 3 J., aber natürlich auch für Jugendliche und Erwachsene, gibt es einen Hochseilgarten im Kurpark. Das Areal ist 4.000 m² groß und umfasst 37 Stationen. In den Ferien und an Feiertagen ist immer geöffnet, außerhalb dieser Zeiten wird um telefonische Anmeldung gebeten. Erw. (ab 17 J.) 16 €, Kinder 8–12 €, Kurpark Kalvarienberg nahe Strandbahnhof, ✆ 0451/9313910 oder 0173-6331331, www.hochseilgarten-travemuende.com.

Minigolf

Zwei Plätze, einer in Außenallee 6 (✆ 888873), ein zweiter in der Straße Am Priwallhafen 14 a (✆ 2878).

Priwallfähren/Personenfähren

Alle 10 Min. schippern die beiden Priwallfähren (Vorderreihe 12, ✆ 2249, www.stadtverkehr-luebeck.de) tägl. 6–22 Uhr (danach größere Zeitabstände) abwechselnd über die Trave. Die Preise für Fußgänger sind moderat, für Autos überraschend teuer: Erw. 1 €, Kinder (6–14 J.) 0,70 €, Fahrrad 0,70 €, Auto 3,20 €. Achtung: Die Automaten nehmen keine Geldscheine, und die Kontrolleure verkaufen keine Tickets für Fußgänger (helfen aber mit Wechselgeld).

Travemünde → S. 178/179

Im Sommer fährt an der Travepromenade auf Höhe der Passat eine Personenfähre zur Südermole des Priwalls. Gleiche Preise, aber keine Mitnahme von Fahrrädern.

Spiel und Spaß für Kinder

An der Nordermole, gleich zu Beginn des Hauptstrandes, liegt ein **Piratenschiff** für Kinder, neben dem man bei entsprechendem Wind auch wunderbar Drachen steigen lassen kann. Daneben ist ein sog. **Bungee-Jumper**, ein Trampolin mit Seilen. Juli/Aug. wird Mo–Fr eine **Sportanimation** angeboten (Spielgeräte, Fußball etc.). Ende Aug. organisiert der karitative Kiwanis-Club ein **Kinderfest** im Brügmanngarten (z. B. Malwettbewerb, Schminkstand). Anfang Okt. steigt ein **Drachenfest** mit kostenlosem Drachenbau-Workshop. Siehe auch Sehenswertes in der Umgebung!

Priwallführungen

Das Umweltprojekt Dummersdorfer Ufer e. V. bietet seine spannenden Führungen auf dem Priwall leider nur noch für Gruppen an. Während der zwei- bis dreistündigen Begehungen, die an den Strand und ins Naturschutzgebiet führen, lernt man viel über Flora und Fauna der Region. Gruppentarif ca. 100 €. Nachfragen unter ✆ 0451/301705, www.dummersdorfer-ufer.de. Geplant ist außerdem eine Vogelwarte auf dem Priwall, was wegen der teuren Grundstückspreise jedoch nicht so einfach ist.

Reiten

Auf dem Priwall befindet sich ein Reiterhof (30 Pferde und Ponys) mit Reitschule. Einzelunterricht 30 Min. 25 €, 60-Min.-Ausritt 25 €, 90-Min.-Strandritt (Okt.–März für geübte Reiter) 35 €. Günstigste Variante: 30-Min.-Ponyreiten für die Kleinen 10 €. Fliegerweg 11, ✆ 309698, www.ostseereiterhof.de.

Schiffstouren

Mit der MS Sven Johannsen kann man Fahrten zum Skandinavienkai und in die Lübecker Bucht unternehmen (Mi–Mo, Erw. 6 €, Kinder bis 12 J. 3 €), außerdem eine große Hochseefahrt (Mi, Erw. 10 €, Kinder bis 12 J. 5 €). Erweiterte (Bäder-)Fahrten nach Grömitz (Mo, 20 €), Lübeck (Di, 20 €) und Boltenhagen (Do, 20 €) mit Landgang; wer sein Fahrrad mitnimmt und selbst zurückfährt, kommt günstiger. Kinder zahlen die Hälfte. Vorderreihe/Prinzenbrücke, ✆ 0171-4371387, www.ms-svenjohannsen.de.

Beim Konkurrenzunternehmen MS Marittima kostet die einstündige Hafenrundfahrt etwas weniger (tägl., Erw. 5 €, Kinder 3–12 J. 3 €). Travepromenade/Überseebrücke 2, ✆ 0163-5475772, www.marittima-travemuende.de.

Segeln

Frühestens mit 8 J. kann man sich für einen Segelschein anmelden, z. B. bei der Segelschule Möwenstein. Möglich sind u. a. ein dreistündiger Schnupperkurs für 95 € oder der einwöchige Segelschein. Katamaran-Vermietung z. B. halber Tag 50 €. Mitte April–Mitte Sept. Kaiserallee 40–42, ✆ 2452, www.moevenstein.de.

Außerdem gibt es die Wasserfahrschule des sehr sympathischen Hendrik Schött. Büro tägl. 9–18 Uhr geöffnet. Angeboten werden u. a. Schnupperkurse (Mitsegeln, halber Tag ab 50 €), Kindersegeln in den Sommerferien auf einer Jolle am Pötenitzer

Wiek (180 €/Woche), Segelführerschein (2 Wochen) und Motorbootschein (1 Woche). Beim Chartern eines Schiffes fährt Herr Schött immer mit. Teutendorfer Weg 2, ✆ 4504, www.wasserfahrschule.de.

Skaten/Inlinern

Skater und Inlineskater können die Halfpipe auf dem Leuchtenfeld nutzen.

Stadtführungen

Von der Moebius GmbH werden von Mai bis Okt. Führungen angeboten. Infos → Sehenswertes/Alter (und neuer) Leuchtturm! Wer an Sonderführungen mit Gruppen – auch außerhalb der Zeiten – interessiert ist, kann ebenfalls bei Moebius anfragen: ✆ 889180.

Tauchen

Im Travemünde gibt es keine Tauchschule, doch man kann aufs sympathische Tauchcenter nicedive4u am Timmendorfer Strand ausweichen. Schnuppertauchen in der Ostsee ab 10 J. (2–3 Std., inkl. Ausrüstung) 69 €. Auch Open Water Diver, Spezialkurse und Verleih. Termine nur nach Absprache mit den beiden ausgebildeten Tauchlehrern (SSI, PADI) Michaela und Thomas Günther. Oeverdieker Weg 9, ✆ 04503/898248, www.nicedive4u.de.

Wasserski/Wakeboard

Freunde von Wasserski werden im 35 km entfernten Süsel fündig. Von Juli bis Mitte Sept. tägl. ab 12 Uhr geöffnet, in der Nebensaison nur Sa/So. 2-Std.-Karte: Erw. 23,50 €, Kinder (bis 15 J.) 17 €. Wasserski und Schwimmweste werden gestellt, Neoprenanzug oder Wakeboard kosten extra. Süseler Moor 6, ✆ 04524/1777, www.wasserski-suesel.de.

Wellness

Wer es gemütlich angehen und sich, vor allem in der kalten Jahreszeit, mit Wellness entspannen will, kann den öffentlich zugänglichen, 4.500 m² großen Spa-Bereich des A-ROSA-Hotels besuchen. Die Möglichkeiten sind vielfältig und beginnen mit der Nutzung des Pool-, Sauna- und Fitnessbereichs zwischen 7 und 9 Uhr zu 19 € und enden bei einer sechstägigen Thalasso-Therapie zu 690 €. Dazwischen alles, was das Spa-Herz begehrt: ayurvedische Ganzkörpermassage, Hamam, Körperkompositionsanalyse, Power-Plate, Rasul ... Auch Tages-, Wochenend- und Abendtarife für den Besuch der Wellnesslandschaft.

Sehenswertes in der Umgebung

Rund um Travemünde liegen nette Ostseeorte mit diversen Freizeitmöglichkeiten.

Wer mag, kann z. B. ins nur 4 km entfernte Warnsdorf fahren und **Karls Erlebnis-Hof** besuchen mit Schleswig-Holsteins größtem Bauernmarkt, einem Indoor-Spielplatz mit kostenloser Kettcar-Bahn und bei schönem Wetter Ponyreiten (2 € pro Runde). Die Großen freuen sich über leckeren Kaffee und Kuchen in der neuen Gutsküche. Mai–Okt. tägl. 8–20 Uhr, Nov.–Apr. tägl. bis 19 Uhr. Fuchsbergstr. 4, ✆ 888432, www.karls.de.

Außerdem einen Besuch wert: **Vogelpark** in Niendorf (7 km, tägl. 9–20 Uhr, Eintritt 8 €, Kinder 3–15 J. 4 €, An der Aalbeek, ✆ 04503/4740, www.vogelpark-niendorf.de); **SEA LIFE** Timmendorfer Strand (10 km, Juli/Aug. tägl. 10–19 Uhr, sonst 10–17 bzw. 18 Uhr, Eintritt ca. 15 €, Kinder 3–14 J. ca. 11 €, Kurpromenade 5, Online-Ticketreservierung empfohlen, da preislich günstiger und teilweise lange Schlangen, ✆ 04503/358888, www.sealife.de); **Ostsee-Therme** in Scharbeutz (14 km, tägl. 9–22 Uhr, Eintritt ca. 20 €, Kinder 4–15 J. ca. 12 €, Strandallee 143, ✆ 04503/352611, www.ostsee-therme.de); **Hansa Park** in Sierksdorf (34 km, April–Okt. tägl. 10–18 Uhr, Eintritt 31 €, Kinder 4–14 J. 25 €, Geburtstagskinder bis 14 J. frei, Am Fahrenkrog 1, ✆ 04563/4740, www.hansapark.de).

Etwas weiter entfernt: **Eselpark** Nessendorf (60 km, Mitte März–Okt. tägl. 10–18 Uhr, Eintritt 4,50 €, Kinder 3,50 €, ✆ 04382/748, Wiesengrund 3, www.eselpark.de); **Wildpark Eekholt** in Großenaspe (75 km, tägl. 9 Uhr bis Einbruch der Dunkelheit, Eintritt 8,50 €, Kinder 4–16 J. 6,50 €, ✆ 04327/99230, Eekholt 1, www.wildpark-eekholt.de). Wenn es gerade passt, kann man auch die berühmten **Karl-May-Spiele** in Bad Segeberg besuchen (52 km, Ende Juni bis Anfang Sept., Erw. ca. 15–26 €, Kinder ca. 11,50–20 €, Karl-May-Platz, www.karl-may-spiele.de).

Travemünde → S. 178/179

Abruzzen • Ägypten • Algarve • Allgäu • Allgäuer Alpen • Altmühltal & Fränk. Seenland • Amsterdam • Andalusien • Andalusien • Apulien • Athen & Attika • Australien – der Osten • Azoren • Bali & Lombok • Baltische Länder • Bamberg • Barcelona • Bayerischer Wald • Bayerischer Wald • Berlin • Berlin & Umgebung • Bodensee • Bretagne • Brüssel • Budapest • Bulgarien – Schwarzmeerküste • Chalkidiki • Chiemgau • Cilento • Cornwall & Devon • Dresden • Dublin • Comer See • Costa Brava • Costa de la Luz • Côte d'Azur • Cuba • Dolomiten – Südtirol Ost • Dominikanische Republik • Ecuador • Eifel • Elba • Elsass • Elsass • England • Fehmarn • Franken • Fränkische Schweiz • Fränkische Schweiz • Friaul-Julisch Venetien • Gardasee • Gardasee • Genferseeregion • Golf von Neapel • Gomera • Gomera • Gran Canaria • Graubünden • Griechenland • Griechische Inseln • Hamburg • Harz • Haute-Provence • Havanna • Ibiza • Irland • Island • Istanbul • Istrien • Italien • Italienische Adriaküste • Kalabrien & Basilikata • Kanada – Atlantische Provinzen • Kanada – der Westen • Karpathos • Kärnten • Katalonien • Kefalonia & Ithaka • Köln • Kopenhagen • Korfu • Korsika • Korsika Fernwanderwege • Korsika • Kos • Krakau • Kreta • Kreta • Kroatische Inseln & Küstenstädte • Kykladen • Lago Maggiore • La Palma • La Palma • Languedoc-Roussillon • Lanzarote • Lesbos • Ligurien – Italienische Riviera, Genua, Cinque Terre • Ligurien & Cinque Terre • Liparische Inseln • Lissabon & Umgebung • Lissabon • London • Lübeck • Madeira • Madeira • Madrid • Mainfranken • Mainz • Mallorca • Mallorca • Malta, Gozo, Comino • Marken • Mecklenburgische Seenplatte • Mecklenburg-Vorpommern • Menorca • Midi-Pyrénées • Mittel- und Süddalmatien • Mittelitalien • Montenegro • Moskau • München • Münchner Ausflugsberge • Naxos • Neuseeland • New York • Niederlande • Niltal • Norddalmatien • Norderney • Nord- u. Mittelgriechenland • Nordkroatien – Zagreb & Kvarner Bucht • Nördliche Sporaden – Skiathos, Skopelos, Alonnisos, Skyros • Nordportugal • Nordspanien • Normandie • Norwegen • Nürnberg, Fürth, Erlangen • Oberbayerische Seen • Oberitalien • Oberitalienische Seen • Odenwald • Ostfriesland & Ostfriesische Inseln • Ostseeküste – Mecklenburg-Vorpommern • Ostseeküste – von Lübeck bis Kiel • Östliche Allgäuer Alpen • Paris • Peloponnes • Pfalz • Pfälzer Wald • Piemont & Aostatal • Piemont • Polnische Ostseeküste • Portugal • Prag • Provence & Côte d'Azur • Provence • Rhodos • Rom & Latium • Rom • Rügen, Stralsund, Hiddensee • Rumänien • Rund um Meran • Sächsische Schweiz • Salzburg & Salzkammergut • Samos • Santorini • Sardinien • Sardinien • Schleswig-Holstein – Nordseeküste • Schottland • Schwarzwald Mitte/Nord • Schwarzwald Süd • Schwäbische Alb • Shanghai • Sinai & Rotes Meer • Sizilien • Sizilien • Slowakei • Slowenien • Spanien • Span. Jakobsweg • St. Petersburg • Südböhmen • Südengland • Südfrankreich • Südmarokko • Südnorwegen • Südschwarzwald • Südschweden • Südtirol • Südtoscana • Südwestfrankreich • Sylt • Teneriffa • Teneriffa • Thassos & Samothraki • Toscana • Toscana • Tschechien • Tunesien • Türkei • Türkei – Lykische Küste • Türkei – Mittelmeerküste • Türkei – Südägäis • Türkische Riviera – Kappadokien • Umbrien • Usedom • Venedig • Venetien • Wachau, Wald- u. Weinviertel • Westböhmen & Bäderdreieck • Wales • Warschau • Westliche Allgäuer Alpen und Kleinwalsertal • Westungarn, Budapest, Pécs, Plattensee • Wien • Zakynthos • Zentrale Allgäuer Alpen • Zypern

Reisehandbuch MM-City MM-Wandern

NOTIZEN

NOTIZEN

Register

ISBN 978-3-89953-777-2

 Druck: Wilhelm & Adam, Heusenstamm.